Mon Potager santé

Catalogage avant publication de Bibliothèque et Archives nationales du Québec et Bibliothèque et Archives Canada

Michaud, Lili

Mon potager santé

Comprend des réf. bibliogr. et un index.

ISBN 978-2-89544-142-7

1. Horticulture potagère. 2. Jardinage biologique. I. Titre.

SB321.M52 2010 635'.0484 C2010-940418-1

Impression : LithoChic

Photographies :

Toutes les photographies présentées dans ce livre sont de l'auteure sauf mention.

ISBN 978-2-89544-142-7
Dépôt légal – Bibliothèque nationale du Québec, 2010
Dépôt légal – Bibliothèque nationale du Canada, 2010

10 %

GARANT DES FORÊTS INTACTES

FSC Sources mixtes
Groupe de produits issu de forêts bien gérées, de sources contrôlées et de bois ou fibres recyclés
www.fsc.org Cert no. SGS-COC-003885
© 1996 Forest Stewardship Council

Imprimé avec des encres végétales sur du papier dépourvu d'acide et de chlore et contenant 50 % de matières recyclées dont 10 % de matières post-consommation.

IMPRIMÉ AU CANADA/PRINTED IN CANADA

Lili Michaud

Mon Potager santé

ÉDITIONS MULTIMONDES

ÉDITIONS MULTIMONDES
930, rue Pouliot
Québec (Québec) G1V 3N9
CANADA
Téléphone : 418 651-3885
Téléphone sans frais : 1 800 840-3029
Télécopie : 418 651-6822
Télécopie sans frais : 1 888 303-5931
multimondes@multim.com
http://www.multim.com

DISTRIBUTION AU CANADA
PROLOGUE INC.
1650, boul. Lionel-Bertrand
Boisbriand (Québec) J7H 1N7
CANADA
Téléphone : 450 434-0306
Tél. sans frais : 1 800 363-2864
Télécopie : 450 434-2627
Téléc. sans frais : 1 800 361-8088
prologue@prologue.ca
http://www.prologue.ca

DISTRIBUTION EN BELGIQUE
La SDL Cravelle S.A.
Rue du Pré aux Oies, 303
Bruxelles
BELGIQUE
Téléphone : +32 2 240.93.00
Télécopie : +32 2 216.35.98
Carl.Neirynck@SDLCaravelle.com
http://www.SDLCaravelle.com/

DISTRIBUTION EN FRANCE
LIBRAIRIE DU QUÉBEC/DNM
30, rue Gay-Lussac
75005 Paris
FRANCE
Téléphone : 01 43 54 49 02
Télécopie : 01 43 54 39 15
direction@librairieduquebec.fr
http://www.librairieduquebec.fr

DISTRIBUTION EN SUISSE
SERVIDIS SA
chemin des chalets 7
CH-1279 Chavannes-de-Bogis
SUISSE
Téléphone : (021) 803 26 26
Télécopie : (021) 803 26 29
pgavillet@servidis.ch
http://www.servidis.ch

Les Éditions MultiMondes reconnaissent l'aide financière du gouvernement du Canada par l'entremise du Programme d'aide au développement de l'industrie de l'édition (PADIÉ) pour leurs activités d'édition. Elles remercient la Société de développement des entreprises culturelles du Québec (SODEC) pour son aide à l'édition et à la promotion.

Gouvernement du Québec – Programme de crédit d'impôt pour l'édition de livres – gestion SODEC.

À Paulo,
parce que la vie est douce à tes côtés.

Remerciements

Le livre que vous tenez entre vos mains n'aurait jamais pu voir le jour sans la précieuse collaboration de plusieurs personnes. Un merci tout spécial à :

Édith Smeesters, dont les talents de communicatrice sont bien connus, qui a accepté de commenter mes écrits pour la troisième fois. Ses suggestions toujours très pertinentes m'ont permis de réajuster le tir à plusieurs reprises. Édith m'a également fourni plusieurs photos.

Marie Simard, ma grande amie, qui, malgré un horaire chargé et des allers-retours hebdomadaires entre Sherbrooke et Québec, a trouvé le temps de corriger mes textes… même durant la période des Fêtes. Et ce, tout en me témoignant régulièrement des marques d'encouragements.

Anne-Hélène Michaud Deschênes, ma belle grande fille qui apporte un peu de jeunesse dans ce livre puisqu'elle est, comme vous le constaterez, ma figurante préférée. Elle m'incite souvent à vulgariser davantage mes textes à partir de ses commentaires toujours terre à terre.

Jean-Denis Brisson, ce phénomène scientifique au cœur d'or, qui a commenté le chapitre sur les dommages.

Ismael Hautecoeur, de l'organisme Alternatives, qui m'a autorisée à reproduire le projet de fabrication du contenant à réserve d'eau et même à le modifier légèrement.

Robert Bélanger, de l'organisme Éco-quartier du Centre Jacques-Cartier, qui m'a confié plusieurs de ses formidables secrets concernant la fabrication des contenants à réserve d'eau.

Marie-Lou Roy, qui a mis son petit grain de sel de cuisinière professionnelle dans la recette de tomates séchées.

Yves Gagnon, qui demeure la référence en matière de culture écologique des plantes légumières au Québec, et dont les livres sont depuis longtemps mes outils de travail indispensables.

Jean-Marc Gagnon, Lise Morin et toute l'équipe de MultiMondes qui m'ont fait confiance à nouveau et qui ont su mettre en valeur mes connaissances pour les présenter de façon attrayante dans ce troisième livre dont je suis aussi fière que mes deux premiers.

Marie Eisenmann, Anne-Pascale Pion, Jocelyne Talbot et Johanne Welch qui ont accepté que j'utilise leurs talents de photographe.

Paul Gamache, mon conjoint, dont le soutien moral et les petites attentions au quotidien m'ont permis, malgré la tâche colossale des derniers mois, d'en minimiser l'impact sur ma santé. Merci Paulo d'avoir apporté ta contribution masculine dans la résolution de certains aspects techniques du projet de contenant à réserve d'eau.

Lili Michaud

Table des matières

Liste des figures

Liste des tableaux

Introduction

La santé et le jardinage au cœur de ma vie

J'ai eu la chance de vivre mon enfance dans un milieu sain. Élevée au centre d'un petit village, dernière d'une famille de six enfants, je n'ai que de beaux souvenirs de cette période de totale insouciance où mes principales activités (une fois mes devoirs bien faits) se résumaient à jouer dans la cour ou à proximité de la maison. L'hiver, je patinais sur le petit espace glacé que mon père avait aménagé ou je glissais sur les pentes avoisinantes. L'été, j'inventais toutes sortes de jeux autour de la maisonnette, la piscine improvisée, les arbres, les fleurs et le potager de mon père, tout ça dans notre grande cour (enfin, elle me paraissait grande). À d'autres moments, je courais à travers les champs et les bois à la recherche des petites fraises, des noisettes ou tout simplement pour le plaisir. J'ai encore bien gravé dans ma mémoire le goût des petites carottes qu'on subtilisait dans le potager de mon père (le potager n'était pas visible de la maison) et qu'on passait simplement dans le foin avoisinant pour les nettoyer grossièrement et les croquer sur-le-champ. Quel délice!

À cette époque, il y a de cela une cinquantaine d'années (oups, je viens de trahir mon âge), les termes «environnement», «pollution», «surconsommation», «gaz à effets de serre» ne faisaient pas partie du vocabulaire courant. Pourtant, la révolution verte de l'agriculture qui avait pris place à la suite de la Seconde Guerre mondiale s'installait insidieusement sur les fermes et avec elle l'utilisation des engrais chimiques et des pesticides. Heureusement, ces pratiques n'avaient pas encore gagné les jardins qui étaient toujours cultivés naturellement. C'était l'époque où la fertilisation se limitait au bon vieux fumier et où le contrôle des insectes et des maladies était lié à l'utilisation de produits domestiques tels que la cendre de bois. Néanmoins, les jardins étaient resplendissants et productifs. Ce n'est que vers les années 1960 que les pratiques de jardinage se sont «modernisées» et que l'industrie horticole a progressivement introduit la vente des engrais de synthèse et des pesticides, rendant ainsi les jardiniers dépendants.

Plus tard, à mes jeux d'enfants se sont substituées des tâches que parfois je m'attribuais d'ailleurs. Je me rappelle que vers l'âge de 17 ans, j'avais dû me passer de petites carottes fraîches durant l'été. Mon père étant malade, il n'avait pu comme d'habitude faire son potager. Ce fut un triste été. L'année suivante, il n'était pas question que l'on passe un autre été sans jardin. Alors, avec la complicité de ma mère, j'ai pris l'initiative de bêcher à la main (d'une grandeur très acceptable tout de même) et d'entretenir un nouveau jardin plus près de la maison cette fois. Ce fut un bel été.

C'est aussi vers cet âge que j'ai été appelée à choisir un métier. À cette époque, dans mon coin de pays éloigné des hauts lieux du savoir, lorsque tu étais une fille qui réussissait assez bien à l'école et qu'en plus tu montrais de l'intérêt pour le domaine de la santé, l'équation était simple: tu étais vouée à devenir infirmière. C'est donc ce que j'ai fait. J'ai apprécié mes années de formation en techniques infirmières où ma soif d'en apprendre au sujet de la vie (qui ne m'a jamais quittée d'ailleurs) pouvait être assouvie. Lors des stages que nous faisions à l'hôpital, nous n'avions qu'un seul patient, ou deux tout au plus, et j'appréciais de pouvoir répondre à leurs besoins tant au point de vue physique que psychologique (j'ai toujours cru qu'une main dans le dos pouvait dans certains cas avoir autant d'effet qu'un médicament). J'aimais cette sensation de me sentir utile à ces gens si démunis devant la maladie.

Je crois que c'est vraiment à ce moment que j'ai pris conscience de l'importance de prendre soin de ma santé. J'avais déjà la réputation d'être une fille «saine». Je faisais du sport régulièrement et je me préoccupais de mon alimentation. Alors que la majorité de mes amis fumaient, j'ai tourné le dos à cette habitude, car mon instinct me disait que ça ne pouvait pas être bon pour la santé. Quant à l'usage du «pot», il a été réduit au plus simple. Les quelques tentatives de mes amis pour m'initier se sont soldées par des quintes de toux et une sensation de perte de contrôle de ma santé que je n'appréciais pas. Non, ce n'était pas pour moi. Mais n'allez surtout pas croire que j'avais une vie cloîtrée et ennuyeuse. Tout de même, mon intérêt pour les rapports humains me dictait que je ne devais pas lever le nez sur une petite bière en bonne compagnie, après une grosse journée de stage.

Puis, la fin des études a sonné et avec elle le diplôme bien mérité. En jeune infirmière énergique et motivée que j'étais, j'ai été embauchée dans un hôpital spécialisé en pneumologie. Mais oh! malheur! Mon enthousiasme n'aura duré qu'une semaine. En fait, j'ai réalisé très vite que mon travail consistait à négocier avec la maladie et à mettre de côté mes beaux principes de santé. Pas question de prendre le temps de m'asseoir au pied du lit de mes patients pour parler un peu avec eux, car mon horaire surchargé (quand je pense que c'est encore pire aujourd'hui) ne me le permettait pas. Je devais me limiter à l'approche curative qui consistait à prodiguer des soins pour soulager les symptômes de la maladie et les effets secondaires des traitements. La plupart des patients dont j'avais la charge (en majorité des fumeurs invétérés) étaient atteints de maladies graves telles que le cancer du poumon. Je les accompagnais souvent dans leurs dernières semaines de vie en me disant que j'aurais préféré les avoir rencontrés quelques années plus tôt et les avoir convaincus d'arrêter de fumer. À cette époque, il n'était pourtant pas courant d'associer la cigarette et la mort. D'ailleurs, lorsque j'en parlais autour de moi, il y avait toujours quelqu'un pour dire quelque chose du genre: «Mon grand-père a fumé toute sa vie et il est mort à 90 ans.» À l'opposé, je me rappelle avoir soigné un beau jeune homme en forme, dans la vingtaine, un non-fumeur. Il était atteint d'un cancer du poumon. Dans un cas comme dans l'autre, je considère que ces cas sont des exceptions… comme dans toute règle. J'étais vraiment dans une bonne position pour faire mes propres statistiques. Pour moi, il était vraiment clair que le fait de fumer, c'était jouer avec le feu, tant au sens propre qu'au sens figuré.

Mes débuts sur le marché du travail ont également coïncidé avec l'aménagement d'un premier appartement. Dès les premiers jours, je me rappelle avoir dit à mon conjoint: «Pas question que je passe l'été sans cultiver quelques légumes.» Heureusement, nous avions la chance d'avoir un balcon dont l'ensoleillement était adéquat. À ma demande, mon conjoint avait fabriqué trois grandes jardinières de bois qu'il avait accrochées au mur latéral de notre balcon. Nous avions alors un potager à la verticale où haricots, laitues, tomates et même concombres se sont succédé tout l'été pour mon grand bonheur et celui du voisin d'en bas qui a pu également en profiter.

J'ai exercé le métier d'infirmière dans les meilleures dispositions. J'appréciais les relations humaines que j'établissais avec mes patients (j'ai été souvent bouleversée par la mort de certains d'entre eux) et je considérais que les malades, qui étaient déjà assez affligés, n'avaient pas à faire les frais de mon erreur d'orientation professionnelle. C'est finalement après quatre ans de pratique et à la fin de mon septième mois de

JARDIN OU POTAGER ?

Alors que le mot «jardin» se définit comme un endroit où l'on cultive des végétaux utiles (plantes légumières, plantes aromatiques, plantes et arbres fruitiers) ou d'agrément (fleurs, arbustes et arbres ornementaux), le «potager» désigne un jardin qui est consacré à la culture des végétaux utiles. J'utilise indifféremment les mots «jardin» ou «potager» parce que, d'une part, je crois qu'un jardin devrait toujours contenir des plantes légumières et que, d'autre part, je suis convaincue qu'un potager peut avoir un attrait ornemental.

grossesse que j'ai dit adieu à mes compagnes de travail, dont la plupart ne me croyaient pas quand j'affirmais que ma carrière d'infirmière était terminée.

Ma grossesse et mon accouchement, naturel évidemment, demeurent l'une de mes plus belles réalisations. J'étais dans une forme extraordinaire tout au long de ma grossesse et j'appréciais cette sensation de plénitude de la maternité. Mon accouchement a été sans contredit la plus belle expérience de ma vie. Même si j'avais déjà assisté à des accouchements dans le cadre de ma formation d'infirmière, c'est depuis mon propre accouchement que je suis à jamais marquée par le miracle de la vie. Encore aujourd'hui, je suis toujours émue lorsqu'une jeune mère me raconte son accouchement.

Tout en berçant et en allaitant ma petite poupée, j'ai pris le temps de cogiter et de faire des démarches pour planifier ma réorientation de carrière. Finalement, le choix est devenu clair. J'allais devenir agronome spécialisée en agriculture biologique. Comme ça, je pourrais vraiment travailler dans le domaine de la santé et contribuer à ce que les gens aient accès à une alimentation saine.

Le défi était de taille, car je devais retourner aux études à temps complet au cégep puis à l'université avec une petite fille qui avait dix-huit mois à l'époque. Ma motivation était telle que malgré les nuits blanches, six ans plus tard, diplôme en main, j'étais enfin prête à changer le monde. Mais le problème, c'est que ma formation en bio-agronomie était plutôt orientée vers la culture conventionnelle avec engrais de synthèse, pesticides, etc. Alors, au sortir de l'université et depuis ce temps d'ailleurs, j'ai glané à droite et à gauche des enseignements en agriculture biologique ou en horticulture écologique auprès de véritables maîtres en la matière tels que Yves Gagnon, Michel Renaud, Denis La France, et de celle qui est devenue mon amie, Édith Smeesters.

Parallèlement à mes obligations familiales et scolaires, je continuais durant la belle saison à cultiver des légumes de la façon la plus saine possible, soit dans un jardin communautaire ou dans le grand potager d'amis à la campagne, car la culture en contenant ne me satisfaisait plus.

Au sortir de l'université, j'ai tenté de me trouver un emploi orienté vers le bio tout en conservant les acquis de ma vie familiale et sociale que j'avais bien établie en ville. La petite fille de la campagne était vraiment devenue citadine. Durant les huit premières années de ma carrière d'agronome, j'ai cumulé différents emplois au sein de la fonction publique et de l'entreprise privée. Chaque fois, ma motivation diminuait à mesure que les mois passaient, car tous ces emplois, même les plus prometteurs, ne rencontraient jamais la notion de «santé» qui m'était si vitale. Enfin, j'ai fini par comprendre que seule ma propre entreprise me permettrait de réaliser pleinement mes aspirations. J'ai donc pris le taureau par les cornes une fois de plus et, après une formation en entrepreneuriat, j'ai fondé mon entreprise qui s'appelait Vert Santé et dont la mission était «d'offrir des services de consultation et de formation en horticulture écologique, tout en considérant la santé des humains et de l'environnement».

Les premières années n'ont pas été faciles. J'ai dû apprendre que ce n'est pas tout d'avoir une passion pour la santé, il fallait aussi que mon portefeuille soit en santé… ce qui était loin d'être le cas. C'était encore l'époque où l'on commençait à peine à comprendre l'importance de protéger l'environnement. Même si j'étais convaincue que mes services étaient vitaux, il fallait aussi que ça se matérialise, c'est-à-dire que les autres le croient… Et cela se traduisait par des fins d'années financières catastrophiques. J'ai plus d'une fois songé à cesser mes activités, mais chaque fois je me disais que je ne pourrais jamais trouver un emploi qui me convienne davantage.

J'ai persisté malgré les embûches, et cela fait maintenant près de 15 ans que je fais ce que j'aime. Même si j'ai délaissé la signature «Vert santé» pour reprendre mon nom de jeune fille, ma mission est toujours restée la même. Heureusement, les temps ont changé et l'environnement est devenu un sujet «à la mode». Même au sein des plus grosses compagnies, c'est à qui sera le plus «vert». Enfin, je ne suis plus vue comme la «granola» de service. Après avoir, entre autres, participé à de nombreux projets d'éducation à l'environnement, prononcé des centaines de conférences, formé plus de 20000 personnes aux pratiques horticoles écologiques et écrit deux livres, je peux conclure que j'ai bien fait de persister dans ma voie.

Aujourd'hui, je fais difficilement la différence entre ma vie et mon métier tellement ce dernier est devenu une deuxième peau pour moi. Il ne se passe pas une journée, hiver comme été, en ville comme à la campagne, en conférence ou en vacances sans qu'un simple incident me ramène à la santé ou au jardinage. D'ailleurs, mon travail est tellement intégré à mes loisirs et vice-versa que je cherche une façon de qualifier ce formidable état de choses. Mais peut-être suis-je privilégiée, car tout le monde n'a pas la chance de vivre de sa passion comme moi. Par contre, je crois qu'on devrait tous prendre la responsabilité de sa santé, et le fait de cultiver écologiquement ses propres légumes (même si le projet se limite à cultiver un plant de tomates sur son balcon) est une des façons d'y parvenir. Je ne connais pas d'autre activité dont le lien avec la santé est aussi étroit que le jardinage.

Avec les années, mon jardin est devenu un site de «recherche et de développement», mais c'est toujours un lieu qui me ramène à mes jeux d'enfants. Mon projet de jardin me poursuit douze mois par année. En fait, dès le mois de janvier, je commence à penser aux légumes que je cultiverai et je m'endors souvent en rêvant à ceux-ci puisque c'est un catalogue de semence qui me sert de livre de chevet. Puis arrive la période des semis où je peux assouvir mon besoin de jouer dans la terre. Devant ma boîte de semences, je suis chaque fois impressionnée en pensant à la vie qui sommeille dans celle-ci et qui se transformera dans quelques mois en une jungle. (Mon conjoint me taquine parfois en disant qu'il aura bientôt besoin d'une machette pour entrer à la maison puisque les exubérantes courges, que je cultive sur la rampe de la galerie avant, s'en donnent à cœur joie.) Quant vient le printemps et que je fais mes premiers pas au jardin, je suis émerveillée devant toute cette vie qui a passé l'hiver sous plusieurs mètres de neige et qui s'éveille progressivement. C'est aussi la période des plus gros travaux de l'année qui me permettent de vérifier si j'ai conservé une bonne forme physique durant l'hiver. Très vite, les premières récoltes des échalotes vivaces, mais également des carottes et des poireaux laissés en terre à l'automne, viennent apporter fraîcheur et santé à mon alimentation. Elles seront suivies de près en juin par les radis, les épinards et les laitues puis après une période de

récolte relativement stable, à partir de la fin de juillet, c'est littéralement l'abondance jusqu'aux premières neiges. J'en profite alors pour découvrir de nouvelles recettes et faire quelques réserves pour l'hiver.

Mon potager santé n'est pas un traité scientifique, mais plutôt un document pratico-pratique. Tout comme c'était le cas pour mes deux premiers livres (*Le jardinage éconologique* et *Tout sur le compost*), il est le résultat de mes connaissances et de mes expériences, mais également de l'expérience des nombreux jardiniers que j'ai eu la chance de côtoyer. Mon plus grand souhait est qu'il devienne pour vous un outil de référence dans la culture écologique des légumes, mais également une source d'inspiration pour tout ce que vous pouvez faire afin de maintenir votre santé et celle de l'environnement.

Bonne lecture!

Lili Michaud

CHAPITRE 1

La santé est dans le potager

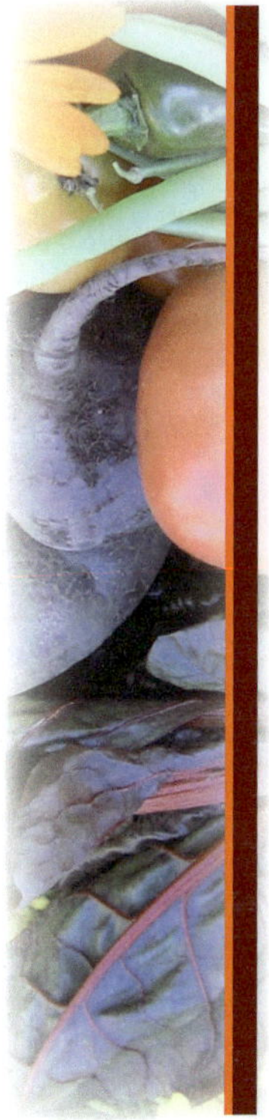

Tous les organismes vivants sont intimement liés. C'est donc clair qu'il ne peut être question de santé des plantes sans que ne soient prises en considération la santé des animaux, la santé des humains et la santé de l'environnement (encadré). Si je protège mon environnement, je prends soin de ma santé. À l'inverse, lorsque je pose une action qui porte préjudice à l'environnement, je risque d'en subir tôt ou tard les effets négatifs sur ma santé. Et dans le cas de tous les organismes vivants, les principes de base pour protéger et maintenir la vie et la santé présentent de nombreuses similitudes.

> Dans la nature, aucun être vivant n'existe seulement pour lui-même, il fait partie d'un tout.
>
> Tiré de *La fécondité du sol* de H.P. Rush

Selon l'Organisation mondiale de la santé (OMS), la santé des humains est «un état de total bien-être physique, mental et social, qui ne consiste pas seulement en une absence de maladie ou d'infirmité». Cette définition, qui a été adoptée en 1946 lors de la constitution de l'OMS et qui n'a pas été modifiée depuis, nous ramène aujourd'hui à l'essence même de la santé. En effet, dans un contexte où le concept de la santé est trop souvent réduit par l'industrie pharmaceutique à la consommation de «la petite pilule miracle», la santé doit plutôt être considérée comme un état global et positif. La santé est la plus grande richesse que l'on puisse posséder. Qui n'a pas fait cette constatation lorsque, cloué au lit à la suite d'une mauvaise grippe, plus rien d'autre n'a d'importance. Dommage que l'on doive perdre la santé pour réaliser à quel point elle est précieuse! Pourtant, c'est bien connu, il vaut mieux prévenir que guérir.

La maladie, quant à elle, peut se définir comme un dysfonctionnement caractérisé par différents symptômes et une certaine évolution dans le temps. La majorité des maladies sont multifactorielles. Bien que les prédispositions génétiques puissent jouer un rôle dans l'occurrence des maladies, l'environnement et les habitudes de vie des individus sont de plus en plus pointés du doigt comme étant des facteurs majeurs de maladie (encadré). Fort heureusement, nous avons un grand pouvoir sur ces deux derniers facteurs.

> Plusieurs facteurs directement reliés au mode de vie des gens, comme le tabagisme, l'inactivité physique, l'obésité, la composition du régime alimentaire sont la cause directe du développement de 70 % des cancers.
>
> Richard Béliveau, 2005

La médecine a fait de grandes avancées ces dernières années dans le traitement des maladies. Plusieurs interventions (médication, chirurgie, chimiothérapie, radiothérapie, etc.) sont devenues des solutions ultimes et capitales dans bien des cas. Mais ces interventions curatives ne sont pas sans conséquence sur la qualité de vie des patients et sur les coûts sociaux qu'elles entraînent. Et c'est sans compter l'engorgement des hôpitaux et des cliniques médicales dans un contexte où la pénurie des professionnels de la santé (médecins, infirmières) est de plus en plus criante. Pourtant, de plus en plus de sommités dans le domaine de la santé, tels les docteurs Richard Béliveau et David Shervan-Shreiber, proclament haut et fort que plusieurs maladies pourraient être évitées par des pratiques de prévention pour maintenir et améliorer la santé.

Bien s'alimenter, faire de l'exercice, minimiser le stress et éviter de fumer sont des recommandations reconnues dans le monde de la santé. Si vous tenez ce livre entre les mains, vous êtes sur la voie de la santé puisque le fait de cultiver ses propres légumes de façon écologique permet de mettre en pratique presque toutes ces recommandations à la fois. En effet, vous constaterez les avantages de laisser une place de choix aux légumes et de surcroît bios dans votre alimentation. D'ailleurs, Hippocrate, le père de la médecine, disait : « Que ton aliment soit ta seule médecine. » Vous serez également en mesure de constater à quel point le jardinage est une activité physique non négligeable en plus d'offrir une soupape aux nombreux stress de la vie quotidienne. Enfin, le fait de fumer est difficilement compatible avec l'activité de jardinage. Non seulement fumer porte préjudice à la santé du fumeur et des gens qui l'entourent, mais également à la santé de certains légumes, telles les tomates qui peuvent être affectées par le virus de la mosaïque du tabac transmis par les mains d'un fumeur.

Je suis tellement convaincue des bienfaits du jardinage écologique sur la santé que je me suis même permis d'adapter le vieux proverbe suivant: «Si tu veux être heureux une semaine, tue un cochon» (c'est discutable), «si tu veux être heureux une année, marie-toi» (un peu triste comme échéance), «mais si tu veux être heureux toute la vie, fais-toi jardinier» (là, je suis assez d'accord, mais je préfère ma propre conclusion): «Si tu veux être heureux et en santé toute ta vie, fais-toi jardinier écologique.»

La santé par les légumes

C'est bien connu, les nombreuses qualités des légumes en font des incontournables dans le cadre d'une alimentation saine. Malheureusement, les légumes sont trop souvent utilisés comme de simples accompagnements, alors qu'ils devraient occuper une place de choix dans notre alimentation. De fait, les légumes sont riches en vitamines, en minéraux, en fibres et en composés phytochimiques (vous en saurez davantage sur ces derniers bientôt). De surcroît, ils sont pauvres en matières grasses et en calories et ils débordent de goût et de couleur. Mais n'allez pas croire que mon intention est de vous convertir au végétarisme, car même si j'admire les gens qui peuvent le pratiquer, je ne suis pas moi-même végétarienne. Cependant, ayant pris conscience il y a une trentaine d'années des impacts négatifs que la consommation de viande peut avoir sur l'environnement (encadré) et sur ma santé, j'ai réduit ma consommation de viande et, autant que possible, j'achète de la viande bio. À l'instar d'Einstein, je crois vraiment que «rien ne peut être aussi bénéfique à la santé humaine et augmenter les chances de survie sur la terre que d'opter pour une diète végétarienne».

Pour minimiser les conséquences négatives de la production de viande sur l'environnement, plusieurs scientifiques s'entendent sur le fait qu'il vaut mieux limiter sa consommation de viande (le bœuf vient en tête, suivi du porc et du poulet) et choisir un régime qui laisse davantage de place aux produits végétaux tels que les légumes, mais aussi les légumineuses, les noix et les graines.

> La production de protéines animales nécessite jusqu'à dix fois plus d'énergie et engendre dix fois plus d'émission de gaz à effet de serre que la production de protéines végétales. De plus, pour produire un kilogramme de bœuf, cela nécessite jusqu'à 70 000 litres d'eau.
>
> David Suzuki, 2008

« La production de viande est responsable d'au moins 18 % des émissions totales de gaz à effet de serre. Par conséquent, dans la lutte contre les changements climatiques, il est essentiel de limiter notre consommation de viande. » C'est le message, répété plus d'une fois par Rajendra Pachauri, président du Groupe intergouvernemental d'experts sur l'évolution du climat (GIEC) depuis 2002 et récipiendaire du Prix Nobel de la Paix en 2007.

Les personnes qui ont une alimentation riche en légumes profitent de leurs nombreux avantages qui se traduisent par :

- une réduction des risques d'être atteint d'un cancer et de maladies cardiovasculaires (selon le Fond mondial de la recherche sur le cancer) ;
- une réduction des risques de souffrir d'hypertension ;
- une réduction des risques d'obésité et des conséquences qui en découlent, tel le diabète de type 2 ;
- une amélioration de leur régularité intestinale.

De la diversité et de la couleur dans votre assiette

Vous rappelez-vous le contenu de l'assiette de votre dernier repas ? Celui-ci était-il varié et coloré ou, à l'opposé, tendait-il vers le « brun » du genre : viande brune, patate brune et sauce brune ? Si comme la majorité des Canadiens, vous vous situez à mi-chemin entre ces deux comportements et que les légumes que vous consommez se résument à la pomme de terre (la plupart du temps frite), la laitue (trop souvent l'iceberg), la carotte (orangée évidemment), la tomate (dont le goût insipide de la tomate commerciale lui confère le qualificatif de décoration à sandwich) et l'oignon de table, vous avez avantage à mettre de la diversité et de la couleur dans votre assiette.

N'hésitez plus à introduire progressivement de la diversité dans votre alimentation en consommant de nouveaux légumes tels que la bette à carde, le bok choy, le panais, la roquette, etc. D'ailleurs, lorsque vous consulterez le chapitre 4 *Les légumes – Du semis jusqu'à la récolte*, vous constaterez que vous pourrez cultiver une grande diversité de légumes. Et cela sera d'autant plus vrai, si vous démarrez vos cultures à partir de la semence plutôt que d'acheter des plants. Pour les courges, par exemple, vous aurez le choix entre la courge spaghetti, le pâtisson, la courge poivrée, la courge musquée et des dizaines d'autres.

Une autre excellente pratique consiste à varier la couleur de vos légumes dans votre assiette. En fait, les pigments qui confèrent leur couleur aux légumes (de même qu'aux fruits) sont très souvent l'indice de la présence de composés phytochimiques dont le rôle de protection contre plusieurs maladies a été démontré dans plusieurs ouvrages.

Les composés phytochimiques

Les composés phytochimiques (du grec *phyto* qui signifie plante) sont des molécules responsables de la couleur et des propriétés organoleptiques (qui affectent les sens) des plantes. Ils sont présents à des degrés variables dans les fruits et les légumes de même que dans certaines boissons, tel le thé vert, ou certaines épices dont la plus connue est le curcuma. Ces composés ont différentes propriétés biologiques qui jouent un rôle dans la prévention de certaines maladies, dont le cancer. Parmi ces propriétés, on retrouve l'effet antioxydant ayant une influence sur les radicaux libres (encadré), substances produites normalement par le corps, mais qui peuvent causer des cancers ou des maladies cardiovasculaires. Le tabac, la pollution, l'exposition au soleil et certains médicaments peuvent augmenter le taux de radicaux libres dans l'organisme. À l'opposé, une diète riche en composés phytochimiques antioxydants peut contrer les effets des radicaux libres. Bien que cette action soit bien connue, les effets positifs des composés phytochimiques ne se limitent pas à l'action antioxydante. Ils peuvent également avoir des propriétés antibactériennes, anti-inflammatoires, etc.

Toutes les plantes légumières et les autres végétaux contiennent des composés phytochimiques en quantité et en qualité variables. Ainsi, tous les fruits et les légumes ne sont pas égaux. Certains peuvent être considérés comme des alicaments (encadré). Vous trouverez dans le tableau suivant les bienfaits de quelques composés phytochimiques ainsi que les couleurs et les légumes auxquels ils sont associés.

LES RADICAUX LIBRES

Les radicaux libres sont des molécules d'oxygène instables et incomplètes qui tentent de s'accoupler à des éléments de nos propres cellules détruisant ces dernières. Les radicaux libres entraînent des dommages à l'organisme comme le fait la rouille sur le métal d'une automobile.

UN ALICAMENT

Un alicament est tout aliment, que ce soit un fruit, un légume, une boisson ou encore un produit de fermentation, qui contient en grande quantité un ou plusieurs composés phytochimiques ayant un potentiel anticancéreux.

Richard Béliveau, 2005

TABLEAU 1

LES COMPOSÉS PHYTOCHIMIQUES ET LEURS BIENFAITS			
Composés phytochimiques	**Bienfaits**	**Couleur**	**Légumes**
Lycopène	Protégerait contre divers cancers, dont le cancer de la prostate	Rouge	Tomate
Bêta-carotène	Rôle dans la vision, la santé du système immunitaire et la santé de la peau	Jaune/orange	Carotte, citrouille, courge, patate douce, tomate
Anthocyanine	Retarde le vieillissement cellulaire	Bleu/violet	Aubergine, oignon rouge
Lutéine	Réduit les risques de dégénérescence maculaire, responsable de la cécité	Vert	Épinard, asperge, brocoli, chou, chou kale, chou de Bruxelles
Alicine	Rôle dans la prévention de certains cancers et dans le maintien de la santé du cœur	Blanc	Ail, échalote, oignon, poireau

Source : Joseph, 2004

L'agriculture ne va pas toujours de pair avec la santé

Comme nous l'avons vu précédemment, il est clair qu'une alimentation qui fait une place de choix aux légumes est nettement avantageuse pour notre santé. Pourtant, on est en droit de se questionner sur les effets néfastes sur l'environnement, et par le fait même sur notre santé, que peuvent avoir certaines pratiques agricoles concernant la production de ces légumes. De fait, les fermes industrielles d'aujourd'hui qui ont des objectifs de rentabilité élevés sont dans l'obligation de produire des légumes en quantités extraordinaires. Pour y parvenir, les fermiers doivent faire appel à un arsenal de technologies et de pratiques (engrais de synthèse, pesticides, monoculture, OGM, etc.) qui s'éloignent de plus en plus de la nature. De fait, ces mégafermes ne ressemblent en rien aux petites fermes d'antan et aux quelques fermes de famille d'aujourd'hui (le plus souvent des fermes bios) qui ont souvent de la difficulté à survivre dans un tel marché. Le système alimentaire actuel est vu comme une réussite pour certains parce qu'il permet d'offrir des aliments en quantité, en tout temps et en tout lieu (aujourd'hui, on peut trouver des aliments à peu près n'importe où, de la pharmacie jusqu'aux commerces de grande surface en passant par les Dollarama). Mais en considérant l'aspect nutritionnel et écologique d'un tel système, il est clair que cette approche a de graves conséquences.

Les engrais de synthèse

Les engrais de synthèse, aussi appelés engrais chimiques, sont composés de matières premières (à l'origine de sources naturelles) qui ont subi des transformations chimiques dont résultent des sels. Ces sels sont la plupart du temps solubles dans la solution du sol et ils ont la capacité d'être absorbés tels quels par les plantes sans devoir passer par le processus naturel. À l'opposé, les engrais naturels doivent habituellement être transformés par la faune du sol, soit les micro-organismes et les vers de terre, sous une forme assimilable par les plantes.

La fabrication des engrais de synthèse est très énergivore et polluante. De fait, la fabrication des engrais de synthèse nécessite une source importante d'énergie (gaz naturel, charbon, électricité). De plus, les engrais de synthèse azotés sont synthétisés à partir du pétrole, une ressource non renouvelable.

L'utilisation des engrais de synthèse entraîne des effets néfastes sur la productivité du sol, car ces engrais sont susceptibles de contribuer à acidifier, à alcaliniser ou à augmenter le taux de salinité du sol le rendant ainsi impropre à la vie des micro-organismes et des vers de terre. De plus, le sol a tendance à se compacter. Bref, il perd sa vitalité. Finalement, les effets d'un sol dénaturé se répercutent négativement sur la santé des plantes. Par ailleurs, puisque les éléments minéraux ont la possibilité d'être absorbés directement par la plante, cette dernière risque d'en soutirer de trop fortes quantités et d'en être déséquilibrée, ce qui la rend plus vulnérable aux ravageurs. À titre d'exemple, plusieurs études montrent un lien entre l'accroissement de la reproduction de pucerons et une surfertilisation en azote.

Il faut aussi savoir que les effets secondaires de la dénaturation des sols, à la suite de l'utilisation des engrais de synthèse, impliquent des interventions secondaires telles que le chaulage, l'aération et l'ajout d'engrais à répétition (le sol ne contient pas de réserves contrairement à ce qui se passe avec l'usage des engrais naturels et du compost) avec toutes les conséquences économiques et écologiques que ces interventions entraînent.

Les effets négatifs de tels engrais sur l'environnement sont de plus en plus documentés. Un important pourcentage (souvent plus de 50 %) des éléments minéraux solubles des engrais de synthèse n'est pas absorbé par les plantes. De fait, ils risquent d'être lessivés dans le sol, causant ainsi la pollution des sols et, par ricochet, la pollution des cours d'eau. Bien que plusieurs causes aient été ciblées, le problème des algues bleues qui fait la manchette depuis quelques années n'est pas étranger à l'utilisation des engrais solubles. Par ailleurs, certains engrais de synthèse sont une source de pollution atmosphérique, car ils favorisent la production du protoxyde d'azote, un important gaz à effet de serre (Villeneuve, 2007).

Les engrais de synthèse se limitent souvent à des formulations à base de trois éléments : l'azote (N), le phosphore (P) et le potassium (K). Parce que ces engrais contiennent parfois peu d'oligo-éléments, les légumes qui sont issus de l'agriculture industrielle peuvent présenter des carences et parfois atteindre des taux de nitrates plus élevés (encadré).

Enfin, il n'est pas rassurant de savoir que des esprits mal intentionnés peuvent fabriquer des bombes artisanales avec certains engrais de synthèse vendus couramment.

En agriculture bio, les engrais de synthèse ne sont pas permis. Le maintien de la fertilité du sol est assuré prioritairement par les amendements organiques (compost et autres) et les engrais naturels lorsque c'est nécessaire.

LE DANGER DES NITRATES

Lorsqu'ils sont ingérés, les nitrates contenus dans les légumes peuvent se transformer en nitrite, un composé potentiellement cancérigène. Il est reconnu que le taux de nitrates est plus élevé dans les légumes qui ont été fertilisés avec des engrais de synthèse azotés.

Les pesticides

Les pesticides sont des substances destinées à détruire ou à éloigner des organismes indésirables. En agriculture, les principaux pesticides utilisés sont les insecticides pour enrayer les insectes, les herbicides pour éliminer les plantes adventices (mauvaises herbes) et les fongicides pour contrôler les maladies des plantes. Quoiqu'en disent les fabricants, les pesticides sont, par définition, des substances toxiques et leur toxicité ne se limite pas, la plupart du temps, à l'organisme ciblé. D'ailleurs, plusieurs scientifiques suggèrent que les pesticides sont toxiques pour d'autres organismes, dont nous, les humains (encadré).

Les légumes qui sont produits de façon industrielle contiennent davantage de résidus de pesticides que les légumes qui sont produits de façon écologique. En tant que consommateurs, nous avons une large part de responsabilité face à l'utilisation des pesticides dans la culture des légumes. En recherchant et en exigeant des légumes « parfaits », nous exigeons que les agriculteurs déploient tout leur « arsenal d'armes de destruction massive » afin de répondre à nos besoins irréalistes. Pire encore, les légumes qui proviennent de l'extérieur du Canada, particulièrement ceux qui sont produits dans des pays en développement, risquent de contenir des résidus de pesticides plus élevés ou même des pesticides qui sont bannis chez nous.

LES CONSÉQUENCES DES PESTICIDES SUR LA SANTÉ HUMAINE

Les effets à long terme de cette pollution insidieuse commencent seulement à se manifester : baisse de la fertilité masculine, malformations à la naissance, augmentation de certains cancers, perturbation de l'équilibre hormonal et du développement du système nerveux, modification du comportement, diminution de défenses immunitaires.

Tiré de *Pesticides le piège se referme* de François Veillerette

Certains groupes sont plus vulnérables aux pesticides (encadré). Parmi ceux-ci, les enfants, les femmes enceintes, les personnes malades et les utilisateurs professionnels. Il n'est plus rare de voir des agriculteurs devenir producteurs biologiques parce qu'ils ont eu des ennuis de santé qu'ils associent à l'utilisation des pesticides.

LES ENFANTS ET LES PESTICIDES

En raison de leur physiologie, les enfants absorbent davantage de pesticides par poids corporel que les adultes. C'est pourquoi ils sont considérés comme étant particulièrement à risque quant à l'ingestion de composés toxiques tels que les pesticides.

De prime abord, on pourrait être porté à croire que puisqu'un pesticide est homologué il ne devrait pas comporter de risques. Même si l'on n'a pas démontré la toxicité d'un pesticide, cela n'est pas une preuve de son innocuité. Par ailleurs, seuls les ingrédients actifs sont testés et nous avons très peu d'informations sur l'effet combiné de plusieurs pesticides. D'ailleurs, plusieurs pesticides utilisés à grande échelle par le passé font maintenant l'objet de restrictions sévères ou ont été carrément retirés du marché en raison de leurs effets nocifs potentiels sur la santé. Citons le cas du chlorpyrifos et du diazinon qui étaient utilisés couramment dans l'entretien paysager il y a quelques années. Ces derniers étaient pourtant homologués, donc jugés sécuritaires. Dans le doute, le principe de précaution devrait primer.

Les impacts négatifs de l'utilisation des pesticides sur l'environnement sont également de plus en plus documentés. La pollution de l'air, du sol et de l'eau

Certains types de cancers, très sensibles à l'environnement, explosent. Celui du cancer du sein a vu son incidence augmenter de 93 % (de 1978 à 2000) et celui de la prostate de 271 %.

Tiré de *Pesticides, révélations sur un scandale français* de François Veillerette *et al.*

par les pesticides a des conséquences parfois tragiques pour certains organismes vivants. Parmi les fléaux qui ont touché l'agriculture ces dernières années, citons la mortalité soudaine des colonies d'abeilles (appelée aussi le syndrome d'effondrement des colonies d'abeilles) où les pesticides sont pointés comme étant une des causes.

À la suite de l'utilisation massive de pesticides depuis la Deuxième Guerre mondiale, nous avons malheureusement tous des pesticides, ou leurs métabolites, dans le corps. Dans le même laps de temps, des maladies comme le cancer sont en augmentation fulgurante (encadré). La meilleure façon d'éviter d'absorber davantage de pesticides et de protéger notre santé est de privilégier les aliments bios. En agriculture biologique, seuls les pesticides à faibles impacts approuvés selon le cahier des charges des différents organismes de certification sont autorisés.

La monoculture

L'agriculture moderne privilégie la monoculture, c'est-à-dire la culture d'une même espèce de plante sur de grands espaces. Quiconque a déjà observé un champ de maïs à perte de vue comprend que cette pratique s'éloigne énormément de la nature qui, elle, est synonyme de diversité. Dans une prairie naturelle par exemple, on observe une grande diversité de plantes et par le fait même une faune diversifiée et dans l'ensemble, un écosystème équilibré. Lorsqu'une même plante est cultivée sur de grandes étendues, et pire encore lorsqu'elle l'est année après année, les conséquences négatives sont légions. De fait, les monocultures sont plus vulnérables aux maladies et aux ravageurs ; par conséquent, plus de pesticides risquent d'être utilisés. De même, la fertilité du sol diminue puisque les plantes y puisent toujours les mêmes éléments minéraux.

La biodiversité est une des bases de l'agriculture et du jardinage biologiques. En privilégiant des légumes issus de ce mode de culture, vous contribuez à minimiser l'impact des pratiques agricoles sur l'environnement.

Les organismes génétiquement modifiés (OGM)

Un OGM est un organisme vivant auquel on a ajouté un ou des gènes pour lui conférer une caractéristique spéciale. La technique qui consiste à transférer des gènes s'appelle la transgénèse. À la différence du croisement des plantes de deux individus génétiquement proches que les humains pratiquent depuis longtemps et qui consiste au transfert (de façon naturelle ou provoquée) du pollen depuis l'étamine (organe mâle) d'une plante vers les organes femelles d'une autre plante (une tomate jaune et une tomate rouge, par exemple), la transgénèse permet le transfert de gènes entre des espèces génétiquement éloignées. Le cas du maïs Bt en est un exemple. Dans ce dernier, on a inséré le gène de la bactérie *Bacillus thuringiensis* dans le maïs pour lui conférer les propriétés insecticides de la bactérie.

Même si les effets pervers sur la santé humaine sont encore peu connus, on peut soupçonner que d'ici quelques années on réalisera que les OGM consommés couramment présentent des dangers pour la santé que l'on ne suspectait pas. Tout comme avec les pesticides, l'histoire se répétera. Quant aux effets négatifs que peut avoir la manipulation génétique sur l'environnement, ils sont de plus en plus documentés et certains scientifiques craignent entre autres la « pollution génique ». Si vous ne l'avez pas encore fait, ne manquez pas de visionner le film *Le monde selon Monsanto*, vous y découvrirez les dessous d'une industrie qui « veut notre bien ».

Consommer bio, écolo et local préserve la santé et l'environnement

Si votre propre production de légumes biologiques ne suffit pas à vos besoins, un des bons moyens pour prendre soin de votre santé tout en protégeant l'environnement est de consommer des aliments qui sont issus de l'agriculture biologique. Le but de ce système est de produire des aliments dans le respect de tous les êtres vivants et de leur cycle naturel. Pour y parvenir, les agriculteurs biologiques privilégient des pratiques respectueuses de l'environnement (diversité, rotation des cultures, utilisation de produits naturels, méthodes culturales et mécaniques), tout en s'interdisant les pesticides et les engrais de synthèse, ainsi que les OGM.

> L'agriculture bio devrait soutenir et améliorer la santé des sols, des plantes, des animaux, des hommes et de la planète, comme étant une et indivisible.
>
> Tiré de *La culture biologique des légumes* de Denis La France

Les organismes de certification bio

À moins que vous n'ayez une totale confiance à votre fermier de famille, la seule façon de vous assurer de consommer des aliments qui soient vraiment bios est de vérifier si ces derniers portent la mention « biologique » ainsi que le nom de l'organisme de certification ou mieux, son logo. Au Québec, les organismes accrédités sont : Québec vrai, Écocert, Garantie bio, OCIA international, QAI inc.,

OCPP/Pro-cert Canada et International Certification services. Tous les agriculteurs qui adhèrent à un organisme de certification reconnu doivent se conformer à un cahier des charges et sont soumis à des inspections régulières.

Les aliments bios plus chers, oui mais…

C'est un fait, le coût des aliments bios est plus élevé que les aliments issus de l'agriculture conventionnelle. Mais c'est sans considérer les coûts cachés de ces derniers qui sont associés aux dommages causés à l'environnement et aux dépenses en soins de santé. Bonne nouvelle : alors qu'il y a une vingtaine d'années les aliments bios étaient tout simplement hors de prix, de nos jours, l'engouement pour l'alimentation bio fait qu'ils sont de plus en plus abordables.

Où trouver les légumes bios ?

Si, il y a une vingtaine d'années, la disponibilité des légumes bios se limitait à quelques petites épiceries ou coops spécialisées, il est maintenant plus facile d'en trouver. Ils sont de plus en plus offerts dans les supermarchés, mais pour ce qui est de la fraîcheur, de la disponibilité des produits locaux et même du coût, c'est parfois discutable. D'ailleurs, « biologique » n'est pas nécessairement synonyme d'« écologique ». Un aliment voyage en moyenne 2400 kilomètres à partir de l'endroit

LE MARCHÉ DE SOLIDARITÉ RÉGIONALE

Le marché de solidarité régionale est une formule qui permet aux adhérents de faire des achats en ligne auprès de fournisseurs locaux. Les aliments qui peuvent être commandés selon un horaire défini sont livrés à un point de chute. Les membres doivent débourser un droit annuel minime et participer occasionnellement à des activités bénévoles. Bien que tous les aliments commercialisés de cette façon ne soient pas nécessairement certifiés biologiques, ils sont produits en respectant l'équilibre naturel.

On trouve de plus en plus de légumes bios dans les marchés.

où il a été récolté jusqu'à notre assiette (Waridel, 1998; Suzuki, 2008). Considérant que le transport est parmi les causes importantes des changements climatiques, même bio, un poivron qui a parcouru d'aussi grandes distances n'est plus très «écolo» lorsqu'il arrive sur notre table. Heureusement, il existe des alternatives très intéressantes pour se procurer des légumes bios ou du moins «fermiers» et devenir locavore (encadré). Parmi celles-ci, l'agriculture soutenue par la communauté (ASC) et les marchés de solidarité (encadré et section *Ressources*) sont des organisations qui permettent d'encourager l'économie locale tout en favorisant une alimentation et un environnement sains. On retrouve également de plus en plus d'agriculteurs bios dans les marchés publics. Et dans certaines villes, des agriculteurs livrent même leurs produits bios directement à votre porte.

LOCAVORE

Un locavore est une personne qui consomme de la nourriture produite dans un rayon de 160 km de son domicile.

L'ASC

L'agriculture soutenue par la communauté (ASC) est un concept qui relie des citoyens à des fermes locales ayant des pratiques respectueuses de l'environnement via un partenariat de récolte. On devient «partenaire» d'une ferme en achetant une part des récoltes à l'avance. Les fermes maraîchères participantes livrent les paniers de légumes variés à un point de chute dans votre quartier, et ce, chaque semaine.

Tiré du site d'Équiterre

La valeur nutritive des légumes bios

On ne compte plus les études qui affirment que les aliments bios sont plus riches en nutriments que les aliments cultivés de façon conventionnelle.

À la suite d'une vaste revue de littérature, The Organic Center publiait en 2008 le document *De nouvelles données confirment la supériorité nutritionnelle des aliments biologiques d'origine végétale*. Dans le cadre de cette étude, des chercheurs américains ont rapporté une supériorité d'environ 25% des produits de l'agriculture biologique pour au moins quatre nutriments de base (vitamine C, fer, magnésium et phosphore). Ils ont également noté que la teneur en nitrate, une substance potentiellement toxique, était considérablement moins élevée dans les aliments biologiques comparés aux aliments issus de l'agriculture conventionnelle.

Dans le même ordre d'idée, une étude publiée en 2009 par Denis Lairon pour le compte de l'AFSSA (Agence française de sécurité sanitaire des aliments) indique que les plantes biologiques contiennent plus de matières sèches donc plus de minéraux et plus de nutriments antioxydants tels que les polyphénols. De plus, les légumes bios contiennent environ 50% moins de nitrates que les légumes conventionnels.

Mais à l'opposé, une étude britannique publiée en 2009 dans l'*American Journal of Clinical Nutrition* par la Food Standard Agency (FSA) concluait que les produits biologiques n'étaient pas vraiment plus nutritifs. Un message plutôt hostile envers l'agriculture bio que de nombreux médias ont repris allègrement... alors que la plupart ont fait peu état des données qui prouvent le contraire. Alors que faire en attendant qu'une prochaine étude réfute totalement les données de l'étude britannique... ce qui ne saurait tarder? Qui croire dans ce dédale d'études contradictoires?

À mon avis, la réponse relève du «gros bon sens». Si l'on compare la façon dont les plantes absorbent les nutriments du sol, selon qu'elles sont cultivées de façon conventionnelle ou biologique, il est clair que le processus d'absorption plus naturel de l'agriculture bio produit des légumes dont les composantes sont plus équilibrées parce que les plantes sont moins «gavées». Mais, même si je suis fondamentalement convaincue que les légumes bios sont plus nutritifs que les légumes cultivés de façon conventionnelle, je crois d'abord et avant tout qu'on devrait privilégier les légumes bios parce qu'ils sont plus 'santé' que les légumes cultivés de façon conventionnelle. Voici pourquoi:

- Les principaux nutriments des légumes et des fruits se concentrent dans la peau (vitamines, oligo-éléments, composés phytochimiques) et c'est également là que se concentrent les pesticides.
- Toutes les études, incluant l'étude britannique, ont noté que les produits végétaux issus de l'agriculture bio contenaient moins de nitrate que les légumes cultivés conventionnellement, une substance potentiellement cancérigène.

- La plupart des études ne font pas état des effets néfastes qu'entraînent les pratiques de l'agriculture conventionnelle (pesticides, engrais de synthèse, OGM, etc.) sur la santé de l'environnement. Ces effets se répercutent tôt ou tard sur notre santé.

La meilleure façon de manger «santé» et sans risque pour l'environnement est de manger bio. Il n'est donc pas étonnant que des médecins bien connus, tels que David Servan-Schreiber et Michel de Lorgeril, recommandent les produits bios aux personnes atteintes de cancer.

> Puisque la production des composés phytochimiques est directement reliée au stress encouru par la plante, il est à prévoir que les végétaux cultivés de façon naturelle, sans pesticides synthétiques, et qui sont donc plus susceptibles d'être agressés, contiennent de plus grandes quantités de ces molécules.
>
> Richard Béliveau, 2005

Le goût des légumes bios

Les légumes bios goûtent meilleur. Si vous en doutez, faites le test en comparant une carotte bio et une carotte issue de l'agriculture conventionnelle. C'est l'évidence même. Ce n'est donc par étonnant que la consommation des aliments bios s'inscrive parfaitement dans le nouveau phénomène nommé «slow food». Cette philosophie qui s'oppose au «fast food» propose une approche écogastronomique afin d'éveiller le public aux plaisirs d'une alimentation diversifiée, conviviale et éthique. Le mouvement valorise particulièrement la production de type local, biologique et durable ainsi que le goût.

> On rapporte que les chimpanzés du zoo de Copenhague épluchent les bananes non bios avant de les manger, mais pas les bios qui sont goulûment avalées. Du flair? De l'instinct?
>
> Tiré de *Goût du monde ou saveurs locales?* de Hélène Raymond

Le jardinage contribue à la santé de l'environnement

Que l'on cultive des légumes, des petits fruits, des fleurs, des arbustes, des arbres, des plantes aromatiques et même… de la pelouse, de façon générale, les bienfaits écologiques associés à l'horticulture sont nombreux (tiré et adapté de Brethour, 2007). En effet, les espaces verts permettent de:

- modérer les extrêmes climatiques et atténuer les îlots de chaleur urbains;
- produire de l'oxygène et séquestrer le carbone. Grâce au phénomène de la photosynthèse, les plantes ont la possibilité de transformer le dioxyde de carbone et l'eau en oxygène et en glucose (figure 1);
- réduire la pollution atmosphérique et améliorer la qualité de l'air (encadré, page 25);
- éliminer certains contaminants des sols, c'est ce qu'on appelle la phytoremédiation (encadré, page 24);

- améliorer la qualité de l'eau et minimiser les problèmes d'érosion (les plantes retiennent le sol et les espaces verts en général permettent d'absorber et d'utiliser l'eau de pluie qui, autrement, serait dirigée promptement dans les réseaux d'égout entraînant avec elle des contaminants vers les cours d'eau);
- atténuer les effets des conditions météorologiques grâce à des brise-vent et des rideaux-abris;
- réduire la pollution acoustique;
- contrôler l'éblouissement urbain;
- attirer plusieurs espèces fauniques, dont les oiseaux.

LA PHYTOREMÉDIATION

Ce terme provient du grec *phyton*, qui signifie plante, et du latin *remedium* qui veut dire rétablissement de l'équilibre, remédiation. C'est un processus de réduction ou d'élimination de la pollution qui met en jeu les plantes, le sol et les micro-organismes du sol.

FIGURE 1
LA PHOTOSYNTHÈSE

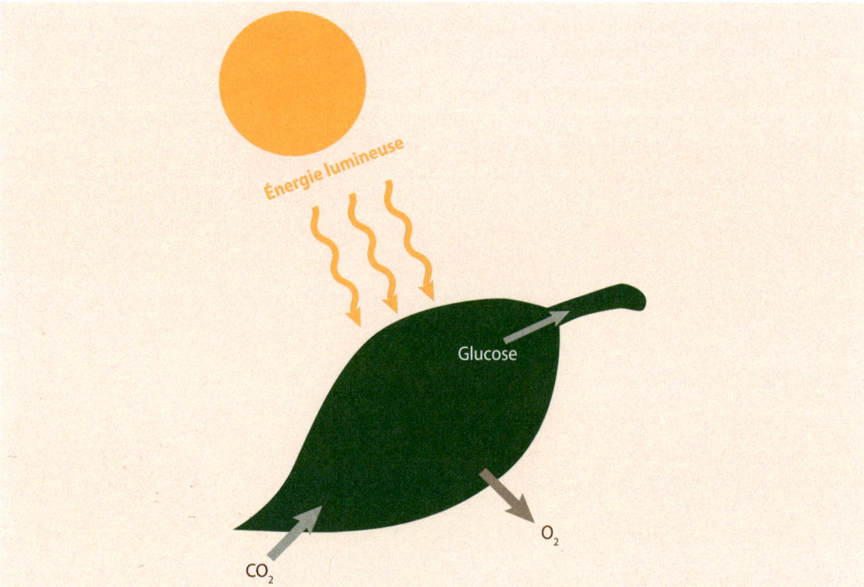

Dioxyde de carbone (CO_2) + eau + énergie kumineuse = glucose + oxygène + eau.

LES VÉGÉTAUX SONT LES « POUMONS DES VILLES »

Les végétaux réduisent la pollution atmosphérique grâce aux phénomènes suivants :

- Ils absorbent les polluants gazeux (ex. : ozone, oxyde d'azote et dioxyde de soufre) dans leurs feuilles.
- Ils accumulent les poussières, les cendres, le pollen et les autres particules sur leurs feuilles, ce qui réduit leur présence dans l'air que nous respirons.
- Ils produisent de l'oxygène grâce au phénomène de photosynthèse.

Le jardinage entretient la santé du jardinier et de son entourage

Le jardinage est sans contredit une activité à la fois bénéfique pour le corps et pour l'esprit. Pas étonnant qu'il soit un des loisirs les plus populaires. Et, fait surprenant, le jardinage est une des rares activités qui peut se pratiquer à tout âge. Il faut voir la mine réjouie des enfants qui sèment leurs premières graines ou le sourire de satisfaction du jardinier d'un âge respectable lorsqu'il vous présente ses belles tomates. Mais, les bienfaits physiques et psychologiques du jardinage ne profitent pas seulement au jardinier, ils sont également bénéfiques à son entourage.

D'après une revue de littérature commandée par Agriculture et agroalimentaire Canada (Brethour, 2007), le fait de jardiner contribuerait à préserver ou améliorer sa santé en offrant des possibilités de faire de l'exercice, d'augmenter sa souplesse, d'améliorer sa coordination et son équilibre. D'autre part, le même rapport indique que la présence de plantes dans l'environnement :

- contribuerait à réduire le stress et à augmenter la productivité (au travail et dans les écoles) ;
- a des effets apaisants et réduit l'inconfort ;

Marie Eisenmann

Sandrine, si petite et déjà une pro du jardinage.

- accélère le rétablissement des patients dans les hôpitaux ;
- améliore l'état d'esprit et l'état de santé des résidents des établissements de soins de longue durée et des prisons. C'est ce qu'on appelle l'hortithérapie (encadré) ;
- favorise les émotions positives ;
- améliore la qualité de vie dans les milieux urbains ;
- confère une fierté dans la communauté grâce à la présence des jardins communautaires et des jardins collectifs ;
- améliore le niveau d'attention et de concentration des enfants ;
- réduit l'agressivité et la violence ;
- favorise des modes de vie sains (les gens qui demeurent à proximité d'un parc sont davantage portés à y circuler à pied ou à vélo).

À l'aube de ses 90 ans, mon cher voisin, M. Destrempes, s'active quotidiennement dans son jardin.

Le jardinage est une activité physique non négligeable. En plus de contribuer à maintenir une bonne capacité musculaire et cardio-respiratoire, on estime que le jardinage permettrait de brûler de 125 à 227 calories par période de trente minutes. Ce bilan se rapproche d'une marche vigoureuse qui consomme, pour la même période, de 142 à 227 calories (Brethour, 2007).

L'HORTITHÉRAPIE

L'utilisation des plantes et les activités de jardinage dans le but d'améliorer l'état physique et psychologique sont des pratiques de plus en plus courantes dans les établissements de santé, les résidences pour personnes âgées et même les prisons. C'est ce qu'on appelle l'hortithérapie ou l'horticulture thérapeutique. Il semble qu'il n'y ait pas que des plantes qui poussent dans un jardin. On y cultive également l'estime de soi, l'optimisme, la camaraderie, la créativité, la satisfaction, la motivation…

Une jardinière d'expérience que j'ai rencontrée il y a plusieurs années a prononcé cette formidable phrase en parlant du travail de la terre : « Quand je me salis les mains, ça me nettoie la tête. » Moi qui suis convaincue des bienfaits psychologiques que le travail de la terre peut apporter, je n'ai cessé de répéter cette phrase au cours de mes conférences. Mais c'était avant de connaître les résultats récents de recherches scientifiques qui confirment cette hypothèse (encadré).

Selon des chercheurs en neurosciences de l'Université de Bristol en Angleterre, une bactérie nommée *Mycobactérium vaccæ* qu'on trouve normalement dans le sol aurait le pouvoir de nous rendre heureux. Ces recherches effectuées en 2007 sur des souris ont démontré que les petites bêtes auxquelles ont avait injecté la bactérie en question ont obtenu une augmentation de leur taux de sérotonine. La sérotonine, appelée aussi « la molécule du bonheur », est d'ailleurs utilisée dans le traitement des dépressions. Elle agirait sur la cognition, la régulation de l'humeur et aiderait à mieux gérer le stress et l'anxiété.

Jardinage conventionnel ou écologique

Tel que nous l'avons vu précédemment, le jardinage rime habituellement avec la santé et avec l'environnement. Pourtant, tout comme il en a été question pour l'agriculture industrialisée, le jardinage conventionnel implique certaines pratiques ou certains produits qui sont bien loin d'une approche « santé » et qui, par le fait même, annulent les bénéfices du jardinage. À l'opposé, le jardinage écologique vise à maintenir la santé des plantes tout en considérant la santé des humains et de tous les organismes vivants. Le tableau suivant vous permettra de comparer les deux approches dans leur plus pure expression. Heureusement, les temps changent et les préoccupations toujours plus grandes de la population pour la santé et l'environnement font que l'approche conventionnelle se moule progressivement sur l'approche écologique. Si vous jardinez depuis plusieurs années et que vous êtes toujours attaché à vos pratiques conventionnelles, il est plus que temps que vous entrepreniez la transition vers le jardinage écologique. Il en va de votre santé, de la santé de vos proches et de celle de l'environnement.

Anne-Pascale Pion

Anne-Pascale a bien raison d'être fière de son jardinet en santé.

TABLEAU 2

L'APPROCHE CONVENTIONNELLE ET L'APPROCHE ÉCOLOGIQUE COMPARÉES

	Approche conventionnelle	Approche écologique
Les bases (la philosophie)	Relation de domination de la nature Vision partielle et de court terme Recettes toutes faites Déséquilibre	Relation de collaboration avec la nature Vision globale et de long terme Respect de la vie sous toutes ses formes Observation, compréhension, étude (encadré) Recherche du maintien de l'équilibre
Le sol	Le sol est souvent considéré comme un simple support aux plantes Les interventions risquent de détruire les qualités biologiques, physiques et chimiques du sol entraînant des conséquences négatives : acidification, érosion, salinité, perte de vie, compactage, etc.	Le sol est le centre névralgique du jardin Les interventions, lorsqu'elles sont nécessaires, visent à conserver ou améliorer les qualités biologiques, physiques et chimiques du sol
La fertilisation	La fertilisation consiste à nourrir directement la plante à l'aide d'engrais chimiques (de synthèse) La production et l'utilisation de ces engrais sont néfastes pour l'environnement (encadré)	La fertilisation, lorsqu'elle est nécessaire, consiste à nourrir le sol en lui apportant des amendements ou des engrais naturels. Parce que la production permet le recyclage de certains produits (compost, fumier), elle est peu polluante
La plante	Puisque la plante est nourrie directement avec les engrais de synthèse facilement absorbables, il s'ensuit un déséquilibre et souvent un excès des trois minéraux essentiels (NPK) Choix de plantes sensibles ou non adaptées aux conditions environnementales Choix de semences et de plantes qui encourage la perte de biodiversité (monoculture, semences hybrides)	La plante puise les nutriments dans le sol en fonction de ses besoins spécifiques par l'intermédiaire des micro-organismes du sol Choix de plantes résistantes et adaptées aux conditions environnementales Choix de semences et de plantes qui encourage le maintien de la biodiversité (diversité, semences à pollinisation libre)
Les dommages (ravageurs et maladies)	Approche curative (la méthode du diachylon sur le bobo) Le problème n'est pas réglé à la base et réapparaît année après année Utilisation de pesticides de synthèse	Approche préventive d'abord et avant tout Utilisation de techniques physiques pour prévenir ou contrôler les dommages Utilisation de pesticides à faibles impacts, en dernier recours et si absolument nécessaires
La qualité de vie	Perte de temps et d'argent, car on doit toujours recommencer	Épargne de temps et d'argent, on se fait aider de la nature, en travaillant dans le même sens qu'elle
La santé et l'environnement	Environnement aseptisé Impacts négatifs (pesticides, engrais de synthèse, perte de biodiversité, utilisation abusive de l'eau, surconsommation de gadgets)	Environnement sain Impacts positifs (gestion écologique de l'eau, les 3R : réduction, recyclage, réutilisation)

Ne croyez pas que le jardinage écologique n'est qu'une affaire d'une poignée de «granos». De fait, le jardinage écologique s'inspire des expériences de jardinage traditionnelles tout en profitant des connaissances et des progrès scientifiques modernes. C'est une approche de gros bons sens. Il n'est pas étonnant que de plus en plus de jardiniers s'y adonnent.

QUAND ÉCOLOGIE RIME AVEC ÉTUDE

L'écologie se définit comme l'étude des milieux où vivent et se reproduisent les êtres vivants ainsi que des rapports de ces êtres vivants avec le milieu. Le vrai jardinier écologique n'applique pas machinalement des recettes toutes faites. Il observe et tente de comprendre avant d'intervenir. Il étudie, quoi!

LES ENGRAIS DE SYNTHÈSE, UNE SOURCE DE POLLUTION

On accuse souvent les agriculteurs de causer de la pollution avec l'épandage du purin des animaux dans les champs (bien que cela soit toujours possible malgré les normes environnementales de plus en plus sévères), mais il faut savoir qu'il est aussi possible de polluer le sol avec de simples engrais de synthèse vendus en jardinerie, surtout quand la recommandation concernant les doses n'est pas suivie.

QUE FAIRE DE VOS PESTICIDES ET ENGRAIS DE SYNTHÈSE?

Si des engrais de synthèse ou des pesticides s'entassent dans votre cabanon ou votre garage, il est temps pour vous de leur dire adieu. Mais encore faut-il que vous vous en départissiez de façon écologique. Pas question de mettre ces produits à la collecte régulière des matières résiduelles. Parce que les engrais et les pesticides entrent dans la catégorie des résidus domestiques dangereux (RDD), ils doivent faire l'objet d'une attention particulière. Informez-vous auprès de votre municipalité de la meilleure façon de vous départir de ces matières. Certaines municipalités organisent des collectes annuelles de RDD, alors que d'autres proposent aux citoyens d'apporter leurs RDD dans des sites centralisés qu'on appelle parfois, les écocentres.

Cultiver et manger ses légumes bios, le summum pour la santé et l'environnement

Quelles que soient vos motivations initiales, il est sûr qu'en cultivant et en consommant vos propres légumes bios, vous contribuerez positivement à votre santé et à celle de l'environnement. En effet, vous serez en mesure de :

- **Profiter des effets positifs de la pratique du jardinage sur votre santé physique et mentale**

  Bouger, s'activer et finalement contempler et profiter du fruit de vos efforts sans que ceux-ci soient annulés par des pratiques « douteuses ». Assurément, une formule gagnante pour votre santé.

- **Manger sainement**

  Pour contrôler la qualité et la salubrité des légumes que vous et votre famille consommez, il n'y a rien de plus efficace que de les produire soi-même de façon écologique. Adieu pesticides et engrais de synthèse, OGM, etc. Bienvenue aux aliments sains et nutritifs ! Il faut avoir cultivé ne serait-ce qu'un plant de tomate pour comprendre qu'il n'y a pas de tomate plus savoureuse que la première tomate mûre cueillie dans son propre jardin écologique. Si vous en doutiez, voici un extrait de la description de l'élaboration d'un sandwich aux tomates (élaboré avec le pain et la mayonnaise maison) d'Yves Gagnon, tiré de *Un seul jardin* : « Une fois les rôties bien grillées, j'en recouvre une épaisse couche de mayonnaise dans laquelle je cale deux tranches de tomates qui débordent un peu du pain. Après avoir assaisonné les tomates de sel et de poivre, je les recouvre de rondelles d'oignon, de basilic et de persil, puis je complète l'échafaudage avec la superposition de la deuxième rôtie ramollie par une noisette de beurre. » J'en salive chaque fois.

- **Protéger l'environnement**

  Vous y parviendrez grâce à toutes vos pratiques de jardinage écologique qui visent à respecter l'environnement. Et, de surcroît, vous éviterez l'emballage et le transport des légumes sur de grandes distances puisque votre jardin ne sera distant de votre table que de quelques mètres, voire de quelques kilomètres (dans le cas des jardins communautaires ou collectifs). Vous minimiserez ainsi l'utilisation d'une source d'énergie fossile telle que l'essence, ainsi que les gaz à effet de serre qui en résultent.

3 N-J

Cultiver ses propres légumes de façon écologique répond parfaitement au concept des 3N-J de Laure Waridel concernant l'alimentation (*L'envert de l'assiette*, 1997).

N pour Non loin... pour éviter le transport et ses effets négatifs sur l'environnement.

N pour Nu... pour éviter l'emballage des aliments et les effets négatifs de ceux-ci (les ressources et l'énergie nécessaires pour produire et disposer de ces emballages).

N pour Naturel... pour éviter les effets négatifs de l'agriculture et de la transformation industrielle sur l'environnement et notre santé.

J pour Juste... pour encourager le partage équitable des ressources.

Et finalement, vous profiterez des effets positifs sur la santé de votre portefeuille. Tel que largement décrit dans mon livre *Le jardinage éconologique*, le jardinage écologique est aussi économique. De fait, c'est une excellente façon de sortir du carcan de la surconsommation.

De bonnes habitudes pour conserver sa santé tout en jardinant

Si, comme c'est mon cas, le jardinage écologique est devenu (ou est en train de devenir) pour vous une réelle passion, il se peut que vous soyez tellement obnubilé par votre projet (je sais de quoi je parle) que vous oubliiez certaines règles de base pour préserver votre santé. Avant de vous précipiter au jardin, prenez au moins le temps de lire les recommandations suivantes. Bien que je n'oserais pas prétendre que ces suggestions doivent être considérées comme des règles strictes, elles sauront peut-être vous éviter certains petits désagréments tels que les courbatures et les blessures. De plus, cela pourra vous permettre de profiter de votre loisir préféré durant de nombreuses années.

Gardez la forme

Ça y est, le printemps est enfin arrivé et avec lui les premiers travaux de jardinage qui exigent souvent beaucoup d'efforts. Si vous avez été plutôt sédentaire durant les longs mois d'hiver, il y a fort à parier que vos premières journées de jardinage se termineront avec des courbatures. Alors, allez-y doucement pour commencer. Débutez par une courte séance de jardinage et augmentez la cadence progressivement. Si ce n'est déjà fait, pensez à intégrer dans votre quotidien d'autres activités physiques qui correspondent à vos goûts et à vos capacités. Même si, comme nous l'avons vu précédemment, le jardinage est une activité physique non négligeable, il devrait être pratiqué de concert avec d'autres activités qui permettent de maintenir une bonne capacité cardio-vasculaire et musculaire. Ski, bicyclette, marche, patinage, natation, etc., ce ne sont pas les choix qui manquent.

Prenez de bonnes habitudes

Ajustez la fréquence et l'intensité des travaux en fonction de votre force et de votre condition physique. Par exemple, ne remplissez la brouette qu'à demi ou utilisez des petits seaux pour transporter le compost. Diversifiez les travaux de façon à ne pas solliciter toujours les mêmes muscles et alternez les travaux légers et les travaux lourds. Lorsqu'ils sont répétés jour après jour, les gestes répétitifs qui demandent un effort soutenu risquent de dégénérer en «ite»: tendinite, bursite, épicondylite, etc.

Équipez-vous convenablement

Selon votre taille et votre capacité, vous aurez avantage à choisir des outils plus légers ou plus courts. Lorsque vous achetez un nouvel outil, optez pour un instrument approprié au travail à accomplir et prenez le temps de simuler le travail pour lequel il sera destiné afin de vérifier si son utilisation demeure confortable (consultez la section qui traite des outils au chapitre 2). En début de saison, portez des gants pour manipuler les gros outils tels que la fourche à bêcher. Cela pourra vous éviter quelques ampoules, car à cette période de l'année, la peau de vos mains n'est pas encore endurcie. Choisissez des chaussures confortables qui supportent bien les chevilles, spécialement lorsque vous faites de gros travaux. Et pour protéger vos genoux, munissez-vous de genouillères ou d'un tapis de protection.

Adoptez de bonnes positions

Emporté par notre enthousiasme, on oublie trop souvent d'adopter les bonnes positions. Prenez le temps de vous installer convenablement avant d'entreprendre une tâche. Agenouillez-vous pour effectuer des travaux près du sol et gardez votre dos droit. Si vous devez vous pencher, faites-le à partir des hanches et non de la taille. Lorsque vous travaillez debout, placez une jambe en avant et l'autre en arrière afin de diminuer la tension au niveau du dos. Alternez de jambe de temps en temps et même de main si... vous êtes ambidextre.

Les bonnes postures et les bons gestes facilitent le jardinage.

Soulevez une charge de la bonne façon

Avant de soulever un objet lourd, évaluez-en le poids et s'il est vraiment trop excessif pour vos capacités, faites-vous aider. Autrement, procédez de la façon suivante :

- Approchez-vous de la charge.
- Mettez les pieds à la même largeur que les épaules.
- Pliez les genoux tout en conservant le dos droit.
- Utilisez les muscles de vos bras et de vos jambes afin de soulever la charge.
- En transportant la charge, conservez celle-ci près de votre corps et évitez de tourner le haut du corps, pivotez plutôt les pieds.
- Pliez les genoux et déposez lentement la charge à l'endroit voulu.

Comment soulever une charge pour épargner vos muscles et votre dos.

Soyez à la hauteur

Évitez de travailler à bout de bras lorsque vous taillez une plante haute, plantez un tuteur ou effectuez tout autre travail au-dessus de la tête. Grimpez plutôt sur un banc ou un escabeau solide de façon à vous rapprocher de votre travail. Et si vous n'y arrivez pas, confiez le travail à «une grande personne».

Effectuez des exercices d'étirement

Que ce soit en début de saison ou lorsque vous entreprenez ou terminez un travail physiquement exigeant, tel que le bêchage, prenez l'habitude de faire des exercices d'étirement avant, après et durant les travaux. Répétez chacun de ces exercices deux fois en tenant la position durant 15 secondes. Ne faites pas d'effort intense ; cela doit demeurer un étirement, pas un exercice douloureux. Prenez l'exemple sur les chats.

Note : La description des exercices a été tirée et adaptée du site Internet de l'Association des chiropraticiens du Québec.

Les côtés

Allongez un bras au-dessus de la tête. Penchez-vous du côté opposé en étirant la taille. Faites la même chose de l'autre côté.

L'avant des cuisses

Appuyez-vous contre un arbre ou une clôture. Pliez votre genou droit et saisissez votre cheville avec votre main droite. Répétez avec votre genou gauche.

L'arrière des cuisses

En position debout, levez les bras vers le ciel. Penchez-vous doucement et essayez (j'ai bien dit essayez) d'aller toucher vos orteils sans vous faire mal.

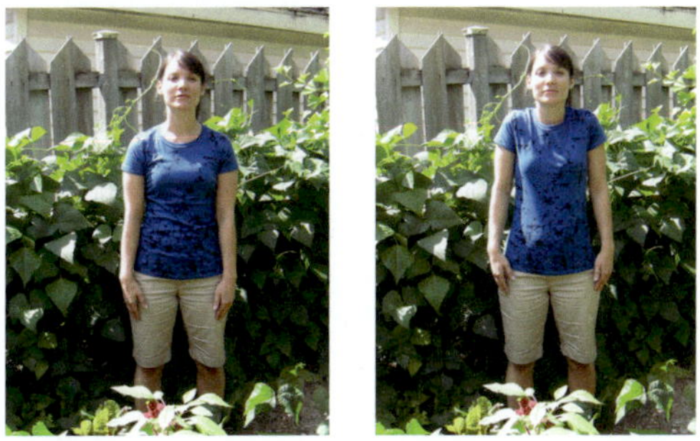

Les épaules

Laissez tomber les épaules le long de votre corps. Faites des rotations de vos épaules vers l'arrière, puis vers l'avant.

Les poignets

Tenez un bras vers l'avant à 90 degrés avec votre corps, la paume de la main vers le bas. Pliez votre poignet jusqu'à ce que vos doigts pointent vers le sol. Utilisez votre main opposée pour tenir la position. Faites la même chose en pointant les doigts vers le haut. Répétez avec l'autre bras. Placez vos mains dans la position de la prière en poussant les paumes de vos mains l'une contre l'autre.

Le dos

En position assise, courbez-vous en pliant le corps à la hauteur des hanches, tout en gardant votre tête basse. Tentez de vous pencher jusqu'à ce que vos mains touchent au sol, sans toutefois forcer votre dos.

Les bras et les épaules (le gros câlin à moi-même)

Enlacez-vous avec vos bras. Tournez doucement vers la gauche au niveau de la taille, aussi loin que possible sans que vous ressentiez de douleur. Faites la même chose de l'autre côté.

Profitez du soleil… à petites doses

Quelle délicieuse sensation que celle de sentir le soleil sur sa peau après un long hiver où le corps a été emmitouflé de la tête aux pieds. Dommage qu'il faille s'en méfier! Alors qu'il y a à peine une trentaine d'années, personne (et j'en étais) ne se souciait des dangers du soleil, ce n'est plus le cas aujourd'hui en raison de l'amincissement de la couche d'ozone. D'ailleurs, je ne peux plus moi-même me permettre de négliger cet aspect de ma santé, puisqu'au moindre excès, ma peau rougit. De fait, il est maintenant clairement reconnu dans le monde médical que les rayons UV du soleil peuvent causer de graves préjudices à notre santé tels que le vieillissement prématuré de la peau, mais pire encore, le cancer de la peau.

À l'opposé, le soleil a des effets bénéfiques sur notre santé, mais… à petites doses. Selon la Société canadienne du cancer: «une petite quantité de soleil a des effets bénéfiques sur la santé en permettant de métaboliser la vitamine D au niveau de la peau». Alors, sachez profiter de l'été et de votre jardin, mais soyez prudent et ne manquez pas d'adopter les habitudes suivantes:

- Minimisez les longues expositions lorsque le soleil est à son plus fort, soit entre 11 h et 16 h. Profitez de cette période pour travailler dans une section ombragée de votre jardin… ou pour vous allonger à l'ombre dans votre hamac.
- Portez un chapeau à large bord et des vêtements longs.
- Utilisez un écran solaire naturel (encadré) ayant un facteur de protection de 15, ou plus, et n'oubliez pas de protéger vos lèvres, votre nez et vos oreilles.

ÉCRAN SOLAIRE NATUREL

Pour les mêmes raisons que je me préoccupe des aliments que j'ingère, je demeure prudente avec les produits que j'applique sur ma peau. C'est pourquoi je crains les différents composés synthétiques que contiennent la plupart des écrans solaires. La peau a la capacité d'absorber différents produits. À preuve, les timbres dermiques, communément appelés «patchs», qui sont utilisés pour arrêter de fumer, pour minimiser les symptômes de la ménopause ou encore comme moyen contraceptif. Je privilégie les écrans solaires naturels. Ces derniers, la plupart du temps vendus dans les commerces d'aliments naturels, ne devraient contenir aucun composé de synthèse. Lisez les étiquettes et ne manquez pas de vous informer. Soyez un consommateur avisé.

Protégez-vous contre les insectes piqueurs

Si, comme moi, vous faites partie de ceux que les moustiques apprécient un peu trop, vous avez tout avantage à considérer la présence de ces derniers et à vous protéger de leurs attaques. Bien que la plupart du temps les piqûres de moustiques soient sans conséquence graves pour la santé, le risque de contracter le virus du Nil, si minime soit-il, demeure. De plus, le seul fait de passer une nuit blanche parce que des petites bestioles se sont nourries de votre peau ou de votre sang est assez convaincant. C'est pourquoi il faut prendre les précautions suivantes :

- Si vous devez travailler au jardin lorsque les insectes piqueurs (maringouins et mouches noires) sont plus nombreux (le matin et le soir), portez des vêtements longs.
- Portez des vêtements pâles. Ces derniers reflètent moins la chaleur que les couleurs foncées comme le bleu, le noir et le brun ; ils attirent moins les moustiques.
- Évitez les produits parfumés (savon, eau de toilette, shampoing, etc.). Ces derniers attirent les moustiques.
- Si nécessaire, utilisez un insectifuge (qu'on appelle aussi chasse-moustiques ou antimouches), mais optez pour un produit naturel tel que la citronnelle. Évitez les insectifuges qui contiennent l'agent actif nommé DEET. Même si selon certaines institutions de santé ce produit ne serait pas dangereux, je ne me résous pas à croire qu'un produit qui détériore même le plastique (faites le test vous-même) puisse être totalement inoffensif pour moi. Dans le doute, je préfère m'abstenir.
- Ne perdez pas votre temps à croire certaines légendes qui prétendent que manger des bananes ou de l'ail, ou prendre de la vitamine B aurait comme effet de repousser les moustiques. Ces pratiques n'ont pas fait leurs preuves jusqu'à présent.
- Si, malgré tout, vous êtes victime de ces petites bestioles, vous pourrez atténuer les symptômes dérangeants en appliquant sur les zones affectées un analgésique naturel tel que l'aloès ou une feuille de plantain froissée.

Prenez des pauses régulièrement et hydratez-vous

Dans la plupart des milieux de travail, les employés ont droit à des pauses après deux ou trois heures consécutives de travail. Pourtant, jardiniers passionnés que nous sommes, nous oublions souvent de nous arrêter. Chaque fois que vous avez terminé une tâche, prenez l'habitude de prendre une pause avant d'entreprendre la suivante. Cela vous permettra de faire le point sur le travail effectué et de planifier la suite. Par temps chaud, assurez-vous d'avoir à votre portée de l'eau fraîche ou une limonade maison et hydratez-vous régulièrement.

Remettez les travaux au lendemain

Si, après quelques heures de travail, vous vous sentez vraiment fatigué et que le plaisir n'est plus au rendez-vous, pourquoi ne pas remettre la suite des travaux au lendemain. De cette façon, vous éviterez peut-être des désagréments et même des accidents regrettables. Le lendemain, la tête et le corps reposés, vous apprécierez davantage cette formidable activité qu'est le jardinage. Après tout, vous n'avez pas à performer comme vous le feriez dans le cadre d'un travail rémunéré.

CHAPITRE 2

Le projet

Quand le rêve devient réalité

Ça y est, vous êtes convaincu des avantages de cultiver vos propres légumes et vous êtes prêt à passer à la planification. Que les possibilités de culture se limitent à votre balcon, ou que vous profitiez de grands espaces, vous avez tout intérêt à concevoir dès maintenant votre projet et même à planifier celui-ci sur papier. Ainsi, vous serez fin prêt lorsque le moment sera venu de passer à l'action (c'est ce que l'on verra dans le prochain chapitre) et vous mettrez toutes les chances de votre côté pour que cette belle aventure se solde par des résultats à la hauteur de vos attentes. Mais dans tous les cas, commencez «petit». Vous éviterez ainsi bien des déceptions et des courbatures dues à un projet trop ambitieux pour votre capacité physique et votre expérience de jardinier. Les années subséquentes, à mesure que vous aurez pris de l'expérience, il sera toujours temps d'agrandir votre potager ou d'ajouter quelques pots sur votre balcon.

Tous les moyens sont bons pour cultiver des légumes

Vous habitez une maison en ville, en banlieue ou à la campagne et vous possédez un terrain: réservez alors une place de choix à la culture des légumes. Vous résidez plutôt dans un immeuble multifamilial et vous n'avez pas accès à un terrain: qu'à cela ne tienne, ce ne sont pas les alternatives qui manquent. Quelques pots sur votre balcon vous suffiront peut-être. Autrement, optez pour le jardinage communautaire ou le jardinage collectif, en pleine terre, dans des bacs surélevés ou, pourquoi pas, sur la toiture d'un édifice.

Édith Smeesters

Un potager à la campagne.

Johanne Welch

Un petit potager en ville.

Cultiver des légumes sur un terrain résidentiel

Lorsque je circule dans les quartiers résidentiels des banlieues de ma ville, je suis toujours étonnée de constater le peu d'espace consacré à la culture des légumes sur les terrains. Même si les aménagements paysagers ornementaux constitués d'arbres et d'arbustes ainsi que de fleurs sont de plus en plus populaires (et indispensables à la diversité écologique), il faut souvent jouer au détective pour trouver ne serait-ce qu'un plant de tomate ou de basilic sur certains terrains résidentiels. Pire encore, on trouve souvent des terrains où la pelouse règne principalement. Quel dommage de ne pas profiter davantage des espaces verts pour laisser plus de place à des cultures utiles, telles que les plantes légumières, les plantes aromatiques et les fruits! Curieusement, dans les campagnes, les potagers abondent, et ce, même sur des terrains qui sont parfois plus petits que certains terrains de ville. Serait-ce que la culture des plantes utilitaires qui prévalait à l'époque de la Nouvelle-France serait inscrite davantage dans les mœurs des villageois? Mais cela pourrait bien changer dans les années à venir puisque l'agriculture urbaine (encadré) prend de plus en plus d'ampleur.

L'agriculture urbaine réfère à des activités agricoles en ville. Elle est pratiquée sur de petites surfaces (jardin, terrains vagues, balcon, toits, etc.) et regroupe différents types de productions, dont la culture des légumes et des fruits et même l'élevage des petits animaux, dans certaines villes. L'agriculture urbaine contribue à la sécurité et à l'hygiène alimentaire parce qu'elle augmente la quantité et la qualité des aliments disponibles pour les personnes qui vivent en ville. De plus, elle contribue à améliorer la qualité de vie des citadins et permet de réduire les effets négatifs du transport des aliments.

Les légumes sont intégrés dans l'aménagement de ma cour.

Les courges d'hiver ont toute la place pour grimper sur la rampe de ma galerie avant.

Les plants de tomates côtoient les fleurs dans cet aménagement du patio d'un multilogement.

Si vous possédez un terrain, et si ce n'est déjà fait, c'est maintenant que vous devez «penser potager». Celui-ci pourra être isolé du reste de vos aménagements d'arbres et d'arbustes et de vos platebandes de fleurs ou carrément intégré à ces dernières à l'arrière et, pourquoi pas, à l'avant de la maison. J'y cultive d'ailleurs occasionnellement mes courges d'hiver qui peuvent grimper allègrement sur la rampe de la galerie. La forme de votre potager pourra être standard, soit carrée ou rectangulaire, mais elle pourra également présenter des contours arrondis, tout comme vous le faites pour vos platebandes de fleurs.

Je ne suis pas seule à surveiller mon jardin à partir de la fenêtre.

Le fait de pouvoir cultiver des légumes directement sur son propre terrain offre de nombreux avantages, le plus important étant la proximité. D'une part, vous n'hésiterez plus à aller passer une dizaine de minutes au jardin au retour du travail pour arracher quelques plantes adventices (encadré), pour arroser ou simplement pour surveiller l'évolution de vos semis ou de vos plantations. D'autre part, vous pourrez difficilement consommer des légumes plus frais, puisque ceux-ci pourront passer du jardin à la table en quelques minutes. De plus, vous serez aux premières loges pour surveiller les visiteurs indésirables. Je cultive moi-même dans ma cour arrière et mon premier réflexe chaque matin, au sortir du lit, est de jeter un œil sur mon potager à partir du deuxième étage. C'est ainsi que j'ai plus d'une fois dégringolé les marches à vive allure pour me retrouver dehors en robe de chambre (vous imaginez l'étonnement de mes voisins) afin de sermonner une marmotte qui s'offrait un véritable festin dans la section des brocolis ou des laitues de mon potager. Enfin, le choix des légumes que vous pourrez cultiver sur votre terrain sera quasi infini.

Tout n'est jamais parfait. Le fait de cultiver des légumes sur un terrain résidentiel présente aussi des inconvénients, le principal étant la proximité des arbres. D'une part, l'ombre qu'ils projettent n'est pas souhaitable pour la culture de la majorité des légumes et, d'autre part, la compétition racinaire ne se fait pas à armes égales. Évidemment, il ne me viendrait pas à l'idée de vous suggérer de couper tous vos arbres pour cultiver des tomates. Mais comme nous le verrons plus loin, quand viendra le temps de concrétiser votre projet de potager, vous aurez à choisir l'endroit sur votre terrain qui est le plus éloigné des arbres de grandes dimensions et qui offre le maximum d'ensoleillement.

LES PLANTES ADVENTICES

J'utilise le terme « plantes adventices » pour désigner des plantes que la plupart des gens qualifient de « mauvaises herbes ». Ce terme péjoratif n'est pas approprié à mon avis, car la plupart des plantes qu'il désigne sont loin d'être mauvaises. Plusieurs ont des propriétés culinaires, médicinales, mellifères, etc. Ne vous est-il pas arrivé de voir des feuilles de pissenlits sur les étals de votre marché d'alimentation ? D'ailleurs, si vous désirez cultiver des pissenlits, des graines de ces derniers sont offertes par certains grainetiers… Une plante adventice (ou plus simplement, une adventice) est celle qui ne pousse pas au bon endroit, au bon moment… tout simplement !

Si vous croyez que la culture des légumes sur un terrain résidentiel est essentiellement réservée aux propriétaires de terrain, détrompez-vous. Ce n'est plus le cas depuis l'avènement ces dernières années du concept des « potagers partagés » mieux connu dans l'Ouest canadien sous le nom de « sharing backyards ». Ce concept permet de mettre en contact les gens qui n'ont pas accès à un terrain (habituellement des gens qui habitent en multilogements) avec des propriétaires de terrain qui sont disposés à partager la culture de celui-ci. Ce système d'échange qui fonctionne grâce à un site Internet particulier à chaque région est habituellement gratuit. En plus d'enjoliver un terrain parfois laissé à lui-même, cette coopération favorise le partage de connaissances et la solidarité entre les gens du quartier. Pour en savoir davantage sur les potagers partagés, voir la section *Ressources*.

Vous saurez tout sur la façon d'implanter et d'entretenir un potager au chapitre 3 *La réalisation*.

Cultiver des légumes en pot sur le balcon

Votre espace personnel à l'extérieur se limite à un balcon ou à un patio? Si celui-ci profite d'un ensoleillement adéquat (idéalement huit heures ou au moins six heures), vous pourrez le transformer en coin de verdure comestible grâce à la culture en pot. Si ce n'est pas le cas, pensez à déménager… Sans blague, si cela se présente, lors de votre prochain déménagement ne manquez pas de considérer cette caractéristique dans le choix de votre logement.

Un jardin cultivé en pots à l'Université McGill.

Parmi les avantages de la culture en pot, la proximité demeure très intéressante. Mais on peut également souligner que les ravageurs (voir chapitre 5 *Les dommages*) sont moins présents du fait que les plantes sont éloignées du sol. Cela est d'autant plus vrai si votre balcon est situé au 15e étage. L'envers de la médaille, c'est que si malgré tout, les ravageurs sont présents (vous les aurez sans aucun doute introduits avec les plantes que vous avez achetées), les alliés que sont certains insectes ou autres animaux qui pourraient normalement les contrôler ne seront que très rarement présents. Quant aux désavantages de la culture en pot, ils viennent principalement de la limite dans le choix des plantes légumières. Certaines plantes telles que les tomates profitent des avantages de la culture en pot, alors que d'autres n'y sont pas adaptées. Nous y reviendrons dans la section qui traite du choix des légumes.

Que vous cultiviez vos légumes dans des pots conventionnels ou dans des contenants avec réserve d'eau, vous aurez tout avantage à opter pour des pots de la plus grande dimension possible. Si vous projetez installer plusieurs pots sur votre balcon, assurez-vous que celui-ci peut supporter le poids d'une telle organisation. Et si vous avez choisi d'accrocher des contenants sur le rebord de la rampe, faites-le à l'intérieur de celle-ci. Cela vous évitera d'arroser par mégarde votre voisin d'en bas. Pire encore, pensez à ce qui pourrait arriver si vos pots tombaient. D'ailleurs, à certains endroits, c'est interdit. Vous aurez plus de détails sur la culture en pot dans la section *La culture en contenant* du chapitre 3 *La réalisation*.

Optez pour des pots de la plus grande dimension possible.

Cultiver des légumes dans un jardin communautaire ou dans un jardin collectif

Si vous n'avez pas la possibilité de cultiver dans votre cour ou si la culture en pot ne vous suffit pas (ce qui ne saurait tarder si vous attrapez comme moi la piqûre du jardinage des légumes), pourquoi ne pas adhérer à un groupe de jardiniers qui cultivent dans un jardin communautaire ou dans un jardin collectif?

Les jardins communautaires sont constitués d'un ensemble de petits jardins nommés «jardinets» ou «lots». Chaque jardinet est alloué à une personne ou à une famille du quartier qui le cultive et profite de la récolte. La superficie d'un jardinet varie de 3 à 24 mètres carrés, mais la moyenne se situe autour de 15 mètres carrés. Chaque jardinet est loué annuellement pour une somme modique. Les espaces dans les jardins communautaires sont très convoités, et ce, particulièrement dans les quartiers centraux des villes. C'est pourquoi il faut d'abord s'inscrire sur une liste d'attente et patienter durant quelques mois, voire quelques années, avant d'avoir accès à un lot dans un jardin communautaire.

Les jardins collectifs ont pour leur part une mission sociale. Ils sont constitués d'une seule parcelle sur laquelle un groupe de jardiniers s'organise pour y cultiver des légumes, qu'ils partageront ensuite ou qu'ils offriront à un organisme voué à la sécurité alimentaire.

Jardin communautaire Saint-Thomas d'Aquin, à Québec.

Jardin collectif de Moisson Québec.

Ce sont habituellement des organismes à but non lucratif ou des municipalités qui gèrent les jardins communautaires et les jardins collectifs. Pour connaître les jardins communautaires et les jardins collectifs de votre entourage, communiquez avec votre municipalité ou consultez la section *Ressources*. Lors de votre choix, privilégiez un jardin où l'on favorise le jardinage écologique et interdit l'utilisation des pesticides et des engrais de synthèse. Si possible, choisissez un jardin à proximité de votre domicile ou sur le trajet qui sépare celui-ci de votre lieu de travail.

Les avantages de cultiver des légumes dans un jardin collectif ou communautaire sont nombreux. Ces organisations facilitent les échanges de connaissances horticoles et culinaires, de semences et de plantes. Les jardins communautaires et collectifs deviennent aussi très souvent des lieux qui facilitent l'intégration à la communauté et permettent de développer un sentiment d'appartenance. Certains y formeront même un nouveau réseau d'amis.

Quant aux avantages horticoles, les jardins collectifs et communautaires bénéficient très souvent d'un ensoleillement maximal, car l'emplacement est choisi de façon à ne pas être gêné par la présence de gros arbres ou d'édifices avoisinants. De plus, les intrants (compost, paillis, etc.) sont souvent facilement disponibles et à un coût abordable pour les jardiniers.

Chacun des jardins collectifs et communautaires possède ses propres règlements que les jardiniers doivent respecter sous peine de perdre leur privilège. De plus, dans la plupart des jardins communautaires, les membres doivent consacrer quelques heures à des tâches communautaires.

Cultiver des légumes en milieu institutionnel

Offrir aux élèves d'une école primaire ou secondaire et aux étudiants d'un cégep ou d'une université la possibilité d'aménager et d'entretenir un potager écologique sur le terrain de l'institution est un projet concret qui permet de faire découvrir le jardinage en tant qu'activité saine et utile tout en servant d'outil éducatif à la protection de l'environnement.

Une partie des Jardins du CRAPAUD de l'Université du Québec à Montréal.

Le jardin du Club Via Agro-Écologie de l'Université Laval.

Un petit potager dans un centre d'hébergement pour personnes âgées.

Dans les centres d'hébergement qui accueillent les personnes âgées ou les personnes handicapées, le fait de permettre aux résidents de profiter de la présence d'un potager, si petit soit-il, est avantageux tant pour la santé physique de ceux qui participent activement au projet que pour la santé mentale de tous les résidents du centre. Comme nous l'avons vu précédemment, c'est ce qu'on appelle de l'hortithérapie.

Les principes de base de l'aménagement d'un potager en milieu institutionnel sont sensiblement les mêmes que ceux d'un potager aménagé sur un terrain privé. Cependant, le projet plus que tout autre devra être pensé en fonction de la capacité des jardiniers qui auront la responsabilité de l'entretenir de même que des goûts de la clientèle ciblée.

Cultiver des légumes sur le toit d'un édifice

Dans les centres-villes, il est souvent difficile de trouver des terrains libres pour y cultiver des légumes. Pourtant, à vol d'oiseau, il est étonnant de constater le nombre de toits plats des édifices qui pourraient se transformer en véritables îlots de verdure, c'est-à-dire en toits verts. Ces toits offrent de nombreux avantages. Ils font office d'isolation et permettent ainsi une diminution des coûts de chauffage en hiver et des coûts de climatisation en été. Ils retiennent les eaux de pluie, minimisant ainsi le fait que les eaux non traitées des égouts puissent déborder dans les cours d'eau. Les toits verts réduisent l'effet des îlots de chaleur en milieu urbain. Enfin, ils améliorent la qualité de l'air et la qualité de vie des personnes qui y ont accès.

Les toits verts

Les toits verts, appelés aussi toitures végétales, sont en fait des toitures spécialement conçues pour être recouvertes d'une couche de terreau destinée à la culture. Il en existe deux types: les extensives et les intensives. Les toitures extensives comportent une mince couche de terreau et ne sont pas prévues pour qu'on y circule régulièrement.

Une toiture verte intensive pour la culture des plantes légumières.

Elles sont réservées principalement à la culture de plantes ornementales résistantes à la sécheresse et ne sont pas appropriées pour la culture des légumes. Les toitures intensives, quant à elles, peuvent accueillir une plus grande diversité de plantes, incluant des plantes légumières, en raison de l'épaisseur plus importante de terreau. De plus, parce que ce type de toiture est plus robuste, on peut y circuler sans risque. L'installation d'une toiture végétale sur un toit existant ou lors d'une nouvelle construction est le résultat d'une expertise de pointe. Si vous ne voulez pas risquer de voir le toit vous tomber sur la tête, il est indispensable de faire appel à une entreprise spécialisée dans le domaine des toitures végétales pour mener à bien un tel projet. En effet, il faut savoir que l'aménagement et l'installation d'une toiture végétale impliquent la participation d'une panoplie d'experts, dont l'ingénieur, l'architecte, etc. ainsi que l'utilisation de matériaux spécialisés (ex. : une membrane élastomère). C'est ce qui explique les coûts relativement imposants d'un tel projet. Vous trouverez des entreprises spécialisées dans les toitures végétales dans la section *Ressources*.

Les toits verts cultivés en contenants

Il existe une solution alternative pour cultiver des légumes sur un toit sans que des travaux majeurs soient entrepris. C'est ce qu'on appelle des toits verts cultivés en contenants. Ce sont en fait des toits sur lesquels on installe des contenants de culture avec réserve d'eau (vous aurez davantage de détails sur ces contenants dans le prochain chapitre). Cette méthode, qui est à la fois plus simple et moins dispendieuse que la toiture végétale standard, doit tout de même être supervisée par des gens compétents en la matière. Vous trouverez dans la section *Ressources* des organismes qui font la promotion et l'installation des toits verts cultivés en contenants.

Un potager aménagé avec les bacs Biotop sur le toit de l'Auberivière.

La culture en contenant sur le toit de l'Université du Québec à Montréal.

Cultiver des légumes dans des grands bacs surélevés

Que le potager soit destiné à être aménagé sur un terrain résidentiel, institutionnel ou encore dans un jardin collectif ou communautaire, l'utilisation de bacs surélevés pourra être justifiée dans deux cas principalement. Ils seront utiles pour permettre aux personnes à mobilité réduite de travailler facilement sans se pencher et même à partir d'un fauteuil roulant. Par ailleurs, dans le cas où le sol est contaminé, la seule solution pour cultiver des légumes sans risque est d'y aménager des bacs surélevés. Une telle situation n'est pas à craindre dans le cas des terrains privés qui doivent répondre à des critères de salubrité minimums, avant leur mise en vente. Malheureusement, les jardins communautaires et collectifs sont souvent aménagés sur des terrains vacants de la ville qui pourraient avoir abrité des usines par le passé. Ils sont donc susceptibles

Un bac surélevé fait de blocs de béton.

d'être contaminés par différents produits toxiques tels que les métaux lourds, les hydrocarbures pétroliers (HP) et les hydrocarbures aromatiques polycycliques (HAP). C'est d'ailleurs pour cette raison que l'Agence de santé et de services sociaux de Montréal suit de près la qualité des sols des jardins communautaires de Montréal. Certains jardins ont dû totalement abandonner la culture de légumes alors que d'autres sont maintenant aménagés pour la culture en bac. Dans le doute, adressez-vous aux autorités sanitaires ou environnementales de votre région.

Un bac surélevé pour les jardiniers à mobilité réduite.

Les bacs surélevés pourront être conçus en pavé préfabriqué, en composite de plastique ou idéalement en bois, mais dans ce dernier cas, il faudra éviter le bois traité chimiquement. Si vous en avez la possibilité, optez pour des bois imputrescibles tels que le mélèze ou le cèdre. La largeur des bacs devrait avoir environ un mètre de façon qu'il soit aisé d'y travailler à la main jusqu'au centre. La hauteur sera prévue selon que les jardiniers y travailleront debout (la hauteur d'un comptoir de cuisine, environ 90 cm) ou assis (la hauteur d'une table de cuisine, environ 75 cm). Quant à la longueur des bacs, elle ne devrait pas excéder deux mètres.

Si les bacs sont destinés à l'usage des personnes à mobilité réduite, il faudra prévoir une base plus étroite afin de pouvoir y glisser la base d'un fauteuil roulant.

Enfin, dans le cas de bacs qui sont aménagés sur un sol contaminé, il faudra s'assurer que la terre qui y sera apportée soit parfaitement isolée du sol contaminé à l'aide d'une toile étanche.

La planification

Au moment d'écrire ces lignes, nous sommes à la mi-octobre. Alors que j'en suis à faire le bilan de la saison et que les récoltes et la conservation de mes légumes se poursuivent (c'est ce que vous découvrirez dans le chapitre 6 *La suite*), je dois aussi décider de l'emplacement de ma culture d'ail dont la plantation se fera ces jours-ci. C'est donc maintenant que commence la planification de mon potager de l'an prochain. Je sors le plan de base de mon jardin qui est encore vierge et j'y inscris dans le haut l'année à venir. C'est parti!

Le choix des légumes

Alors que plusieurs personnes se plaignent des rigueurs de l'hiver, j'apprécie cette période qui me permet de prendre une pause comme le fait la nature. C'est aussi le moment où je commence à entrevoir ce que sera mon potager. Je jardine dans ma tête et je rêve déjà à ces ravissantes courges et à ces tomates bizarres que je cultiverai bientôt. Rien d'étonnant à ce que les catalogues de semences deviennent mes livres de chevet. Mais c'est aussi à ce moment que je dois restreindre mes ardeurs. Autrement, ma passion pour la culture des légumes pourrait m'entraîner vers l'achat d'une quantité de semences suffisante pour couvrir la superficie de la ville de Québec alors que je dois me limiter à ma cour. Tout de même, bon an mal an, j'y cultive plus d'une vingtaine de légumes différents. Voici les critères qui devraient vous guider dans le choix des légumes que vous aurez avantage ou non à cultiver.

Votre expérience en tant que jardinier

Si vous êtes un jardinier débutant, vous devriez orienter votre choix vers des cultures faciles telles que la bette à carde, le haricot, la laitue, le pois, le radis et la tomate. Si vous êtes plutôt de niveau intermédiaire ou débutant averti (c'est le cas si vous avez ce livre entre les mains), n'hésitez pas à cultiver l'ail, la betterave, la carotte, le concombre, les courges, l'épinard, l'oignon, le poivron et le poireau. Enfin, toutes les cultures seront possibles pour les jardiniers plus expérimentés. Ceux-ci pourront entre autres s'adonner à la culture de certaines plantes qui demandent un suivi attentif puisqu'elles sont sensibles à certains ravageurs. C'est le cas pour les plantes de la famille des choux et pour les pommes de terre.

L'ampleur de votre projet

Selon que votre potager sera constitué de quelques contenants sur le balcon ou, à l'opposé, un jardin de plusieurs mètres carrés, le choix ne sera évidemment pas le même. Dans le premier cas, vous devrez vous limiter aux légumes vedettes, alors que dans le second cas, vous pourrez cultiver une très grande diversité de légumes. En plus de vos légumes favoris, vous pourrez même vous permettre d'expérimenter de nouveaux légumes ou de nouvelles variétés.

Vos goûts et les goûts des personnes à qui les légumes sont destinés

Personnellement, je n'apprécie pas beaucoup le rutabaga, mais je voue une véritable passion pour la tomate qui est littéralement «la reine» de mon potager et de ma table. Pour moi, il ne peut être question de potager sans qu'au moins un plant de tomate y soit aménagé. Mais qu'en est-il pour vous et pour les personnes à qui ces légumes seront destinés? Informez-vous auprès d'eux. Les enfants petits et grands raffolent des mini-légumes tels que les mini-carottes et les mini-tomates. Si vous aménagez un potager dans un centre d'accueil pour personnes âgées, faites-leur plaisir en cultivant des légumes qu'ils consommaient dans leur «jeune temps». En produisant des légumes qui correspondent davantage aux goûts des personnes à qui ils seront destinés, ces dernières seront peut-être plus portées à vous offrir leur aide lorsque viendra le temps des semis et de la récolte.

La rareté de certains légumes sur le marché

Avez-vous remarqué qu'on trouve rarement des topinambours et du chou kale sur le marché? Rien d'étonnant. Comme ces légumes ne répondent pas à la demande d'une majorité de consommateurs, les marchands ne sont pas enclins à les offrir. Lorsque vous aurez acquis un peu d'expérience, vous pourrez partir à la découverte d'une quantité innombrable de légumes moins communs tels que les pommes de terre bleues, les betteraves jaunes, les bettes à carde, les pâtissons, etc. Rien de tel pour découvrir tout un monde de diversité et alimenter la discussion de vos convives.

Les possibilités de conservation des légumes

Plusieurs légumes seront récoltés et consommés tout au long de la saison de croissance comme nous le verrons plus tard. Mais d'autres arriveront à maturité en quantité vers la fin de l'été. C'est pourquoi, si votre jardin est suffisamment grand, vous pourrez aussi songer à cultiver des légumes qui seront destinés à être conservés à court ou à long terme. Vous découvrirez dans le chapitre 6 qu'il existe plusieurs méthodes de conservation (congélation, conserves, chambre froide, etc.) qui vous permettront de profiter de vos légumes durant toute l'année.

Les caractéristiques particulières de certains légumes

Qui a dit qu'une plante légumière devait se contenter d'être utile? Si ce n'est déjà fait, vous découvrirez que plusieurs plantes légumières ont des attraits esthétiques intéressants qui peuvent concurrencer bien des plantes ornementales. Ainsi, que ce soit par leurs formes (artichaut, fenouil) ou leurs couleurs particulières (bettes à carde ou laitues variées), de nombreuses plantes légumières apporteront de l'originalité à votre potager. Dans d'autres cas, si l'espace le permet, vous pourrez opter pour des plantes de grande dimension, telle que le maïs, qui servira de brise-vent aux plantes avides de chaleur, comme les courges.

Les plantes légumières ont souvent un attrait ornemental.
Jardin du Grand-Portage à l'automne.

Édith Smeesters

Une petite serre s'avère utile dans les régions plus froides.

Votre zone de rusticité

Certaines plantes nécessitent beaucoup de chaleur pour arriver à maturité. C'est le cas de l'artichaut, de l'aubergine, du melon, de la patate douce, du piment et du poivron. Si vous résidez dans une zone de rusticité égale ou supérieure à 5, vous pourrez cultiver plus facilement la plupart de ces plantes. En zone 4, il faudra espérer des étés chauds. Autrement, ces plantes néessiteront une protection en début de saison dans une couche, sous tunnel, en serre ou simplement entourées d'un enclos plastifié, tel que nous le verrons plus tard. En zone 3 et moins, l'utilisation d'une petite serre durant toute la saison de croissance est un atout majeur, voire indispensable dans la réussite de la culture des plantes légumières qui requièrent beaucoup de chaleur, comme les tomates.

La culture en pleine terre ou en contenant

Si vous cultivez en pleine terre et que votre potager bénéficie d'un ensoleillement adéquat (vous en saurez davantage à ce sujet sous peu), le choix des plantes que vous y cultiverez sera illimité. Par contre, si vous cultivez en contenant, du fait de l'espace restreint que peuvent occuper les racines, vous aurez avantage à privilégier certaines plantes plutôt que d'autres. Ainsi, vous obtiendrez d'excellents résultats avec la majorité des légumes-fruits tels que la tomate, le poivron, l'aubergine, et même la courge et le concombre si vous avez la possibilité de faire «courir» les tiges. Plusieurs autres légumes réussissent assez bien ; c'est le cas de la bette à carde, de la roquette, du poireau, du haricot et du céleri. Pour ce qui est des légumes-racines tels que la carotte, choisissez des variétés naines, autrement vos efforts risquent de ne pas être récompensés. Enfin, vous comprendrez qu'il vaut mieux éviter les plantes légumières vivaces comme l'asperge et la rhubarbe de même que les plantes de très grandes dimensions, tel le maïs.

Les plantes autorisées ou non dans un jardin communautaire ou collectif

Si vous prévoyez cultiver des légumes dans un jardin communautaire ou dans un jardin collectif, informez-vous pour connaître les règlements qui concernent la culture des différents légumes. Dans certains jardins, par exemple, la culture des pommes de terre est interdite, car celle-ci est sujette à plusieurs maladies qui sont susceptibles de se transmettre aux tomates. Ailleurs, vous ne pourrez cultiver du maïs parce que la hauteur imposante de cette plante, associée au fait qu'elle doit être cultivée en grand nombre pour être productive, fait qu'elle forme un écran dense. Enfin, certaines plantes, telles que la citrouille, sont interdites parce qu'elles possèdent de très longs rameaux qui risquent d'envahir le jardinet du voisin.

Les semences

Lorsque je regarde ma boîte de semences, je demeure toujours impressionnée en imaginant toute la vie qui s'y cache et qui se transformera d'ici quelques mois en formidables légumes, fleurs et plantes aromatiques. Mais, je sais aussi que cette fascinante métamorphose ne se fera que si mes semences ont été conservées selon les règles de l'art.

Avant de vous procurer de nouvelles semences, l'idéal est de procéder à l'inventaire des semences que vous avez en main tout en vous questionnant sur la façon dont celles-ci ont été entreposées. Ont-elles séjourné dans le garage ou le cabanon ou dans tout autre endroit où les conditions de température et d'humidité sont variables? Si c'est le cas, il y a fort à parier que vos semences ne seront pas très vigoureuses. À l'avenir, prenez l'habitude de conserver vos semences au frais, au sec et à la noirceur. Ainsi, les sachets de semence en papier pourront être classés dans un contenant hermétique (personnellement, je les classe par ordre alphabétique) qui sera lui-même placé dans une armoire, une pièce fraîche (du moins, non surchauffée) ou au réfrigérateur.

S'il vous semble que vos semences ont été entreposées de la bonne façon (et si vous avez pris la bonne habitude d'inscrire l'année de commande sur chacun des sachets… sinon c'est maintenant que vous devez prendre cette bonne habitude), la prochaine étape sera d'en évaluer la viabilité d'après le tableau suivant.

TABLEAU 3

LA VIABILITÉ DES SEMENCES

Semences de plantes légumières	Viabilité moyenne
Maïs, oignon, panais	1 à 2 ans
Gourgane, laitue, maïs, piment, poivron, poireau	2 à 3 ans
Brocoli, chou-rave, carotte, céleri, céleri-rave, épinard, haricot, pois, roquette, tétragone	3 à 4 ans
Asperge, aubergine, betterave, bette à carde, brocoli, chou, chou chinois, chou de Bruxelles, chou-fleur, chou kale, courge, navet, radis, rutabaga, tomate	4 à 5 ans
Artichaut, concombre, cerise de terre, gourgane, melon, navet	5 à 6 ans

Si, malgré tout, vous avez des doutes sur la viabilité de vos semences, vous aurez avantage à procéder à un test de germination. Personnellement, je fais des tests de germination sur la plupart de mes semences qui datent de plus de deux ans. Pour ce, je profite de la période plus tranquille du début de l'hiver. Même si cela demande un peu de temps, je sais par expérience que cela m'évitera bien des désagréments une fois rendue à l'étape des semis. Voici la façon de faire :

- Placez 10 graines entre deux papiers essuie-tout humides (pour les semences de grosses dimensions, telles que les haricots, utilisez 5 graines).
- Glissez l'ensemble dans un sac de plastique transparent.
- Conservez le tout dans un endroit chaud (par exemple au-dessus du réfrigérateur).
- Surveillez quotidiennement et humidifiez au besoin. Après quelques jours (2 à 14 jours selon les semences), la germination devrait s'amorcer et vous devriez apercevoir des petites pousses vertes au travers du papier. Attendez une ou deux journées de plus et procédez à l'évaluation telle que décrite plus loin.

Si vous devez effectuer le test de germination sur plusieurs semences, procédez de cette façon :

- Placez un papier essuie-tout sur une tôle ou dans un grand contenant de plastique.
- Utilisez une règle et un stylo à bille pour partager la surface du papier essuie-tout en 6 ou 9 petites sections.
- Indiquez dans le bas de chacune des sections, le nom du sachet de semence à tester et déposez-y 10 semences.
- Recouvrez le tout d'une deuxième feuille de papier essuie-tout.
- Humidifiez et glissez le tout dans un grand sac de plastique transparent.
- Surveillez quotidiennement et humidifiez au besoin. Procédez à l'évaluation au fur et à mesure que les semences germeront. Au besoin, enlevez les semences qui auront germé.

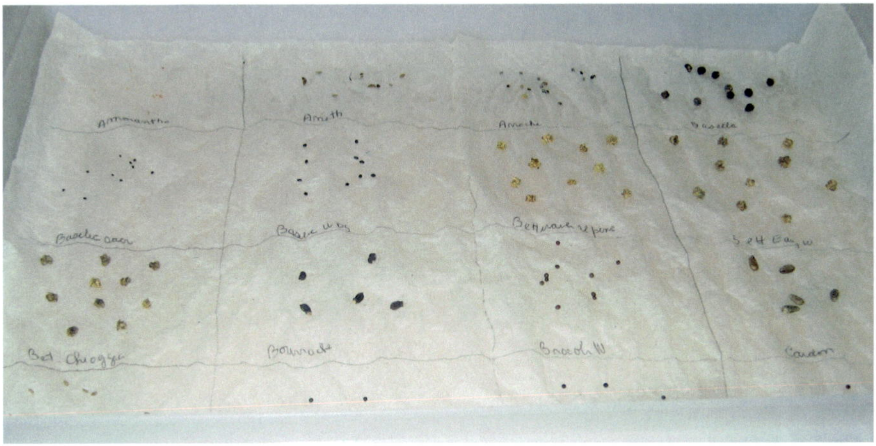

Un test de germination pour plusieurs semences.

Voici comment évaluer le taux de germination :

- 7 semences ou plus ont germé. Le taux de germination de plus de 70 % est bon. Vous pourrez utiliser vos semences tel que prévu.
- 5 à 6 semences ont germé. Le taux de germination de 50 à 60 % est moyen. Prévoyez semer deux fois plus densément.
- 4 semences ou moins ont germé. Le taux de germination de moins de 40 % est médiocre. Pour éviter des déceptions, n'hésitez pas à les remplacer.

Si vous devez faire l'acquisition de nouvelles semences, je vous suggère d'effectuer votre choix selon l'ordre de préférence suivant :

- Votre premier choix devrait se porter sans hésitation sur des semences certifiées bios par un organisme de certification reconnu tel que Québec vrai, Garantie bio, Écocert, OCIA.
- Comme première alternative, vous aurez parfois accès à des semences cultivées sans pesticides et engrais de synthèse sans être certifiées. Vous devrez alors vous fier à la bonne foi du fournisseur.
- Certaines semences sont produites en culture conventionnelle, mais le fournisseur vous assure qu'elles ne sont pas traitées avec un fongicide de synthèse. Cela pourrait être un troisième choix.
- La dernière option devrait être utilisée seulement en dernier recours. Il s'agit de semences produites en culture conventionnelle et traitées avec un fongicide. Cela représente la majorité des semences vendues dans les jardineries et les quincailleries. Ces semences sont produites, la plupart du temps, par des compagnies multinationales.

Des catalogues de semences.

Pour faciliter votre choix, vous avez avantage à commander vos semences directement chez le producteur par Internet ou par la poste plutôt que de les acheter dans un commerce. En plus de vous donner la possibilité de faire vos achats bien au chaud dès le mois de janvier, cette méthode vous permettra :

- d'avoir accès à des semences certifiées bios à un prix tout à fait acceptable ;
- de vous assurer d'une bonne qualité de semences ;
- d'avoir un choix innombrable de variétés ;
- de bénéficier d'une grande source de renseignements concernant la culture des légumes.

Privilégiez les fournisseurs de votre région ou à défaut ceux qui produisent leurs semences dans des conditions climatiques similaires à votre région. Optez autant que possible pour des semences à pollinisation libre de préférence à des semences hybrides.

Une semence «à pollinisation libre» est le résultat d'une sélection de plantes dont la pollinisation s'est faite naturellement, alors qu'une semence hybride résulte d'une pollinisation contrôlée de deux variétés de plantes d'une espèce apparentée. Les semences hybrides ont été développées depuis une quarantaine d'années pour répondre aux exigences de l'industrie. Cette dernière recherche des caractéristiques telles que la facilité de transport et d'entreposage (parce que tous les légumes sont identiques) alors que le jardinier privilégie davantage des caractéristiques telles que le goût. L'utilisation abusive des cultivars hybrides de préférence aux cultivars à pollinisation libre est malheureuse, car elle entraîne la perte de diversité génétique. Enfin, il n'est pas souhaitable de récolter les semences issues de cultivars hybrides puisque le résultat sera aléatoire. De fait, ces semences sont instables et ne reproduisent pas fidèlement les caractéristiques de leurs parents. Pour toutes ces raisons, il est souhaitable de privilégier les semences de cultivars à pollinisation libre lorsque celles-ci sont disponibles. Fort heureusement, on remarque que plusieurs petits producteurs de semences ont à cœur de conserver ce formidable potentiel génétique. Ils offrent de plus en plus de semences anciennes (ou du patrimoine). De plus, des organismes à but non lucratif, tel Semences du patrimoine, ont pour mission de préserver des variétés anciennes. Des bénévoles cultivent et récoltent d'anciennes variétés qui autrement seraient perdues à jamais (voir la section *Ressources*).

Le choix du site du potager

Le site que vous choisirez pour implanter votre potager devrait profiter d'un ensoleillement maximal, soit un minimum de 6 à 8 heures. Dans ces conditions, la majorité des légumes seront plus productifs. Si vous avez le choix entre deux emplacements très ensoleillés, optez pour celui qui reçoit le premier soleil du matin. Quelques légumes peuvent être cultivés dans un emplacement mi-ombragé, soit de 4 à 7 heures, comme vous le verrez dans le chapitre 4 sur les légumes. Mais les conditions ombragées ne conviennent à aucun légume.

Le terrain convoité est plat? C'est parfait. Autrement, si celui-ci comporte une pente, l'idéal serait qu'elle soit orientée vers le sud ou l'ouest afin de profiter des plus chauds rayons du soleil. De plus, si la pente est très forte, il faudra dans certains cas aménager des paliers.

Jocelyne Talbot

Choisissez le site le plus ensoleillé de votre terrain pour y aménager votre potager.

Un jardin en paliers.

Les plantes légumières n'apprécient pas avoir les pieds dans l'eau. Privilégiez un secteur qui se draine bien pour y aménager votre potager. Consacrez le secteur plus humide à l'aménagement… d'un jardin d'eau! (Nous verrons dans le prochain chapitre, qu'il existe une solution dans le cas d'un terrain mal drainé.)

La présence des arbres est un atout incontestable dans un aménagement paysager écologique. Mais, il vaut mieux les garder loin du potager, surtout pour ce qui est des arbres à grand déploiement. Bien sûr, ils procurent de l'ombre… si bénéfique pour nous par temps de canicule, mais ils portent préjudice à nos plantes légumières. Il faut aussi penser au système racinaire de ces géants qui aura tôt fait d'étendre ses tentacules dans votre potager pour y puiser l'eau et les éléments minéraux. Quant aux arbustes, ils peuvent s'avérer de bons brise-vent s'ils sont implantés du côté des vents dominants. Mais, tout comme les arbres, ils risquent de concurrencer vos plantes légumières pour l'eau et les éléments minéraux. C'est pourquoi ils devraient être situés au moins à deux mètres du potager. Sur un petit terrain de ville, il est souvent difficile de suivre ces consignes au pied de la lettre, mais n'abandonnez pas votre projet de potager pour autant. Si des arbres et des arbustes sont à proximité du secteur convoité, assurez-vous de leur offrir la nourriture nécessaire (compost ou engrais) afin qu'ils ne soient pas tentés de la puiser dans le potager.

Enfin, si vous avez la possibilité d'aménager un potager dans votre cour, assurez-vous que sa situation est stratégique. N'allez surtout pas le placer tout au fond du terrain derrière le cabanon ou le garage! Vous ne penseriez pas faire de même avec vos platebandes de fleurs. Qui a dit qu'un potager ne pouvait pas être aussi beau qu'une platebande de fleurs? Personnellement, j'apprécie le fait de pouvoir avoir un œil sur mon potager à partir de la maison et je trouve pratique d'y avoir accès rapidement pour y cueillir quelques laitues. Pensez à aménager votre potager de façon que la sortie d'eau et les outils soient facilement accessibles. Enfin, si ce n'est déjà fait, il faudra penser à intégrer un site de compostage à proximité de votre potager. On y reviendra.

Les outils et les accessoires

Mes meilleurs outils de jardinage demeurent mes mains, mes bras, mes jambes et… mon cerveau. Mais justement, j'ai intérêt à utiliser ce dernier pour ménager les premiers en utilisant les outils les plus appropriés à la tâche. Voici donc les outils et les accessoires que tout bon jardinier qui cultive en pleine terre devrait avoir à sa portée pour travailler efficacement :

- une binette (ou gratte) à dents pour intégrer le compost et les engrais et pour travailler le sol en surface ;
- une fourche à bêcher pour travailler le sol en profondeur, extraire les plaques de gazon lors de l'aménagement d'un nouveau potager et pour récolter les légumes racines ;
- un râteau pour aplanir les planches de culture et tracer les allées ;
- une pelle pour ajouter le compost ou les autres amendements et pour procéder à la plantation des plantes de grandes dimensions. En plus de ma pelle de

dimension standard, j'ai également une pelle de petite dimension (que j'appelle ma pelle de fille) qui est utile pour les plus petits travaux ;

- un coupe-bordure pour tracer le pourtour d'un nouveau potager et pour tailler les morceaux de gazon qui seront extirpés ;
- une bonne brouette ou à défaut des seaux de plastique pour transporter le compost, la terre, le sable, etc. ;
- une petite binette à dents (encadré) ;
- un sécateur de qualité pour tailler les gourmands et faire les récoltes. Celui-ci vous sera également utile pour tailler les branches des arbres et des arbustes ;
- des tuyaux d'arrosage et un arrosoir manuel ;

Les outils, de gauche à droite : la fourche à bêcher, le râteau, la binette à dents, le coupe-bordure et la pelle.

- une truelle pour faire les plantations et tracer les sillons ;
- de la corde et des piquets pour tracer le contour du potager et des planches (de même que les sillons de semis (nous y reviendrons dans le prochain chapitre) ;
- deux composteurs et un aérateur à ailettes pour brasser le compost (pour moi, le compostage est indissociable du jardinage écologique) ;
- un vaporisateur (à pression ou non) pour appliquer certains produits liquides (engrais, insecticides ou fongicides) sur le feuillage des plantes.

En plus des outils « classiques » cités précédemment, certains apprécieront des outils moins communs tels que la grelinette pour travailler le sol en profondeur (à voir dans le prochain chapitre) ou pour récolter les légumes-racines ou encore le sarcloir oscillant pour biner le sol en surface. D'autres seront tentés par des outils avec manche adapté. Ces derniers pourront effectivement être utiles pour les personnes qui souffrent d'arthrite par exemple. Mais dans tous les cas, pesez le pour et le contre d'une telle acquisition. L'achat d'un outil qui ne sert que très occasionnellement n'est pas éconologique (voir *Le jardinage éconologique* de l'auteure).

Pour ceux qui jardineront en contenants ou dans des bacs surélevés, seuls quelques outils feront l'affaire : une truelle, une petite binette à dents, un arrosoir manuel et un vaporisateur.

Si vous êtes un jardinier débutant et si votre budget est réduit, surtout ne vous précipitez pas à la jardinerie ou à la quincaillerie pour vous procurer tous ces outils et accessoires. De fait, vous serez peut-être tenté par les aubaines… qui n'en seront pas vraiment lorsque des outils de piètre qualité se retrouvent aux rebus après quelques années d'utilisation. (Quel gaspillage d'argent et de ressources !) Optez pour la qualité, quitte à vous procurer un seul outil par année. Autrement, jetez un œil dans les ventes de garage ou voyez qui, dans votre famille ou vos amis, aurait des outils orphelins.

Enfin, votre équipement de jardinage sera complet si vous y ajoutez un chapeau à large bord, des gants, et des genouillères.

Les petits outils : une bonne truelle, une petite binette à dents, un sécateur.

Un truc concernant les petits outils tels que le sécateur, la truelle et petite binette : choisissez de préférence ces outils munis d'un manche d'une couleur bien voyante telle que rouge ou jaune. Vous les repérerez ainsi plus facilement si vous les égarez au jardin.

La culture en planche pour toutes sortes de bonnes raisons

Le potager de mon père était constitué de l'alternance de rangs et d'allées. En fait, il y a une quarantaine d'années, la majorité des potagers québécois étaient aménagés de cette façon. Étonnant, lorsqu'on apprend qu'à l'époque de la Nouvelle-France les potagers étaient plutôt organisés en surface de culture. Je ne comprends pas ce qui a pu se passer entre-temps. Était-ce que les jardiniers ont voulu imiter les agriculteurs qui n'ont souvent pas le choix de cultiver en rang pour faciliter le passage de la machinerie. Pourtant, d'après mon expérience, les potagers organisés en surface de culture qu'on appelle aujourd'hui des planches de culture (encadré) sont nettement plus avantageux.

Le potager de la Nouvelle-France sur les plaines d'Abraham, à Québec, en 2008.

Les planches de culture sont des surfaces de sol d'une largeur et d'une longueur déterminées sur lesquelles plusieurs rangs peuvent être regroupés. Les planches sont bordées d'allées communes. Selon le type de sol, le niveau des planches peut être plus ou moins surélevé.

L'organisation du potager selon la méthode de la culture en planche permet de maximiser l'utilisation de l'espace et des intrants tels que le compost et les engrais. Parce que les surfaces de culture sont essentiellement consacrées aux cultures… et non à vos pieds, cela permet de réduire la compaction du sol près des plants. Et quel bonheur! cette méthode laisse peu de place aux plantes adventices.

Les dimensions des planches

La largeur des planches sera déterminée en fonction de la longueur de vos bras afin de faciliter le travail sur toute la surface de la planche. De fait, si vous avez accès aux deux côtés de la planche, la largeur de celle-ci devrait se situer autour de 1 à 1,5 mètre soit deux fois la longueur du bras. Si vous n'avez accès qu'à un seul côté, la largeur de la planche ne devrait pas dépasser un mètre.

La longueur pourra avoir de 1,5 à 2 mètres. Vous n'avez pas avantage à ce que les planches soient plus courtes, car vous perdrez ainsi trop d'espace de culture

Dans les grands potagers, les planches peuvent être plus longues.

La culture en planche.

à l'avantage des allées. Dans des potagers de grandes dimensions, vos planches pourront être beaucoup plus longues (5, 10, 20 ou 30 mètres), mais dans ce cas, je vous suggère de poser une pierre ou une planchette de bois au centre de la planche de culture à tous les deux ou trois mètres. Cela vous permettra de mettre un pied afin de traverser la planche, car je suis convaincue que vous ne pourrez résister à la tentation de le faire lorsque vous apercevrez la première tomate mûre dans la planche voisine.

La largeur des allées sera d'environ 30 cm (soit la largeur de la partie métallique d'un râteau). Dans les grands jardins, des allées principales plus larges pourront être aménagées pour permettre le passage de la brouette.

La rotation des cultures

La rotation des cultures est en fait un ordre de succession des cultures sur la même section (ou sur la même planche pour les petits potagers). Les sections ou planches demeurent permanentes ; ce sont les groupes de légumes qui se déplacent. La rotation s'effectue sur un cycle allant de deux à huit ans mais, règle générale, on adopte le cycle de quatre ans. Le potager sera donc divisé en autant de planches, parcelles ou sections que le nombre d'années de rotation prévues. L'avantage principal de la rotation est la prévention des infestations résiduelles d'insectes et des maladies. À titre d'exemple, le doryphore, qui cause des dommages aux pommes de terre, hiberne dans le sol d'où il en sort le printemps suivant. Imaginez sa satisfaction s'il peut trouver de nouveaux plants de pommes de terre directement à sa portée. La rotation peut être gérée en fonction des familles de plantes, de l'exigence en fertilisation ou encore une combinaison des deux.

La rotation en fonction des exigences en fertilisation

Cette méthode permet par la même occasion de maximiser l'utilisation du compost et des engrais. Elle se fait sur une période de quatre ans. Dans un premier temps, les légumes sont classés selon leur exigence en compost (tableau).

TABLEAU 4

LES LÉGUMES SELON LEUR EXIGENCE EN COMPOST

Exigence en fertilisation	Plantes légumières
Très élevée +++	Artichaut, aubergine, céleri, céleri-rave, citrouille, concombre, courge, maïs, tomate
Élevée ++	Ail, bette à carde, betterave, brocoli, cerise de terre, chou pommé, chou chinois, chou-fleur, chou de Bruxelles, épinard, laitue, melon, patate douce, poireau, tétragone
Moyenne +	Carotte, chou-rave, navet, oignon, panais, piment, poivron, pomme de terre, radis, roquette, rutabaga
Basse 0	Les Fabacées : gourgane, haricot, pois ou toute culture d'engrais verts

Les groupes de légumes se déplacent chaque année de secteur en secteur selon un ordre établi. On cultive d'abord les engrais verts ou les Fabacées qui ont une exigence basse et même nulle dans certains cas (0). Viennent ensuite les plantes qui ont une exigence très élevée (+++), puis les exigeantes (++) et enfin, les plantes moyennement exigeantes (+). Dans la figure suivante, les groupes de plantes se déplacent en sens inverse des aiguilles d'une montre. Les lettres (A, B, C et D) représentent les secteurs (ou les planches) d'un petit potager.

Dans les potagers de petites et moyennes dimensions, il s'avère difficile et même souvent impossible de suivre un programme de rotation des plantes légumières à cause de certaines contraintes dont l'espace, la diversité limitée des plantes, la hauteur imposante de certaines plantes, etc. Comme vous le verrez plus loin, je vous

FIGURE 2

LA ROTATION EN FONCTION DES EXIGENCES EN FERTILISATION

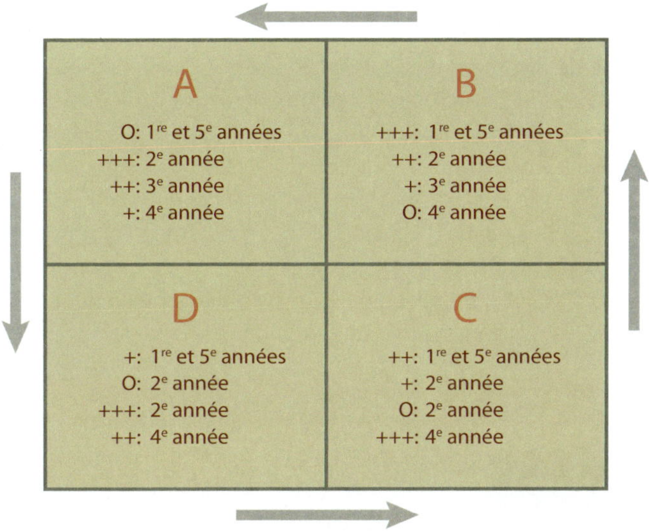

suggère de prendre la bonne habitude de faire un plan de votre jardin. Ainsi, même si vous ne pratiquez pas la rotation de façon systématique, vous serez en mesure d'éviter à tout le moins que les plantes les plus vulnérables aux ravageurs et aux maladies (pomme de terre, tomates, choux, etc.) se retrouvent au même endroit, d'une année à l'autre.

Les associations de plantes

En milieu naturel, les plantes s'associent spontanément afin de survivre. À titre d'exemple, en forêt, la délicate fougère profite de l'ombre que lui procurent les grands arbres ; dans une prairie naturelle, la phléole bénéficie de l'azote que son voisin le trèfle puise dans le sol. Au jardin, il est également possible de recréer des associations de plantes qui seront à l'avantage de l'une d'elles et parfois même des deux.

Les associations de plantes peuvent avoir différentes fonctions telles que la protection contre les ravageurs, l'attraction des insectes bénéfiques (pollinisateurs et prédateurs) ou encore la protection contre les vents dominants ou le soleil trop intense. Voici quelques exemples d'associations favorables au potager.

Les associations pour protéger contre les ravageurs des cultures

C'est ce que certains appellent le compagnonnage. Cette approche, qui a été popularisée il y a une vingtaine d'années, repose sur l'utilisation d'un tableau complexe qui met en relation les différents légumes selon qu'ils sont amis ou ennemis. Si vous avez déjà tenté de mettre en pratique les données incluses dans un tel tableau, vous aurez peut-être comme moi trouvé l'aventure plutôt ardue, voire impossible. Sachant qu'il y a beaucoup de folklore autour de la pratique du compagnonnage, j'ai depuis longtemps abandonné l'idée et pour ce qui est des associations légumes-légumes, je m'en tiens à de rares classiques tels que l'association carotte-oignon (encadré). Par contre, j'utilise les plantes aromatiques qui sont à mon sens les plus formidables compagnes des plantes légumières, de même que des fleurs compagnes qui ont fait leur preuve. Ces plantes, en raison de leurs propriétés organoleptiques, repoussent ou confondent les ravageurs des plantes légumières.

CAROTTE ET OIGNON, UNE ASSOCIATION GAGNANTE

Les carottes sont affectées par un ravageur nommé la mouche de la carotte, alors que les oignons le sont par la mouche de l'oignon. En associant ces deux plantes, cela crée de la confusion chez les ravageurs respectifs, ce qui, sans assurer une totale protection, peut retarder ou minimiser une infestation.

Un classique : l'association carotte et oignon.

Les plantes aromatiques et les fleurs, de merveilleuses compagnes

Pour moi, la culture des légumes se conjugue avec la culture des plantes aromatiques. De fait, les plantes aromatiques s'associent parfaitement aux légumes tant dans le potager que sur la table. Au potager, plusieurs plantes aromatiques provoquent une telle confusion chez le ravageur que celui-ci trouve difficilement sa plante hôte. Alors que les plantes aromatiques vivaces (thym, sauge, mélisse, estragon, livèche, etc.) pourront être regroupées dans une plate-bande située non loin du potager, les plantes aromatiques annuelles seront cultivées sur les mêmes planches de culture que les plantes légumières. Vous en apprendrez davantage sur la culture des plantes aromatiques, incluant leurs aptitudes comme plantes compagnes, dans la prochaine section.

Quelques fleurs sont également utiles pour repousser les ravageurs. C'est le cas de la tagète qui est une des rares plantes compagnes dont les propriétés bénéfiques ont été confirmées par des recherches. En plus de confondre plusieurs ravageurs par son odeur caractéristique, la tagète réduit la population de certains nématodes qui sont susceptibles de s'attaquer aux racines des tomates. Le souci est également une belle fleur annuelle qu'on a intérêt à cultiver au jardin. D'autant qu'une fois implantée, vous pourrez en profiter durant les années suivantes, puisqu'elle se ressème.

Les tomates et le basilic font bon ménage.

Marjolaine et chou créent une bonne association.

La tagète est une des rares plantes compagnes pour laquelle des propriétés bénéfiques ont été confirmées.

Édith Smeesters

Le souci (*Calendula sp.*), une jolie fleur qui se ressème au jardin.

L'attraction des insectes pollinisateurs et des prédateurs

Plusieurs plantes légumières ont absolument besoin de la visite des insectes pour que la pollinisation et, par conséquent, la production de fruits (concombre, courges, etc.) soient assurées. Il est donc important d'attirer les insectes pollinisateurs au jardin en leur procurant une floraison attractive et diversifiée durant toute la saison de croissance des plantes. Ainsi, plusieurs fleurs sont réputées pour attirer les pollinisateurs. C'est le cas du tithonia, du coréopsis, de la gaillarde, de la bourrache, du tournesol, de l'échinacée, etc. Il en est de même pour plusieurs plantes aromatiques telles que la mélisse, l'agastache et l'hysope. De façon générale, les espèces indigènes et les espèces à fleurs simples sont habituellement des fleurs que les insectes (bourdons, guêpes, abeilles, etc.) ont de la facilité à butiner. Ce sont donc de bons choix. Comme nous le verrons dans le chapitre 5 qui traite des dommages, plusieurs insectes et autres animaux sont de véritables alliés du jardinier parce qu'ils se nourrissent de certains insectes ravageurs des plantes légumières. C'est ce qu'on appelle les prédateurs. Une bonne façon d'attirer les prédateurs au potager est de cultiver une grande diversité de plantes.

Édith Smeesters

Le tournesol attire les insectes pollinisateurs.

La protection contre les vents dominants

Certaines plantes de chaleur produiront davantage lorsqu'elles sont protégées des vents dominants. C'est le cas des courges qui profiteront de la proximité du maïs qui leur servira de haie brise-vent.

La protection contre le soleil

Les rares plantes légumières qui n'apprécient pas beaucoup les chauds rayons de soleil du milieu de l'été auront avantage à trouver refuge auprès des plantes qui pourront leur fournir de l'ombre. C'est le cas des laitues que j'ai pris l'habitude de semer entre les plants de tomates ou de toute autre plante de grande dimension. En passant, les laitues sont bienvenues à peu près partout au jardin.

Les trois sœurs

Les «trois sœurs» est un exemple d'associations de plantes qui provient de la culture traditionnelle des Amérindiens. Les trois sœurs sont le maïs, le haricot grimpant et la courge. Lorsqu'elles sont associées, ces plantes s'entraident mutuellement.

Le maïs, de par son imposante stature, garde la courge bien au chaud en la protégeant du vent. De plus, il sert de support aux haricots.

Le haricot enrichit le sol en azote (si essentiel pour la culture des plantes exigeantes que sont le maïs et la courge) grâce à des bactéries qui sont associées à ses racines et qui ont la possibilité de capter l'azote de l'air.

La courge sert en quelque sorte de plante couvre-sol. Grâce à ses grandes feuilles, elle permet de minimiser l'envahissement des adventives de même que les pertes d'humidité du sol.

La laitue profite de l'ombre des plants de tomates à proximité.

La culture des plantes aromatiques

La culture des plantes aromatiques est étroitement liée à la culture des plantes légumières. Et pour cause, ce sont les plus merveilleuses compagnes tant au jardin que dans l'assiette. D'ailleurs tout comme certaines plantes légumières, plusieurs plantes aromatiques contiennent des composés phytochimiques anticancers. Enfin, les plantes aromatiques sont de culture facile et plusieurs ont des propriétés ornementales intéressantes. Dans le tableau suivant, vous trouverez quelques caractéristiques des plantes aromatiques les plus communes.

TABLEAU 5

LES PLANTES AROMATIQUES			
Nom commun *Nom latin* Nom anglais	**Cycle** V : vivace A : annuelle B : bisannuelle	**Culture et autres particularités**	
Agastache *Agastache foeniculum* Agastache	V ou A selon cultivar	Famille : Lamiacées Soleil ou mi-ombre Sol fertile Plante mellifère Se ressème	
Aneth *Anethum graveolens* Dill	A	Famille : Apiacées Soleil Sol fertile si on le cultive pour les feuilles, pauvre si on le cultive pour les graines Se ressème Plante compagne du concombre	
Basilic *Ocimum basilicum* Basil	A	Famille : Lamiacées Soleil Sol riche Très sensible au gel Pincer les fleurs régulièrement Bonne compagne des tomates Grande variété de forme et de couleur: basilic pourpre, basilic grec, basilic thaï...	
Cerfeuil *Anthriscus cerefolium* Chervil	A	Famille : Apiacées Mi-ombre Sol fertile Se ressème au jardin	 Édith Smeesters
Cerfeuil musqué *Myrrhis odorata* Cicely	V	Famille : Apiacées Mi-ombre Sol fertile et humide Belle plante, ressemble à fougère	

TABLEAU 5 (suite)

LES PLANTES AROMATIQUES			
Nom commun *Nom latin* Nom anglais	**Cycle** V : vivace A : annuelle B : bisannuelle	**Culture et autres particularités**	
Ciboulette *Allium schoenoprasum* Chives	V	Famille : Liliacées Soleil à mi-ombre Sol fertile à riche La ciboulette à l'ail, appelée aussi ciboule de Chine ou ail chinois (*A. tuberosum*), a une croissance plus lente. Floraison bleue ou blanche	
Citronnelle *Cymbipogon citratus* Lemon-grass	V non rustique	Famille : Poacées Soleil Sol fertile Surnommé « jonc odorant » Ses huiles essentielles ont des propriétés insecticides	
Coriandre *Coriandrum sativum* Coriander (cilantro)	A	Famille : Apiacées Soleil Sol pauvre à fertile si cultivé pour les graines Sol riche si cultivé pour les feuilles Bonne compagne des carottes	
Estragon français *Artemisia dracunculus* Tarragon	V	Famille : Astéracées Soleil Sol riche La saveur de l'estragon de Russie est plus âcre que celle de l'estragon français	
Fenouil *Foeniculum vulgare dulce* Fennel	A	Famille : Apiacées Soleil Sol fertile Autre variété : fenouil bronzé très décoratif et fenouil de Florence ou fenouil à bulbes Plante haute à tuteurer Se ressème (risque d'envahissement)	

TABLEAU 5 (suite)

LES PLANTES AROMATIQUES			
Nom commun *Nom latin* Nom anglais	**Cycle** V : vivace A : annuelle B : bisannuelle	**Culture et autres particularités**	
Hysope *Hyssopus officinalis* Hyssop	V	Famille : Lamiacées Soleil, mi-ombre Sol fertile Plante mellifère Belle floraison bleue ou blanche	
Laurier commun *Laurus nobilis* Laurel (aussi appelé laurier sauce)	V non rustique	Famille : Lauracées Soleil Sol riche Cultiver en pot dans un sol riche et entrer les plants à l'automne Pincer les extrémités pour un plant compact	
Lavande *Lavendula augustifolia* Lavender	V En zone 4 en situation protégée	Famille : Lamiacées Soleil Sol fertile, très bien drainé Plante ornementale et attractive pour les pollinisateurs Tailler après la floraison soit au maximum à la fin août ou au printemps	
Livèche *Levisticum officinale* Lovage	V	Famille : Apiacées Soleil et mi-ombre Sol fertile Jusqu'à 2 m de haut Goût proche des feuilles de céleri Vivace très rustique	
Marjolaine *Origanum majorana* Sweet marjoram	A	Famille : Lamiacées (Labiées) Soleil Sol pauvre Bonne compagne pour chou, brocoli, poivron, aubergine	
Mélisse citronnelle *Melissa officinalis* Balm	V	Famille : Lamiacées (Labiées) Soleil et mi-ombre Sol fertile Très attractive pour les insectes pollinisateurs Peut devenir envahissante par le semis (tailler fleurs)	

TABLEAU 5 (suite)

LES PLANTES AROMATIQUES

Nom commun *Nom latin* Nom anglais	**Cycle** V : vivace A : annuelle B : bisannuelle	**Culture et autres particularités**
Menthe *Mentha sp.* Mint	V	Famille : Lamiacées (Labiées) Soleil et mi-ombre Préfère un sol humide et riche, mais s'adapte Plusieurs variétés : menthe verte, menthe poivrée, menthe pouliot, menthe à l'orange, menthe aux pommes Plante très envahissante : cultiver dans des seaux de plastique profonds, sans fond, enfoncés dans le sol (laisser dépasser les seaux de 4 cm) 
Origan *Oreganum vulgare* Common marjoram	V	Famille : Lamiacées (Labiées) Soleil ou mi-ombre Sol pauvre Belles fleurs séchées Origan panaché et origan doré sont très ornementaux 
Oseille *Rumex sp.* Sorrel	V	Famille : Polygonacées Soleil ou mi-ombre Sol riche Se ressème : plante envahissante 
Perilla *Perilla frutescens* Perilla Aussi appelé Shiso	A	Famille : Lamiacées (Labiées) Soleil, mi-ombre Sol riche et humide Variétés vertes ou rouges 
Persil *Petroselinum crispum* Parsley	B (cultivé comme A)	Famille : Apiacées (Ombellifères) Soleil et mi-ombre Sol riche Le persil plat ou italien est plus goûteux que le persil frisé  Édith Smeesters
Pimprenelle *Sanguisorba minor* Burnet	V	Famille : Rosacées Soleil et mi-ombre Sol fertile 

TABLEAU 5 (suite)

LES PLANTES AROMATIQUES			
Nom commun *Nom latin* Nom anglais	**Cycle** V : vivace A : annuelle B : bisannuelle	**Culture et autres particularités**	
Romarin *Rosmarinus officinalis* Rosemary	V non rustique (cultivé comme A)	Famille : Lamiacées (Labiées) Soleil Sol fertile Cultiver en pot dans un terreau fertile et entrer à l'intérieur à l'automne	
Sarriette d'été *Satureja hortensis* **Sarriette d'hiver** *Satureja montana* Savory	Sarriette d'été : A Sarriette d'hiver : V	Famille : Lamiacées (Labiées) Soleil Sol pauvre Bonne compagne pour chou, brocoli, poivron, aubergine	
Sauge *Salvia officinalis* Sage	V sauf certaines telles que s. dorée et tricolore	Famille : Lamiacées (Labiées) Soleil Sol fertile Renouveler la plantation tous les trois ans Protéger les variétés sensibles en hiver Départ lent au printemps	Édith Smeesters 
Stévia *Stevia rebaudiana* Stevia	V non rustique	Famille : Astéracées (Composées) Soleil Sol fertile Germination difficile. Semences $$$ Sensible au froid Pincer l'extrémité des tiges pour favoriser leur ramification	
Thym *Thymus vulgaris* Thyme	V ou A (selon cultivars)	Famille : Lamiacées (Labiées) Sol fertile Soleil	
Verveine citron *Aloysia triphylla* Verbena lemon	V non rustique	Famille : Verbénacées Soleil Sol riche Cultiver en pot et entrer à l'automne	Wikimedia Commons 

FIGURE 3
EXEMPLE D'UN JARDINET DE DÉBUTANT

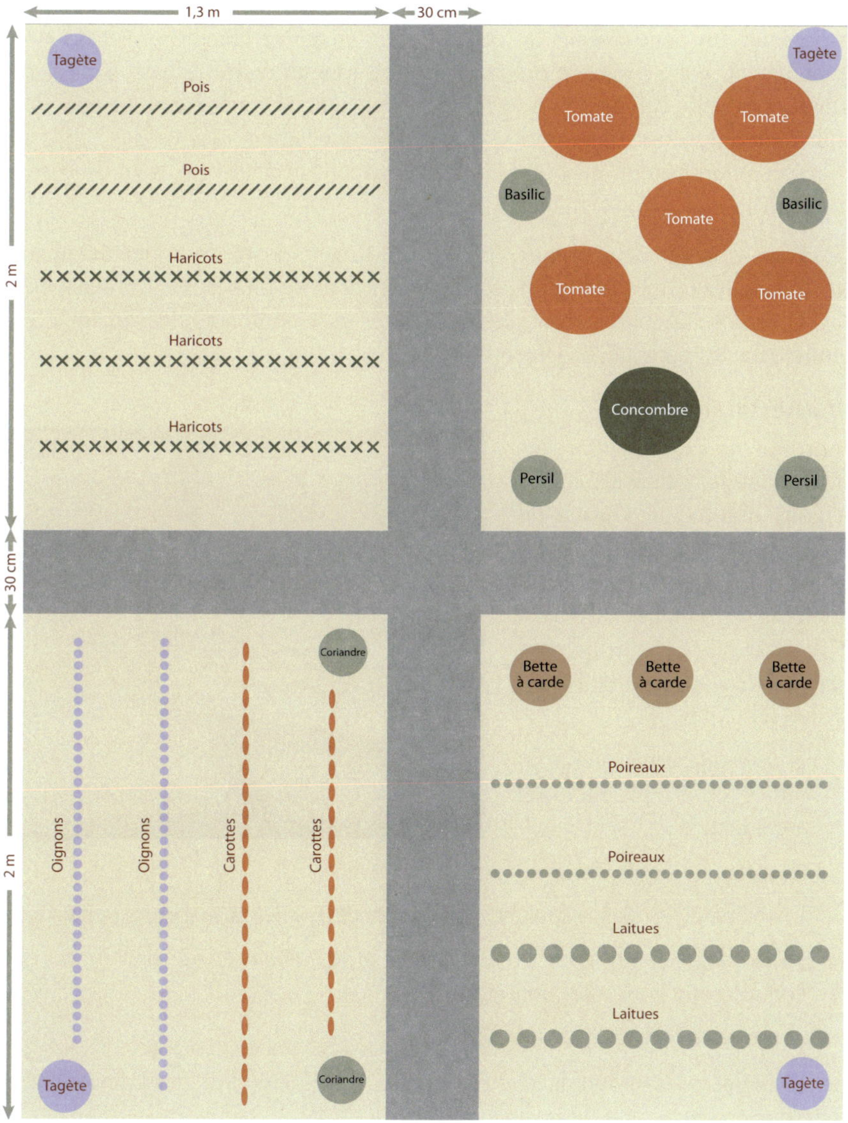

Le plan de votre jardin

À ce stade-ci, si vous ne l'avez pas déjà fait, c'est le temps de mettre votre projet sur papier. Commencez par dresser la liste des plantes que vous aimeriez cultiver et dessinez un petit croquis de ce que vous imaginez comme projet de jardin. Évidemment, votre projet se précisera tout au long de votre lecture, mais rien ne vous empêche de commencer à rêver dès maintenant. Si vous vivez cette expérience pour la première fois, allez-y modestement. Éventuellement, si vous êtes habile avec le dessin à l'ordinateur, peut-être pourrez-vous informatiser votre plan de base qui vous servira année après année.

Votre potager peut prendre plusieurs formes au gré de votre imagination. Cependant, les formes carrées et rectangulaires sont les plus faciles à aménager. Par contre, les formes courbes sont plus attrayantes et se confondent davantage avec la nature dans un petit aménagement.

Le journal de bord

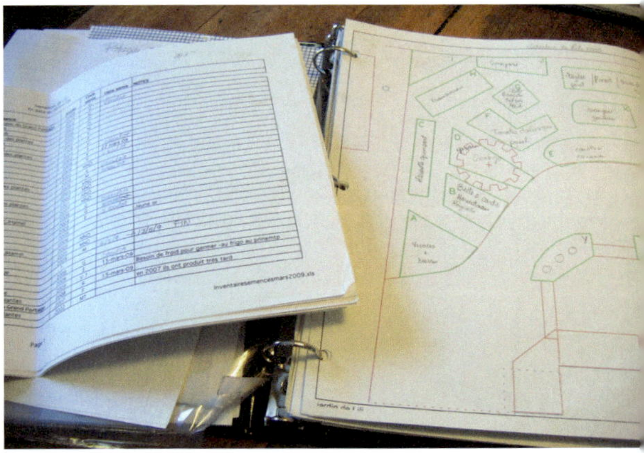

Pourquoi ne pas prendre dès maintenant de bonnes habitudes et vous doter d'un journal de bord dans lequel vous pourrez glisser votre plan de jardin et vos listes de semences. Tout au long de la saison, vous pourrez également y consigner de l'information telle que :

- la date du dernier gel printanier et du premier gel automnal ;
- les dates de semis, de repiquage et de récolte ;
- les événements climatologiques exceptionnels (pluie ou sécheresse prolongée) ;
- les dommages que vous avez observés et les méthodes de prévention et de contrôle que vous avez utilisées ;
- et tous vos bons et mauvais coups…

La mémoire étant une faculté qui oublie, votre journal de bord deviendra vite votre fidèle compagnon de jardinage.

CHAPITRE 3

La réalisation

Enfin, on passe à l'action !

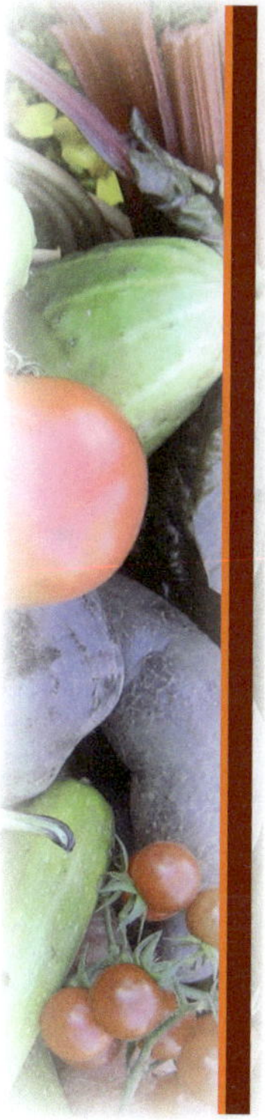

Votre projet s'est précisé au fil des jours et le temps de passer à l'action est enfin venu. Que vous prévoyiez cultiver des légumes dans votre cour, dans un jardin communautaire ou dans un jardin collectif ou que votre potager se limite à quelques pots sur le balcon ou sur le toit, le présent chapitre vous permettra d'acquérir les connaissances de base pour que votre projet se transforme progressivement en une expérience enrichissante et saine.

Puisque le cycle de toute plante débute d'abord par une graine, nous commencerons cette belle aventure par les semis intérieurs. Ceux qui ont la possibilité de cultiver en pleine terre apprendront pourquoi et comment faire connaissance avec leur sol, l'élément névralgique du jardin. Vous découvrirez comment aménager un nouveau potager ou redémarrer la saison dans le cas d'un potager déjà aménagé. Tous les secrets de la culture des légumes en pot vous seront dévoilés. De plus, vous apprendrez comment les amendements et les engrais naturels vous seront utiles pour maintenir ou améliorer la fertilité de votre potager. Enfin, vous ferez connaissance avec tous les travaux que vous serez susceptibles de faire durant la belle saison.

Les semis intérieurs

Faire mes propres semis à l'intérieur est devenu pour moi une merveilleuse façon d'assouvir mon besoin de jouer dans la terre alors qu'à l'extérieur mon jardin arbore encore son beau manteau blanc. Mais cette activité n'a pas qu'une fonction ludique, elle est aussi très utile. En effet, plusieurs légumes exigent une période relativement longue à partir du semis jusqu'à la récolte. C'est pourquoi ils doivent être démarrés à l'intérieur pour ensuite être transplantés au jardin le moment venu. Bien sûr, il est toujours possible d'acheter des plants dans les jardineries, mais la diversité est relativement restreinte et vous trouverez rarement des plants bios. Par contre, si vous faites vos propres semis, vous aurez accès à une diversité presque infinie de plantes dont plusieurs sont peu communes. De plus, vous pourrez les cajoler selon les principes du jardinage écologique. Et c'est sans compter les économies que vous réaliserez. Bien sûr, si vous en êtes à vos premières expériences en matière de semis intérieurs, je ne saurais trop insister sur le fait que vous devez y aller progressivement. La première année, limitez-vous à deux ou trois plantes relativement faciles telles que la tomate et sa compagne le basilic. Les années suivantes, il sera toujours temps d'allonger votre liste.

Le calendrier de semis

Avant toute chose, consultez le tableau 6 et assurez-vous d'avoir en main les semences nécessaires afin de procéder selon les dates suggérées. C'est un premier pas qui pourra contribuer à ce que vos efforts soient récompensés par de belles récoltes le moment venu. Si vous démarrez vos semis trop tard, vos plants ne bénéficieront pas d'une période de culture assez longue pour que vous puissiez en récolter les fruits à maturité (les tomates, les poivrons, etc.). À l'opposé, si vous les démarrez trop tôt, les jeunes plants manqueront de lumière et s'étioleront (les tiges deviendront longues, frêles et décolorées) avant que la température extérieure soit suffisamment clémente pour les transplanter à l'extérieur. Vous remarquerez que la période suggérée s'étend sur deux semaines. Dans la plupart des cas, vous avez intérêt à utiliser la date la plus tardive. Seule exception : si vous prévoyez que vos jeunes plants profiteront d'une phase de transition à l'extérieur dans une petite serre ou une couche (nous y reviendrons dans la section qui traite des travaux), vous pourrez opter pour la date de semis la plus précoce. Comme dans la plupart des calendriers de semis, les dates de semis suggérées ont comme référence la date de dernier gel au sol. Dans le tableau suivant, nous avons utilisé le 7 juin comme date de dernier gel. Pour adapter ce tableau à la réalité de votre région, il vous faudra savoir la date de dernier gel au sol de votre région (encadré). En fonction de cette date, vous pourrez ajouter ou soustraire un certain nombre de jours. Par exemple, pour le poivron,

> Pour connaître la date de dernier gel possible dans votre région, vous aurez avantage à vous informer auprès de jardiniers expérimentés. Autrement, vous pourrez consulter des tableaux de références sur le sujet (voir la section *Ressources*).

nous avons déterminé que la période idéale pour les semis intérieurs était du 15 au 31 mars. Si dans votre région, le dernier gel survient vers le 15 juin, vous devriez déplacer la période de semis une semaine plus tard soit entre le 21 mars et le 7 avril. Une autre façon de définir la date de semis est de calculer à rebours le nombre de semaines avant la date du dernier gel. Si par exemple le dernier gel se situe autour du 25 mai et que vous désirez démarrer des semis de poireau, vous calculerez 12 à 14 semaines avant le 25 mai, ce qui vous donnera approximativement la période du 15 au 28 février.

TABLEAU 6
LE CALENDRIER DE SEMIS INTÉRIEURS

Période de semis Nombre de semaines avant la date du dernier gel (exemple avec le 7 juin comme dernier gel)	**Plantes légumières**
14 à 16 semaines (15 au 28 février)	Artichaut, romarin
12 à 14 semaines (1er au 15 mars)	Oignon, poireau
10 à 12 semaines (15 au 31 mars)	Aubergine, basilic, céleri, céleri-rave, cerise de terre, poivron, piment, souci, tomate indéterminée, tomatillo, sarriette, sauge, thym, tomatillo
8 à 10 semaines (1er au 15 avril)	Brocoli, chou-fleur, coriandre, persil, tagète, tomate déterminée
6 à 8 semaines (15 au 30 avril)	Amaranthe, chou pommé, chou de Bruxelles, chou kale, marjolaine, origan, laitue*
4 à 6 semaines (1er au 15 mai)	Capucine, coléus, gloire du matin, melon, tétragone
3 à 4 semaines (15 au 31 mai)	Concombre*, courge*, citrouille*

* Ces plantes peuvent également être semées directement au jardin.

Le matériel nécessaire

Voici le matériel qui vous sera utile pour démarrer vos semis :

- des semences (évidemment) ;
- des contenants de toutes sortes. Plusieurs contenants récupérés font très bien l'affaire : des petits pots de yogourt, des caissettes de champignons, etc. Tous les pots dans lesquels vous avez acheté antérieurement des plantes pourront être réutilisés après avoir été lavés minutieusement à l'eau et au savon. Évitez les pastilles et les godets de tourbe, puisque ces derniers sont à utilisation unique. De plus, l'enveloppe des pastilles n'est souvent pas biodégradable et prend des années à se décomposer au jardin. Quant aux godets de tourbe, il ne faut pas tenir pour acquis que ceux-ci se décomposeront rapidement dans le sol, ce qui fait que les racines seront très vite à l'étroit. Pour remplacer les godets de tourbe, fabriquez vous-même des godets de papier journal à l'aide d'un moule en bois tel que celui vendu sous le nom *PotMaker*. Pour savoir ou trouver de tels moules, consultez la section *Ressources* ;

Semis intérieurs.

- un vaporisateur à pression ou non ;
- un arrosoir à jets fins (idéalement à bec inversé) ;
- des plateaux de semis dont au moins un sera recouvert d'un dôme en plastique transparent. C'est ce qu'on appelle une mini-serre. Pensez à récupérer les boîtes d'œufs en plastique transparent ;
- des étiquettes de plastique (je récupère les stores) ;
- un crayon de plomb ou un marqueur à l'encre indélébile et résistant aux rayons UV. (autrement, une fois à l'extérieur l'écriture disparaîtra et vous pourrez difficilement différencier vos cultivars de tomates) ;
- des petits ustensiles de cuisine (petite cuillère, couteau, ciseaux) ;
- du terreau.

Les terreaux

Le « Pot Maker » sert à fabriquer des petits contenants à semis à partir de papier journal.

Vous avez le choix entre des terreaux commerciaux ou des terreaux de fabrication maison. Personnellement, je préfère préparer mes propres terreaux. C'est à la fois plus économique et écologique, éconologique, quoi! J'utilise depuis plusieurs années les recettes de terreau suggérées par Yves Gagnon. Ces dernières sont simples puisqu'elles ne contiennent que trois ingrédients soit du compost (encadré) de la vermiculite et du sable. De plus, je n'ai jamais eu de problèmes de fonte de semis, une maladie commune que nous aborderons plus loin. Dans tous les cas, assurez-vous que les ingrédients que vous utiliserez ne sont pas contaminés. Prenez la bonne habitude de conserver vos terreaux et les ingrédients dans des contenants hermétiques.

Voici les recettes de terreau d'Yves Gagnon :

- Terreau à semis : 3 parties de compost, 6 parties de vermiculite, 1 partie de sable.
- Terreau de transplantation : 5 parties de compost, 4 parties de vermiculite, 1 partie de sable.

Si vous optez pour du terreau commercial, choisissez des produits reconnus pour la culture bio. Dans le doute, lisez bien l'étiquette et assurez-vous que le terreau que vous convoitez est constitué entièrement d'ingrédients naturels tels que de la tourbe de sphaigne, de la perlite, de la vermiculite, du sable, de la chaux, des engrais naturels, du compost, des mycorhizes. Évitez les terreaux qui contiennent des engrais chimiques, des cristaux de rétention d'eau, des agents mouillants ou du polystyrène.

Pour la fabrication de vos terreaux qui seront utilisés à l'intérieur de la maison, optez pour le lombricompost ou encore pour du compost commercial de qualité. Évitez l'utilisation du compost que vous avez fabriqué à l'extérieur, car celui-ci peut contenir des organismes indésirables qui risqueraient de contaminer vos jeunes semis ou vos plantes d'intérieur. Une fois que vos plantes auront franchi le seuil de la porte pour se retrouver dehors, vous pourrez sans risque utiliser votre compost domestique puisqu'à l'extérieur s'établit un équilibre entre les organismes nuisibles et les organismes alliés.

Les conditions environnementales

L'éclairage naturel ou artificiel

Si vous avez accès à une grande fenêtre orientée au sud ou à l'ouest, vous pourrez commencer vos premières expériences de semis sur le bord de cette fenêtre. N'effectuez cependant que les semis de plantes qu'il est possible de démarrer à compter de la fin de mars puisqu'avant cette date l'éclairage naturel n'est pas suffisant. Si vous disposez suffisamment d'espace, vous pourrez sans doute poursuivre cette habitude durant plusieurs années, mais il se peut aussi que l'enthousiasme aidant, vous soyez rapidement limité. Dans ce cas, vous pourrez passer à l'éclairage artificiel. Pour ce, il est inutile d'investir dans des systèmes sophistiqués. Procurez-vous simplement un système de fluorescents constitué d'un support pour tubes de 1,2 m, de deux tubes fluorescents dont un «blanc chaud» et un «blanc froid», de deux chaînes pour suspendre le tout au plafond. Pour compléter le système, vous pourrez ajouter une minuterie que vous programmerez de façon que vos semis reçoivent 14 heures de lumière par jour.

L'humidité

Les semis requièrent un taux d'humidité élevé, soit entre 80 et 90%. Pour répondre à ce besoin, plusieurs options sont possibles. Les plus jeunes semis seront recouverts d'un plastique transparent ou d'une vitre. Plus tard, vous pourrez placer un humidificateur dans la pièce ou vaporiser régulièrement les jeunes plants avec de l'eau.

La température

De façon générale, une température variant de 21 à 25°C est souhaitable pour la germination. Par la suite, l'idéal est 21°C le jour et 15°C la nuit.

L'aération

Pour éviter les problèmes de maladies que pourrait entraîner le taux d'humidité élevé, assurez une bonne aération à vos semis en tout temps en installant au besoin un ventilateur portatif. Celui-ci aura également comme fonction d'imiter le vent et ainsi de favoriser des plants plus compacts.

Comment procéder ?

Une fois votre terreau prêt, humidifiez-le légèrement et placez-le dans les contenants choisis (pour cette première étape, j'aime bien les petites caissettes de champignons récupérées dont je perce le fond à cinq endroits à l'aide de la pointe d'un ciseau).

Égalisez le terreau et pressez-le légèrement. Procédez au semis en éparpillant les graines de façon que celles-ci soient distancées approximativement de 1 cm. Recouvrez les graines de terreau dont l'épaisseur correspondra à deux fois la grosseur de la graine. Pressez légèrement et humidifiez à l'aide d'un pulvérisateur ou d'un arrosoir à bec inversé ou à jets fins. Identifiez correctement vos contenants. Recouvrez d'un plastique transparent ou d'une vitre. Placez le tout dans un endroit chaud (par exemple sur le dessus du réfrigérateur). Surveillez le tout régulièrement et lorsque les premières graines auront germé, placez les caissettes à la lumière en conservant le dôme jusqu'à ce que les plantules touchent ce dernier. S'il se forme des gouttelettes d'eau à l'intérieur du couvercle, entrouvrez celui-ci.

L'arrosage

Les premiers jours suivant les semis, vous aurez comme principale tâche de vous soucier des besoins en eau de vos jeunes protégés. Arrosez au besoin avec l'arrosoir en procédant délicatement. Ou mieux, déposez les contenants dans un plateau rempli d'eau tiède jusqu'à ce que le terreau soit humide sur le dessus. Attention aux excès d'eau!

Les tomates doivent parfois être repiquées à deux reprises.

L'éclaircissage et le repiquage

Tant pour le repiquage que pour l'éclaircissage, le principe est de s'assurer que les plants ont l'espace nécessaire pour se développer et qu'ils ne se touchent pas. Dans les premières semaines, on opte pour l'une ou l'autre de ces techniques, mais pour certaines plantes telles que les plants de tomate, le repiquage est indispensable. Personnellement, je privilégie le repiquage de préférence à l'éclaircissage parce qu'il permet de maximiser les semences puisque aucun semis n'est rejeté.

L'éclaircissage consiste à couper les jeunes plantules au sol, de façon à ne garder qu'une plantule tous les 2 à 5 cm ou un seul plant par alvéole dans le cas où le semis a été effectué dans des caissettes avec alvéoles individuelles.

Dans le cas du repiquage, on effectue celui-ci à partir du moment où les plantules possèdent au moins deux vraies feuilles. Manipulez les plantules avec soin en les tenant par une feuille et en supportant les racines à l'aide d'une

> **LES COTYLÉDONS**
>
> Les cotylédons, appelés parfois les fausses feuilles, sont en fait des feuilles embryonnaires. Ils sont déjà constitués dans la graine et n'apparaissent qu'à la germination. Ils agissent comme organes de réserve que la jeune plantule peut utiliser. La majorité des plantes légumières comportent deux cotylédons.

cuillère ou d'un crayon. Enfoncez la plantule jusqu'aux cotylédons. Il faut parfois faire deux repiquages comme dans le cas des tomates.

La fertilisation

Les premières semaines, il n'est pas utile de fertiliser les semis. D'une part, les plantes très petites sont peu exigeantes en éléments minéraux puisqu'elles puisent leurs réserves dans les cotylédons (encadré). D'autre part, les besoins sont suffisamment comblés par le compost du terreau. Cependant, à partir du moment où les plantules sont transplantées individuellement, il est sage de leur donner un petit coup de pouce en fertilisant toutes les deux semaines avec un engrais d'algues liquides.

La rotation

Si vos semis sont disposés sur le bord de la fenêtre, une fois par semaine bougez les plateaux d'un demi-tour de façon que les plants poussent plus droits. Autrement, ils pencheront du côté de la lumière.

La fonte des semis

La fonte des semis est une maladie qui affecte les jeunes plants. Elle est causée par plusieurs espèces de champignons qui prolifèrent en surface du terreau lorsque les conditions leur sont favorables. La maladie se traduit par un amincissement de la base des jeunes plants, ce qui entraîne l'affaissement de ces derniers. Heureusement, ce problème peut facilement être évité si vous adoptez les bonnes pratiques suivantes :

- Choisir un terreau de qualité.
- Utilisez des contenants propres.
- Évitez les excès d'arrosage.
- Procurez aux semis une température et une aération adéquates.

Si, malgré tout, vous rencontrez régulièrement ce problème, voici des petits trucs qui s'ajouteront à vos bonnes pratiques :

- Recouvrez vos semis avec de la sphaigne de tourbe broyée à la place du terreau.
- Mélangez du charbon de bois horticole à votre terreau.
- Vaporisez vos semis avec une infusion de camomille refroidie.

La culture en pleine terre

Le sol : le connaître et le dorloter

Le sol de votre jardin, appelé plus communément la terre (encadré), est le centre névralgique de ce dernier. C'est un peu le quartier général de tout l'écosystème de votre jardin. C'est pourquoi il est important de faire connaissance avec votre sol. Je dis souvent qu'un bon jardinier écologique a non seulement « le pouce vert », il a aussi « les mains brunes ». C'est-à-dire qu'il ne craint pas de mettre les mains à la pâte… ou plutôt à la terre, car cela demeure la meilleure façon de l'apprivoiser.

LA DIFFÉRENCE ENTRE LA TERRE ET LE SOL

Le sol est constitué de trois parties :

- La partie gazeuse dont les constituants sont l'air et les gaz produits par la décomposition de la matière organique ;
- La partie liquide qui correspond à l'eau et aux éléments minéraux dissous ;
- La partie solide, qui est en fait la terre et qui comprend :
  - les constituants minéraux : pierre, gravier, sable, limon, argile ;
  - les constituants organiques : matière organique, humus, organismes vivants.

En langage courant, on utilise souvent le terme « terre » pour parler du sol.

Acheter de la terre, est-ce bien nécessaire ?

Plusieurs jardiniers croient que pour aménager un nouveau potager ils doivent absolument acheter de la terre. En fait, cela peut être nécessaire dans le cas de nouvelles constructions si l'entrepreneur n'a pas pris la peine de mettre la terre de surface de côté ou a lésiné sur l'épaisseur de bonne terre « brune » à remettre en place ou encore si votre sol est fortement pierreux. Mais dans bien des situations, il y a fort à parier que la terre existante est tout à fait acceptable et même que ses qualités sont supérieures à ce que vous pourrez retrouver sur le marché, et ce, principalement si vous prévoyez acheter de la terre en sac. Je rencontre très souvent des jardiniers qui ont eu de mauvaises expériences en ajoutant de la nouvelle terre dans leur jardin. Certains ont introduit des insectes ravageurs, des maladies ou des plantes adventices telles que la prêle. Si votre terre est pauvre, penser plutôt à l'enrichir avec du compost.

Mais si vous devez vous procurer de la terre, ne lésinez pas sur la qualité. Achetez de préférence de la terre en vrac et assurez-vous que votre fournisseur est fiable. Évitez d'acheter de la terre noire qui est pauvre et acide, en fait, de la tourbe de sphaigne à un stade avancé.

Quel est votre type de sol ?

Une des informations les plus importantes à connaître concernant son sol, c'est son type. Est-il plutôt argileux, limoneux ou sableux? En agriculture, le type de sol se rapporte à la texture de ses constituants minéraux.

La texture du sol fait référence à la taille des particules minérales qui le composent.

Les particules minérales sont classées comme suit:

- Pierre: 2 cm et plus;
- Gravier: de 2 mm à 2 cm;
- Sable grossier: 0,2 à 2 mm;
- Sable fin: 0,02 à 0,2 mm;
- Limon: 0,002 à 0,02 mm;
- Argile: 0,002 mm et moins.

La plupart des sols de culture sont constitués de sable, de limon et d'argile dans des proportions variables. Le sable est la particule la plus grosse et elle peut s'observer à l'œil nu. À l'opposé, les particules d'argile sont très fines et essentiellement observables au microscope. Le limon se situe entre les deux. Selon le pourcentage de chacune des fractions minérales, on classe les sols selon quatre grands types: sols sableux (ou légers), sols limoneux, sols argileux (ou lourds) et sols loameux. Un sol de type loameux (aussi appelé terre franche) est constitué de 40 à 60% de sable, 30 à 50% de limon, 15 à 25% d'argile et 3% et plus de matière organique. En plus de ces quatre grandes classes, il existe de nombreuses sous-classes (ex.: argile limoneuse, loam sableux, etc.). Cependant, dans le cadre d'une activité de jardinage, il n'est pas nécessaire d'être aussi précis.

Comment définir la texture du sol ?

Bien qu'il soit possible de faire analyser la texture d'un sol dans un laboratoire spécialisé, ce type d'analyse qu'on appelle test de granulométrie est dispendieux. De plus, il n'est pas vraiment justifié pour le jardinier amateur. Heureusement, il est possible d'évaluer approximativement la texture simplement par l'observation ou encore par un test facile à faire (la technique du bocal d'eau) tel que présenté dans le tableau et le texte suivants.

TABLEAU 7

LES OBSERVATIONS SELON LES TYPES DE SOLS

	Sec	Humide
Sols sableux	Les grains sont visibles à l'œil nu Le sol glisse entre les doigts Le sol est granuleux et abrasif	Il est difficile de le modeler entre deux doigts Ne colle pas entre les doigts Rude et abrasif
Sols limoneux	Apparence poudreuse Doux au toucher	Doux et glissant comme du savon, mais un peu collant Il est possible de former un ruban entre les doigts, mais il se casse facilement
Sols argileux	Forme des mottes très dures, difficiles à briser	Collant, lisse et brillant. Il colle aux mains et aux instruments On peut former facilement de longs rubans flexibles entre les doigts
Sols loameux	Légèrement granuleux	Légèrement collant et granuleux Il est possible de former un ruban entre les doigts, mais il se casse facilement

La technique du bocal d'eau

Matériel :

- 1 à 2 tasses de sol sec ;
- 1 bocal de verre transparent d'environ 1 litre ;
- 2 c. à thé de sel de table ;
- eau.

Procédé :

- Mettre le sol dans le bocal et ajouter de l'eau jusqu'au goulot, ajouter le sel ;
- Agiter vigoureusement le mélange pendant quelques minutes et laisser reposer le bocal durant 24 heures sans y toucher.

Analyse du résultat :

Les différentes couches de sol vont se déposer progressivement les unes sur les autres. Le sable, plus lourd, se déposera au fond, viendra ensuite le limon et finalement l'argile. La matière organique flottera principalement à la surface de l'eau. Mesurez l'épaisseur de chacune des couches, ainsi que l'épaisseur totale du sol dans le bocal, tel que présenté dans la figure ci-dessous.

FIGURE 4
TEST DU BOCAL D'EAU

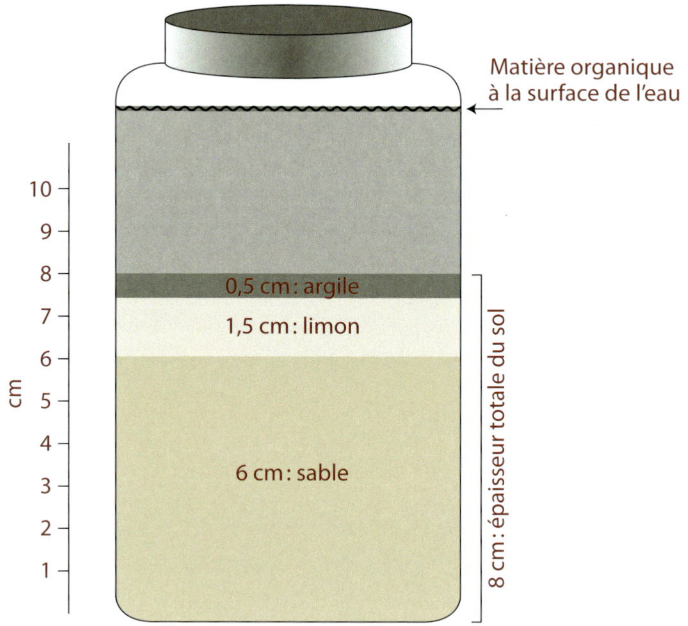

Sur une épaisseur totale de 8 cm, les couches du fond, du milieu et du dessus sont respectivement de 6 cm, 1,5 cm et 0,5 cm.

Vous pouvez ensuite calculer le pourcentage de chaque élément tel que présenté dans le tableau 8.

TABLEAU 8

LE CALCUL DES ÉLÉMENTS DU SOL

	Calcul	Exemple
% sable	(épaisseur de la couche du fond ÷ épaisseur totale du sol) × 100	(6 cm ÷ 8 cm) × 100 = 75 %
% limon	(épaisseur de la couche médiane ÷ épaisseur totale du sol) × 100	(1,5 cm ÷ 8cm) × 100 = 19 %
% argile	(épaisseur de la couche du dessus ÷ épaisseur totale du sol) × 100	(0,5 cm ÷ 8 cm) × 100 = 6 %

Dans l'exemple, le bocal contient environ 75% de sable, 19% de limon et 6% d'argile. On détermine ensuite à quel type appartient le sol en se référant au tableau 9.

TABLEAU 9

LES TYPES DE SOLS SELON LES POURCENTAGES DES ÉLÉMENTS

Type de sol	% de sable	% de limon	% d'argile
Sols sableux	70 et plus	0 à 30	0 à 15
Sols limoneux	0 à 20	80 et plus	0 à 15
Sols argileux	0 à 45	0 à 40	25 et plus
Sols loameux	40 à 60	30 à 50	15 à 25

Résultat : le sol de l'exemple est donc un sol sableux.

Les caractéristiques des différents types de sols

Il est possible d'associer au type de sol (ou texture) plusieurs caractéristiques qui touchent la culture des plantes. Rassurez-vous tout de suite : à moins que vous ne cultiviez sur un sable de plage ou à l'opposé sur une argile de potier, la plupart des sols ont des caractéristiques intéressantes pour la culture des plantes. Il s'agit de bien les connaître pour ensuite être en mesure de dorloter son sol de façon adéquate. C'est d'ailleurs ce que vous apprendrez dans la suite de ce chapitre.

Un sol sableux est un sol qui a un potentiel de fertilité relativement faible. L'infiltration de l'eau est très bonne dans ce type de sol, ce qui fait qu'il s'asséchera et se réchauffera plus tôt au printemps. Par contre, puisqu'il retient peu l'eau, il sera plus vulnérable en période de sécheresse. Enfin, l'aération d'un sol sableux est bonne.

Un sol argileux possède un potentiel de fertilité très élevé. Il retient fortement l'eau, c'est pourquoi il se réchauffe plus tard au printemps. Par contre, il sera plus avantagé en période de sécheresse. L'aération d'un tel sol est pauvre.

Les sols limoneux et loameux possèdent un peu des avantages des sols sableux et argileux, mais sans leurs désavantages.

À noter que la texture d'un sol restera toujours la même peu importe les interventions qui seront faites sur ce sol (à moins de changer le sol). Par contre, il est possible de modifier la structure d'un sol comme nous le verrons.

La structure du sol

La structure d'un sol correspond au mode d'assemblage des particules de sable, de limon et d'argile (et même de gravier) en unités secondaires ou agrégats de formes distinctes. Les agrégats sont liés entre eux par des substances que l'on nomme les colloïdes du sol, qui agissent comme des ciments pour lier entre elles les particules. Les principaux colloïdes du sol sont l'humus et l'argile.

Il existe différentes structures de sol, mais pour le sujet qui nous intéresse c'est-à-dire la culture des plantes, c'est la structure granulaire ou grumeleuse qu'on devrait rechercher, car elle offre de nombreux avantages, dont un bon développement des racines, une bonne rétention de l'eau et des éléments minéraux, un bon drainage, une bonne aération, une bonne activité biologique du sol, un réchauffement plus rapide du sol au printemps, une bonne résistance à l'érosion et au compactage.

La structure d'un sol est influencée par les conditions climatiques (pluie, gel, dégel) et peut être grandement améliorée par différentes interventions telles que l'ajout de matière organique ou de chaux, la culture des engrais verts et le travail du sol. Nous aborderons ces sujets en détail plus loin dans le présent chapitre.

Le pH du sol

Le pH est l'abréviation de potentiel hydrogène. Ce dernier correspond à une mesure du degré d'acidité ou d'alcalinité (ou basicité) d'une solution telle que l'eau du sol. Celle-ci est déterminée par la concentration relative des ions d'hydrogène (H^+) et hydroxydes (OH^-) de la solution. L'eau pure contient ces ions en quantités égales, c'est donc une solution neutre. On dit qu'une solution est acide lorsque la valeur de son pH est inférieure à 7 et qu'il est alcalin (ou basique) lorsque la valeur de son pH est supérieure à 7. Voyez dans le tableau ci-contre, les valeurs de pH de quelques solutions courantes.

TABLEAU 10

LE pH DE QUELQUES SOLUTIONS COURANTES

pH	Exemples
1	Acide chlorhydrique
2	Jus de citron, acide gastrique
3	Vinaigre, vin, bière, jus d'orange
4	Jus de tomates
5	Café noir, thé, eau de pluie
6	Urine
7 Neutre	Lait, eau pure, sang, œuf
8	Eau de mer
9	Bicarbonate de soude
10	Lait de magnésie
11	Ammoniaque de nettoyage
12	Crème épilatoire
13	Nettoyeur de four
14	Soude

Pourquoi, quand et comment évaluer le pH du sol ?

La majorité des plantes légumières préfèrent un sol neutre ou légèrement acide. Lorsque le pH est acide ou alcalin (ce qui est plus rare), la vie microbienne est ralentie et l'assimilation des éléments minéraux se fait plus difficilement pour la plante. Dans des conditions de climat tempéré et humide comme le nôtre, les sols ont une tendance naturelle à s'acidifier. De plus, les pluies acides, l'utilisation de certains engrais chimiques et de certains pesticides accentuent le problème. C'est pourquoi, dans certaines situations, il est souhaitable d'intervenir pour ajuster le pH du sol.

Bien que la valeur du pH soit une des informations les plus importantes à savoir quant aux caractéristiques du sol de votre potager, il n'est pas nécessaire d'évaluer le pH systématiquement chaque année. Par contre, si vous aménagez un nouveau potager, c'est un incontournable. De même si, pour des raisons que vous expliquez difficilement, votre potager qui est en culture déjà depuis plusieurs années n'a pas donné les rendements auxquels vous vous attendiez, l'évaluation de son pH pourrait vous mettre sur une piste.

Il est possible d'évaluer le pH d'un sol simplement par l'observation des plantes qui y poussent spontanément. C'est ce qu'on pourrait appeler des plantes adventices indicatrices! Par exemple, si vous observez des plantes telles que l'épervière orangée (*Hieracium aurantiacum*), l'oxalide d'Europe (*Oxalis stricta*), la petite oseille (*Rumex acetosella*) ou le fraisier des champs (*Fragaria virginiana*), il y a fort à parier que le sol est acide.

Pour évaluer le pH de votre sol, ne comptez pas sur les petits pH-mètres qui sont vendus en jardinerie. Ceux-ci sont très imprécis et ne justifient pas l'investissement, à moins de faire l'acquisition d'un pH-mètre professionnel. La méthode la plus précise consiste à faire un prélèvement et à apporter celui-ci en jardinerie pour qu'on l'analyse. Pour 15 $ à 20 $, vous obtiendrez le pH de votre sol ainsi que d'autres informations telles que le taux de phosphore et de potassium. Ce prélèvement devrait se faire tôt au printemps avant toute intervention. Informez-vous auprès de votre jardinerie pour connaître la bonne méthode pour prélever un échantillon de sol, ou consultez le chapitre 1 dans *Le jardinage éconologique* (Michaud, 2004).

Si les résultats d'analyse indiquent un pH acide ou alcalin, vous aurez avantage à intervenir en utilisant des amendements pour augmenter le pH ou le diminuer selon le cas. Nous y reviendrons dans la section sur les amendements. Vous verrez également que le compost a le pouvoir de maintenir le pH à un point relativement neutre.

Les organismes vivants du sol

Le sol d'un potager qui est entretenu de façon écologique contient une multitude d'organismes vivants. Parmi ceux-ci, on retrouve la macro-faune qu'on peut facilement voir à l'œil nu et les micro-organismes qui ne sont visibles qu'à l'aide d'un microscope.

La macro-faune

Plusieurs petites bestioles font partie de l'écosystème d'un sol en santé. C'est le cas des vers de terre, nos plus solides alliés (encadré), mais également de certains insectes et d'autres organismes tels que les mille-pattes, les acariens et les nématodes. Plusieurs sont utiles soit parce qu'ils décomposent la matière organique, soit parce qu'ils contrôlent la prolifération de certains ravageurs. Par contre, certains sont nuisibles parce qu'ils se nourrissent directement des tissus vivants de la plante. Nous y reviendrons dans le chapitre 5 *Les dommages*.

LES VERS DE TERRE, LES MEILLEURS AMIS DU JARDINIER

La présence de vers de terre dans un sol est incontestablement un indice de fertilité. Les vers digèrent la terre et la matière organique produisant ainsi des éléments minéraux disponibles pour les plantes. Un ver de terre digère 250 fois son propre poids chaque année. On a calculé qu'en l'espace de 10 à 15 ans, la totalité de la couche arable d'une prairie naturelle passe par le tube digestif des vers de terre. Les vers jouent un rôle mécanique en mélangeant les constituants du sol tout en se déplaçant. Enfin, ils creusent des galeries, ce qui augmente la porosité du sol, favorise le drainage et facilite le développement des racines des végétaux.

Les micro-organismes du sol

Parmi les micro-organismes du sol, on rencontre principalement des bactéries, des champignons, des actinomycètes et des algues microscopiques. Les micro-organismes dégradent et décomposent les matières organiques telles que les débris végétaux et les fumiers animaux. Ils contribuent à la formation de l'humus qui est, en fait, l'entrepôt du sol. Certains sont spécialisés dans l'extraction de la roche inerte des éléments minéraux utilisables par la plante. D'autres ont la capacité de fixer l'azote atmosphérique; on les appelle les bactéries fixatrices d'azote. Enfin, les champignons mycorhiziens ont entre autres la capacité de faciliter l'absorption des éléments minéraux. **Un gramme de sol sain peut contenir jusqu'à un milliard d'organismes vivants.**

La santé du sol: les bonnes pratiques pour la conserver ou l'améliorer

Peu importe le type de sol, il existe des règles de base qui ont pour objectif de conserver ou d'améliorer la santé du sol. Les voici:

- Évitez l'usage des pesticides les plus toxiques et des engrais chimiques.
- Évitez de circuler sur le sol lorsque ce dernier est humide.
- Évitez de laisser le sol à nu pendant de longues périodes. Si vous ne pouvez y établir une culture rapidement, couvrez le sol d'un paillis organique ou cultivez-y un engrais vert.
- Aménagez des platebandes (ou des planches pour le potager) dont les surfaces seront réservées exclusivement à la culture des végétaux.
- Effectuez les travaux du sol au bon moment et seulement lorsque c'est nécessaire.

- À la suite de vos observations et lorsque nécessaire, utilisez des amendements organiques tels que le compost ou des amendements calcaires.
- Si nécessaire, utilisez seulement des engrais naturels.

Selon les informations que vous aurez recueillies, voici les recommandations adaptées en fonction du type de sol ou de certaines de ses caractéristiques. Mais dans tous les cas, sachez que la fertilité d'un sol ne s'installe pas instantanément. Cela peut prendre jusqu'à trois ou quatre ans. N'oubliez pas que vous travaillez avec la nature et que la nature aime prendre son temps.

Sols sableux (sols légers)

Plus que tout autre type de sol, les sols sableux nécessitent des apports réguliers de compost. Ces derniers auront comme avantage d'enrichir le sol tout en contribuant à retenir l'eau et les éléments minéraux. De même, l'utilisation d'un paillis organique participera à maintenir la fertilité du sol tout en minimisant les pertes d'eau par évaporation. Enfin, il faudra éviter de travailler excessivement ces sols pour prévenir la dégradation trop rapide de la matière organique.

Sols argileux (sols glaiseux, sols lourds)

Les sols argileux sont lourds et se compactent facilement ce qui, de prime abord, pourrait sembler incompatible à la culture de la majorité des plantes. D'une part, la vie microbienne y est moins intense à cause du manque d'oxygène et, d'autre part, les racines y pénètrent plus difficilement. Mais les sols argileux sont des sols qui ont un potentiel de fertilité très élevé. Cependant, pour que les éléments minéraux soient disponibles aux plantes, l'argile doit être associée à la matière organique. C'est pourquoi les sols argileux profitent des apports de compost qui contribuent par la même occasion à les alléger. Pour ce faire, il est également possible d'y ajouter du sable, mais on prendra soin d'ajouter autant de matière organique (compost) que de sable, sans quoi on risque de produire du ciment... Il faut absolument éviter de travailler un sol argileux lorsque celui-ci est encore gorgé d'eau. Cela pourrait contribuer à le compacter davantage et à former de grosses mottes de sol qui seront presque indestructibles le reste de la saison.

Mauvais drainage (excès d'eau)

Les sols qui évacuent très lentement l'eau, au printemps ou après une pluie, ne sont pas favorables à la culture des plantes légumières qui n'apprécient pas avoir les pieds dans l'eau. C'est pourquoi vous devrez intervenir pour améliorer le drainage de surface. Si le problème n'est pas trop important, le simple fait de soulever les planches de culture pourra régler la situation. Nous y reviendrons dans la section qui traite de la mise en place. Si le problème semble généralisé sur votre terrain, c'est peut-être que le terrassement n'a pas été effectué correctement. Normalement, on devrait s'assurer que le terrain présente une légère pente (au minimum 2%) se dirigeant vers la rue. Si vous ne désirez pas vous aventurer dans les gros travaux de terrassement, pourquoi ne pas entrevoir la possibilité d'aménager un jardin pluvial à proximité de votre potager. Un jardin pluvial est un lit de plantes ou de pierres, conçu pour capter les eaux pluviales et permettre au sol de les absorber lentement. Pour tout savoir sur l'aménagement d'un jardin pluvial, consultez le site de la SCHL dont vous trouverez les coordonnées dans la section *Ressources*.

Sols acides

De façon générale, les sols acides ont un pH inférieur à 6.5. Plusieurs causes peuvent être à l'origine d'un problème d'acidité du sol. Ainsi, un mauvais drainage, tel que discuté dans le paragraphe précédent, l'utilisation de certains engrais chimiques et également la présence de conifères dont les aiguilles tombent sur le sol sont tous des facteurs qui contribuent à acidifier le sol. Enfin, les pluies acides accentuent également le problème.

Si vous avez déterminé que le sol de votre potager était acide, c'est-à-dire que le pH est bas, vous devriez voir s'il est possible d'intervenir sur la cause (mauvais drainage, utilisation d'engrais chimiques) et par la suite procéder à la correction. Pour ce, vous devrez utiliser un amendement calcaire tel que la chaux dolomitique. Cet ajout devrait se faire idéalement à l'automne, autrement, tôt au printemps. Si le pH est très bas, vous devrez faire des apports d'amendements calcaires durant deux ou trois années consécutives, car il n'est pas possible ni souhaitable d'augmenter le pH d'un sol trop rapidement. Si des apports de compost sont également requis, ils ne devraient jamais se faire en même temps que les apports de chaux, car ainsi les éléments minéraux seraient libérés trop rapidement. Espacez d'au moins deux semaines les apports de compost et de chaux. Une fois que le pH aura atteint une valeur relativement neutre, le fait d'adopter de saines pratiques, telle l'utilisation du compost, devrait le maintenir à un taux acceptable.

Sols alcalins

Les sols alcalins (ayant un pH élevé) sont moins communs que les sols acides, mais non moins problématiques. Pour corriger un sol légèrement alcalin, utilisez des aiguilles de conifères comme paillis ou mélangez-les au compost. Dans les cas plus importants, mélangez de la tourbe de sphaigne au sol ou pulvérisez-y du soufre de jardin.

La mise en place d'un nouveau potager

Les beaux jours sont arrivés et le terrain où vous aménagerez votre futur potager est suffisamment sec. Le temps est maintenant venu de passer à l'action muni de votre plan de jardin et du matériel suivant :

- quelques piquets et de la corde ;
- un ruban à mesurer ;
- des outils tels qu'une fourche à bêcher, un râteau, une griffe à dents, un coupe-bordure ;
- si vous prévoyez tracer des courbes, un tuyau d'arrosage souple et un produit de marquage tels que des coquilles d'œufs broyées, de la farine ou de la chaux, vous seront utiles.

Voici comment procéder :

- Délimitez le contour du potager à l'aide de piquets et de corde pour les lignes droites ou à l'aide d'un tuyau d'arrosage souple et de coquilles d'œufs broyées (ou autre matériau) pour tracer les lignes courbes.
- Découpez le contour du potager à l'aide d'un coupe-bordure.
- Découpez des petites plaques de gazon à l'aide d'un coupe-bordure, retournez celles-ci à l'aide de la fourche et laissez-les sécher sur place. Pour les grandes surfaces, il est possible de louer une « détourbeuse » dans les centres de location. Après 12 à 24 heures, secouez les plaques afin de conserver le maximum de sol. Les plaques de gazon ainsi retirées pourront être réutilisées ailleurs ou compostées. Pour éviter les courbatures, répartissez ce travail sur plusieurs jours.

Les petites plaques de gazon sont découpées et retournées.

- Procédez au travail du sol selon l'une ou l'autre des options suivantes :
  - Pour les potagers de petites ou de moyennes surfaces, effectuez un simple bêchage manuellement à l'aide de la fourche à bêcher. Le bêchage du sol a pour but de l'ameublir et d'extirper toutes parties de plantes adventices qui pourraient être présentes (tiges, racines, rhizomes), de même que les grosses pierres. Tout en travaillant le sol, on fait bien attention à nos formidables alliées que sont les vers de terre. Mais on en profite pour détruire les indésirables tels que les vers blancs, les vers gris, les vers fil-de-fer et les limaces dont vous ferez connaissance dans le chapitre 5 *Les dommages*. On effectue toujours le bêchage à reculons de façon à ne pas circuler sur le sol qui a été bêché. Si vous aménagez un potager sur un sol qui est extrêmement compacté et si vous prévoyez cultiver des légumes-racines tels que les carottes, il peut être utile de pratiquer le double bêchage (encadré).
  - Pour les potagers de grandes dimensions, effectuez le travail du sol avec un motoculteur en utilisant, de préférence, une machine avec lame arrière autopropulsée. Procédez lentement pour éviter de briser la structure du sol.

Le bêchage doit être effectué à reculons.

Le double bêchage consiste à travailler le sol de surface, de même que le sol en profondeur sans que les couches ne soient mélangées. Il faut savoir que c'est dans les premiers 15 cm que le sol est le plus fertile. Dans un premier temps, on creuse une tranchée de 15 à 20 cm de profondeur à l'extrémité du potager et l'on transfère le sol sur une bâche à l'extérieur du jardin. On pratique un simple bêchage du sol en profondeur. On creuse une deuxième tranchée en transférant le sol de cette deuxième tranchée dans la première tranchée, puis on bêche le sol en profondeur. Et ainsi de suite jusqu'à l'extrémité opposée du jardin. Finalement, on recueille le sol qui avait été extirpé de la première tranchée pour le mettre dans la dernière. Le double bêchage est une tâche très ardue qu'il convient de pratiquer seulement si nécessaire. De plus, il est sage de répartir cette tâche sur plusieurs années si le secteur ciblé est de dimension moyenne. Lorsqu'on adopte des bonnes pratiques de gestion du sol, il n'est pas nécessaire de répéter cette opération par la suite.

Le double bêchage.

FIGURE 5
SCHÉMA DU DOUBLE BÊCHAGE

Étape n° 1 – Creuser une première tranchée

Étape n° 2 – Ameublir le fond de la première tranchée

Étape n° 3 – Effectuer une deuxième tranchée en transférant la terre de celle-ci dans la première tranchée

Étape n° 4 – Ameublir le fond de la deuxième tranchée

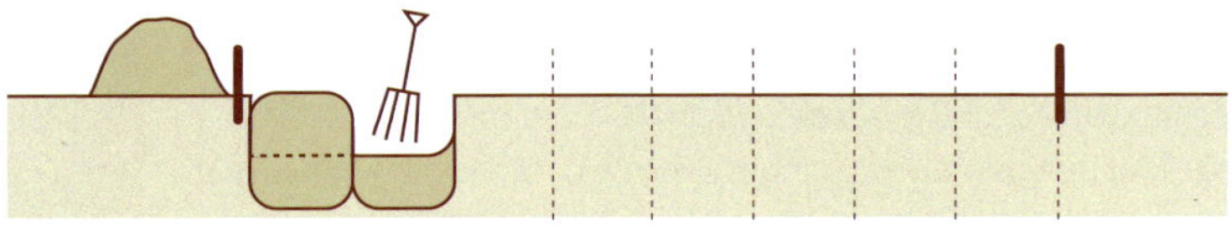

Répétez les étapes 3 et 4 jusqu'à l'extrémité opposée du jardin

Dernière étape – Transférer la terre ameublie à la première étape dans la dernière tranchée

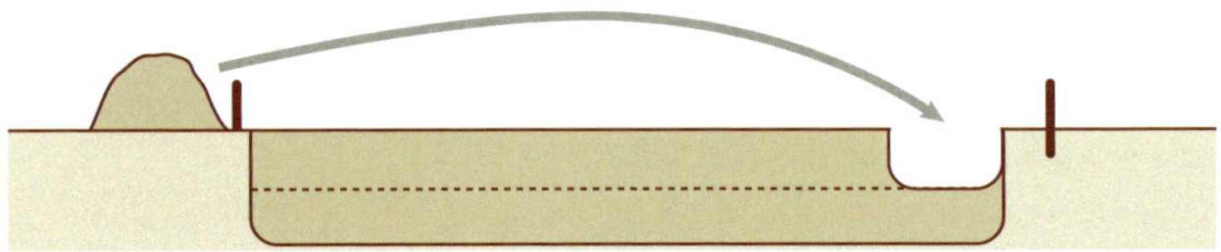

- Tracez le contour des planches et des allées à l'aide de piquets et de cordes. À ce stade, on peut, si on le désire, délimiter le contour du potager à l'aide de planches de bois non traité, de briques, de blocs de béton, etc. Personnellement, je préfère ne rien mettre et retracer la bordure une fois dans la saison.
- Selon le type de sol sur lequel vous cultivez, vous pourrez ou non rehausser le niveau des planches de 10 à 30 cm en transférant le sol des allées sur les planches. Plus votre sol est lourd, plus vous avez avantage à en hausser le niveau, mais pour les sols qui ont une forte proportion de sable, cela n'est pas souhaitable.

Pour vérifier que le sol est suffisamment sec pour être travaillé au printemps, assurez-vous que vos pieds ne laissent pas d'empreintes sur le sol. Prenez une grosse poignée de sol entre vos mains et laissez-la retomber au sol. Si celle-ci demeure compacte à la façon d'une purée de pommes de terre, c'est que votre sol contient encore trop d'eau.

- Ajoutez le compost et les engrais naturels aux endroits prédéterminés selon les exigences des plantes (nous y reviendrons dans la section qui traite des amendements et des engrais). Incorporer ceux-ci en surface avec le râteau ou la griffe.
- Aplanissez les surfaces tout en conservant un léger rebord au pourtour des planches.

PLANIFIER UN AN À L'AVANCE

Si vous avez la patience d'attendre un an de plus pour implanter votre potager ou si vous prévoyez l'agrandir l'an prochain, voici comment vous pourrez procéder cette année pour faciliter le travail du sol l'an prochain.

Choisissez l'une ou l'autre de ces options :

- Déposez sur le sol 4 à 5 feuilles de papier journal entrecroisées (idéalement avec encre noire seulement) ou des sections de carton ondulé. Si le temps est venteux, arrosez le papier journal pour éviter qu'il ne s'envole. Ajoutez 3 à 6 cm de paillis tels que de la paille ou du bois raméal fragmenté.
- Déposez sur le sol une épaisse couche de paillis (15 cm ou plus).
- Couvrez le sol d'une toile géotextile.

Pour faciliter l'implantation d'un nouveau potager, une des options consiste à couvrir le sol d'une toile géotextile un an à l'avance.

Conservez le tout en place jusqu'au printemps suivant. Enlevez la toile ou tassez le paillis qui n'est pas décomposé et procédez directement au travail du sol. Vous pourrez éventuellement remettre le paillis dans les allées ou à la base des plantes après la transplantation.

Les travaux printaniers d'un potager déjà aménagé

Si votre potager est déjà aménagé selon la culture en planche, vous aurez à retravailler le sol des planches seulement et non celui des allées. De plus, pour éviter de laisser le sol à nu durant de trop longues périodes, procédez au travail des planches au fur et à mesure que vous aurez besoin de celles-ci pour faire vos semis ou vos plantations. Pour le travail du sol, vous pourrez procéder de différentes façons. En fait, cela dépendra de la condition du sol. L'idée est de ne travailler le sol que lorsque c'est essentiel et de le faire de façon à perturber le moins possible la vie du sol.

- Si le sol de votre potager est déjà en culture écologique depuis plusieurs années et de surcroît si celui-ci contient une forte proportion de sable, vous pourrez sans doute vous limiter à un travail léger en passant simplement sur le sol une griffe à dents.
- Dans les autres cas, effectuez le bêchage manuel du sol à l'aide de la fourche à bêcher, d'une grelinette (encadré) et en dernier recours à l'aide d'un motoculteur pour les très grands jardins.

LA GRELINETTE

La grelinette est un outil qui permet d'ameublir le sol sur une vingtaine de centimètres, sans le bouleverser. C'est ce qu'on appelle un bêchage dressé, c'est-à-dire sans retournement.

C'est donc un outil qui minimise la perturbation de l'activité biologique du sol… un net avantage en jardinage écologique. Malgré sa dimension assez imposante, la grelinette n'est pas comme on pourrait le croire difficile à manier. Bien au contraire, elle est même moins éreintante que la fourche à bêcher car on peut s'en servir comme un levier. Le problème avec la grelinette, c'est sa disponibilité et son prix. De fait, elle est encore peu commercialisée dans les jardineries et si vous la trouvez, vous constaterez que son coût est rarement moins de 100$. Alors, si vous connaissez quelqu'un qui possède ce formidable outil… pensez à lui emprunter.

La grelinette permet d'ameublir le sol sans le bouleverser.

La culture en contenant : un potager sur le balcon ou sur le toit !

Il y a une trentaine d'années, mon potager se résumait à quelques pots sur le balcon. Mais progressivement, la culture en contenant a perdu de l'intérêt au profit de la culture en pleine terre. D'une part, parce que j'en ai eu la possibilité et parce que je trouvais cela moins compliqué et, d'autre part, parce que je n'apprécie pas beaucoup devoir passer mon été un arrosoir à la main. Mais c'était avant de connaître les contenants à réserve d'eau. Depuis, je redécouvre le plaisir de cultiver dans des pots. Ceux-ci ont commencé à « pousser » ça et là sur toutes les surfaces disponibles (patio arrière, galerie avant, petit balcon inutilisé, etc.) de mon terrain. Bientôt, il n'y aura que le toit qui ne sera pas totalement vert. C'est que celui-ci comporte une forte pente et je ne suis pas alpiniste…

Moi qui prône depuis des années les bénéfices de la culture écologique en pleine terre, je dois avouer que la culture en contenant comporte plusieurs avantages, le premier étant d'offrir la possibilité de cultiver des légumes pour ceux qui n'ont pas de terrain. Parce que les contenants sont exposés aux rayons du soleil, le terreau se réchauffe davantage, ce qui favorise la culture de plusieurs plantes légumières qui apprécient la chaleur telles que les tomates, les aubergines, etc.

La surface de culture étant limitée, la compétition par plantes adventices est donc moins présente, ce qui implique moins de désherbage. On aime ça! Lorsque les contenants sont disposés sur des surfaces inertes (balcon, patio, toit, stationnement, etc.), les plantes sont moins exposées aux attaques des ravageurs. Enfin, parce que les contenants sont relativement mobiles, vous pourrez déplacer votre potager en cours de saison, si cela s'avère nécessaire.

Le choix des contenants

Le choix des contenants appropriés à la culture des légumes est relativement grand. Vous pourrez choisir des contenants de type conventionnel de fabrication commerciale ou toutes sortes de contenants que vous aurez récupérés. Mais si ce n'est déjà fait, je vous conseille d'essayer les contenants à réserve d'eau. Il en existe de plus en plus sur le marché, mais si vous préférez l'option éconologique (écologique et économique) vous pourrez fabriquer vos contenants pour quelques dollars.

Les contenants conventionnels

Les contenants commerciaux de type conventionnel existent dans de multiples formes et couleurs, de même que dans différents matériaux. On les trouve très souvent en plastique, ce qui n'est pas le matériau idéal en culture écologique étant donné que le plastique est produit à partir du pétrole, une ressource non renouvelable. De plus, une fois sa vie utile terminée, le plastique prend des centaines d'années à se décomposer. Vous trouverez également des contenants fabriqués avec des matériaux plus naturels tels que le grès, le bois, etc. Dans tous les cas, optez pour les contenants de la plus grande dimension possible et assurez-vous qu'ils comportent des trous de drainage.

Optez pour des pots de grande dimension.

Mais avant de vous précipiter pour acheter des contenants, regardez autour de vous. Peut-être découvrirez-vous des trésors. Ainsi, différents objets tels qu'une veille brouette ou un vieux seau d'eau d'érable pourront se transformer en pots de culture des plus originaux. Enfin, si vous avez des talents pour le travail du bois, pourquoi ne pas fabriquer vos propres contenants?

Les contenants à réserve d'eau

Appelés aussi contenants à auto-arrosage, les contenants à réserve d'eau ont un immense avantage sur les contenants conventionnels : leur base peut contenir une réserve d'eau qui, une fois remplie, permet une autonomie de plusieurs jours, voire une semaine. Fini les sempiternels allers-retours dans la maison pour remplir l'arrosoir! Mais les contenants à réserve d'eau n'ont pas que des bons côtés. Ils ont le désavantage d'être fabriqués en plastique. Comme je le dis souvent, je suis un peu « allergique » au plastique. Mais je dois avouer que dans le cas de contenants à réserve d'eau les avantages compensent largement ce handicap. Si, comme moi, vous n'appréciez pas la vue du plastique dans votre environnement écologique, vous pourrez camoufler vos contenants sous un cache-pot. Vous avez le choix entre les contenants à réserve d'eau commerciaux et les contenants à réserve d'eau artisanaux.

Les contenants à réserve d'eau commerciaux

On trouve différents contenants à réserve d'eau sur le marché, parmi lesquels, le Earthbox et le Biotop. Ceux-ci sont un peu plus grands qu'une jardinière conventionnelle. Pour savoir comment vous procurer des contenants à réserve d'eau commerciaux, consultez la section *Ressources*.

La plupart des contenants à réserve d'eau sont conçus selon le même principe. Ils comportent une partie supérieure dans laquelle le terreau est placé et une partie inférieure qui contient la réserve d'eau. Entre les deux, une section remplie d'un matériau poreux sert en quelque sorte de mèche qui permet à l'eau de se déplacer par capillarité à partir de la réserve vers le terreau. Enfin, un tube qui longe la paroi du bac facilite l'approvisionnement en eau de la réserve.

Le bac Biotop diffère des autres bacs à réserve d'eau. Il comporte une coquille principale dans laquelle sont insérées deux caissettes dont la partie inférieure munie de fentes contient de la vermiculite. Les caissettes remplies d'un terreau principalement constitué de compost, sont suspendues au-dessus d'un réservoir d'eau. Progressivement, les racines nourricières ont la possibilité d'explorer le terreau pour y puiser les éléments minéraux,

Le bac Biotop.

Jardinière à réserve d'eau de l'organisme Alternative.

alors que les racines aquifères plus longues peuvent passer au travers de la vermiculite, puis des fentes pour aller puiser l'eau et les éléments minéraux du réservoir. Cette technique de culture écologique se situe à mi-chemin entre la culture en sol et la culture hors-sol ou hydroponique. C'est ce que certains appellent la culture « organoponique ».

Les contenants à réserve d'eau artisanaux

Une des approches les plus efficaces pour réduire les impacts négatifs de nos activités sur l'environnement consiste à réduire notre consommation. Dans cette optique, vous choisirez peut-être de fabriquer vos propres contenants à réserve d'eau à partir de contenants récupérés. À cet effet, vous trouverez en annexe un projet de fabrication d'un contenant à réserve d'eau fait à partir de deux seaux de plastique récupérés. Ce type de contenant fonctionne plus ou moins de la même façon que la majorité des contenants à réserve d'eau commerciaux (sauf le Biotop). Ce projet est inspiré du projet *Des jardins sur les toits* de l'organisme Alternatives. Il a été légèrement adapté grâce, entre autres, à la participation du projet Urbanus Jardinus de l'Éco-quartier du Centre Jacques-Cartier.

Des contenants à réserve d'eau faits à partir de deux seaux de plastique.

Pour le projet de fabrication, vous devrez peut-être rivaliser d'audace et de débrouillardise pour trouver les contenants et le matériel, et cette expérience pourra vous paraître hasardeuse la première fois. Mais une fois que vous aurez réalisé votre premier bac, je ne serais pas étonnée que vous soyez tenté de lui offrir de la compagnie, car la deuxième expérience vous semblera plus facile. Mais si après avoir lu les instructions, vous ne vous sentez pas d'attaque pour passer à l'action, sachez que les organismes cités précédemment offrent des ateliers de fabrication de différents contenants à réserve d'eau. De plus, certains vendent de tels contenants pour financer leurs activités. Vous trouverez les coordonnées de ces organismes dans la section *Ressources*.

Les terreaux pour la culture en contenant

Si vous utilisez des bacs à réserve d'eau commerciaux, référez-vous aux recommandations du fabricant quant aux terreaux que vous devrez utiliser. Ceux-ci sont parfois fournis avec le bac. Mais pour tous les autres contenants, vous pourrez utiliser des terreaux commerciaux ou fabriquer votre propre terreau.

Dans tous les cas, assurez-vous que le terreau que vous choisirez ou que vous fabriquerez ne contient que des produits naturels tels que le compost, la tourbe de sphaigne, la perlite, la vermiculite, le sable, la fibre de coco, des engrais naturels, des mycorhizes. Évitez les produits de synthèse tels que les engrais chimiques, les cristaux de rétention d'eau et le polystyrène. Évitez aussi la terre noire qui est relativement acide.

Si vous optez pour des terreaux prêts à l'emploi, privilégiez les terreaux qui sont certifiés pour la culture bio. Si le terreau ne contient pas déjà de compost, ajoutez une partie de compost pour trois parties de terreau. Vous pourrez également fabriquer votre terreau en mélangeant une partie de terre à jardin, une partie de compost et une partie de vermiculite.

Si vous avez déjà cultivé dans des contenants l'an dernier, vous pourrez récupérer le terreau et simplement l'amender. Pour ce faire, videz le contenu de votre bac dans un grand sac de plastique. Évaluez approximativement le volume obtenu et ajoutez le tiers en compost, puis mélangez le tout. Si le terreau semble lourd au départ, ajoutez plutôt le quart en compost et le quart en perlite ou en vermiculite. Mélangez le tout et remettez le terreau dans le contenant. Conservez le surplus pour un nouveau contenant.

Des trucs pour la culture en contenant

Voici quelques trucs qui vous permettront d'apprécier davantage la culture en contenant :

- Pour minimiser les pertes d'eau par évaporation, mettez du paillis sur la surface du sol. Un paillis de BRF (bois raméal fragmenté) finement haché ou un paillis d'écales de cacao feront l'affaire. Nous reviendrons sur les paillis dans les sections qui traitent des amendements et des travaux. À défaut de paillis, une toile de jute déposée autour des plants sera une alternative intéressante.

- Pour faciliter le déplacement des très gros pots, disposez-les sur une base de bois munie de roulettes.
- Pour camoufler un pot de plastique, fabriquez un cache-pot en bois, en jute ou en tout autre matériau.
- Pour les contenants à réserve d'eau, durant les 2 à 3 premières semaines, effectuez les arrosages directement sur le sol puisque les racines ne sont pas suffisamment formées pour aller puiser l'eau dans la réserve.
- Si votre potager de balcon profite d'un ensoleillement intense, munissez-vous d'une toile flottante ou d'un parasol pour protéger les plantes plus sensibles à un soleil ardent telles que la laitue, la bette à carde, le brocoli, le radis.
- Profitez des espaces verticaux qu'offrent une rampe ou un mur pour y faire grimper les haricots à rame, les pois, les concombres à l'aide de cordes, de filets ou de grillage.
- Pour faciliter l'arrosage des contenants à réserve d'eau, utilisez un entonnoir.

Les amendements et les engrais naturels

Nous avons vu précédemment l'importance de bien prendre soin du sol afin d'en maintenir ou d'en améliorer la fertilité. Une des bonnes façons pour y parvenir est d'utiliser adéquatement les amendements et si nécessaire les engrais naturels. Mais que sont-ils?

Les amendements sont des substances qu'on apporte au sol dans le but d'en améliorer les propriétés physiques, chimiques ou biologiques. On classe habituellement les amendements en deux catégories, soit les amendements organiques et les amendements minéraux. Parmi les amendements organiques, on retrouve l'amendement par excellence, le compost, mais aussi le fumier, les engrais verts, le paillis, la tourbe de sphaigne, les résidus de fibre de noix de coco. Quant aux amendements minéraux, ce sont la chaux, la cendre de bois, le gypse, les coquilles d'œufs broyées, le soufre.

De leur côté, les engrais sont apportés au sol afin de répondre aux besoins spécifiques d'une culture ou de corriger certaines déficiences en éléments minéraux. Les engrais naturels sont, pour la plupart, d'abord absorbés par la faune du sol qui les transforme sous une forme assimilable par les plantes. Les engrais naturels peuvent être d'origine organique ou minérale.

En culture écologique, la fertilisation repose d'abord sur les amendements, plus particulièrement sur le compost tandis que les apports d'engrais sont complémentaires. Le compost doit demeurer la nourriture principale du sol, tout comme les aliments le sont pour l'humain. Dans le même sens, les engrais naturels sont au sol ce que les suppléments alimentaires sont à l'humain.

Les amendements

Vous trouverez dans le tableau suivant, les principaux amendements ainsi que leur utilisation.

TABLEAU 11

LES AMENDEMENTS		
Amendements organiques	**Types**	**Utilisation et détails**
Compost	Compost commercial Compost domestique Lombricompost (en réalité du fumier de vers de terre)	Obtenu par la décomposition organisée de la matière organique, le compost est l'amendement par excellence. Ses qualités sont nombreuses.
Paillis organiques	Paille Rognure de pelouse Feuilles déchiquetées Paillis de conifères (cèdre, pruche, pin) Paillis d'écorce de cacao Paillis de bois raméal Paillis d'écailles de sarrasin	Utilisé principalement pour limiter l'envahissement des adventices et l'évaporation du sol, le paillis offre en se dégradant un apport en matière organique. C'est en fait un processus de compostage de surface. Selon l'effet recherché et la disponibilité, on choisira l'un ou l'autre.
Fumier	De poulet De cheval De lapin De mouton De vache De bovin	Le fumier doit subir le processus de compostage avant d'être utilisé au jardin. Autrement, il est risqué d'introduire des insectes nuisibles, des maladies ou des adventices. De plus, parce que les éléments minéraux du fumier frais sont solubles, il y a risque de lessivage. Le fumier de poulet est le plus riche pour ce qui est des trois éléments minéraux majeurs (N : azote, P : phosphore, K : potassium). Il est suivi par le fumier de mouton dont le potassium est relativement élevé.
Engrais vert (encadré)	Sarrasin Seigle Avoine Autres plantes	Les engrais verts sont des cultures destinées à être enfouies alors qu'elles sont encore fraîches. Les engrais verts sont utilisés pour préparer le sol avant d'y aménager une culture ou s'inscrivent dans un processus de rotation. Ils permettent d'enrichir le sol en matière organique, d'améliorer la structure d'un sol tout en contrôlant les adventices.

TABLEAU 11 (suite)

LES AMENDEMENTS		
Amendements organiques	**Types**	**Utilisation et détails**
Tourbe de sphaigne	Tourbe brune (la plus utilisée, couramment appelée la mousse de tourbe) Tourbe blonde (stade de décomposition moins avancé)	Même si la tourbe de sphaigne est suggérée dans le but d'alléger le sol, son utilisation n'est souvent pas souhaitable en jardinage écologique. Son utilisation abusive encourage la dégradation de ces merveilleux milieux écologiques que sont les tourbières et qui prennent des milliers d'années à se former. De plus, la tourbe de sphaigne acidifie le sol et son contenu en éléments minéraux est négligeable. Pour alléger le sol, le compost sera plus approprié, la plupart du temps. L'utilisation de la tourbe de sphaigne pourra être justifiée pour acidifier le sol lorsque le pH de celui-ci sera trop élevé.
Résidus de fibre de noix de coco		Il s'agit d'une alternative à la tourbe de sphaigne pour alléger le sol. Contrairement à cette dernière, les résidus de noix de coco proviennent d'une ressource renouvelable et sont beaucoup moins acides. De plus, cet amendement peut retenir 8 fois son volume d'eau. Le côté sombre des résidus de fibres de noix de coco vient du fait que ceux-ci parcourent des milliers de kilomètres. C'est pourquoi leur utilisation devrait être limitée à la confection des terreaux.
Chaux agricole	Calcaire broyé $CaCO_3$	Pour augmenter le pH.
Chaux dolomitique	Contient calcaire et magnésium	Pour augmenter le pH. Plus coûteux que la chaux agricole, mais de qualité supérieure. Facilement disponible dans les jardineries.
Cendre de bois	23 % calcium 2 à 10 % phosphore 6 à 15 % potassium	Pour augmenter le pH. Il faut absolument éviter d'excéder la dose suivante : 1,5 kg/10 m^2 (approximativement 1,5 litre/10 m^2) car : • il y a danger d'intoxication par les métaux lourds ; • son pouvoir alcalinisant est brutal et risque de perturber la vie microbienne ; • sa forte teneur en potassium peut bloquer l'assimilation du magnésium.
Coquilles d'œufs	40 % calcium	Pour augmenter le pH très lentement. Pour être absorbées, les coquilles d'œufs doivent être broyées finement.
Gypse	Sulfate de calcium broyé	Utile pour neutraliser l'effet du sodium résultant de l'application des sels de déglaçage. Modifie très peu le pH.
Soufre		Pour diminuer le pH.

LES ENGRAIS VERTS ET LES ENGRAIS NATURELS : À NE PAS CONFONDRE

Les engrais verts ne sont pas synonymes d'engrais naturels comme certains le croient. Les engrais verts sont des plantes qui sont cultivées dans le but d'améliorer les caractéristiques du sol. Contrairement aux véritables engrais, les engrais verts ne sont pas à proprement parler des engrais, mais bien des amendements.

Le compost : l'indispensable « or brun du jardinier »

Il n'est pas facile de résumer en quelques lignes ce sujet qui me passionne et sur lequel j'ai déjà écrit 200 pages (voir *Tout sur le compost*, 2007).

Le compost est le résultat de la décomposition contrôlée et accélérée de la matière organique par des millions d'organismes vivants tels que les vers de terre et divers micro-organismes. Il en résulte une matière brunâtre qui ressemble à du terreau.

En milieu naturel, toutes les matières organiques (ou matières vivantes) se décomposent qu'on le veuille ou non, et ce, sans notre contribution. Ainsi, dans une forêt naturelle, les feuilles des arbres tombent au sol et s'ajoutent aux autres « déchets » organiques que sont les petits animaux morts, les insectes, les excréments d'animaux, etc. Toute cette matière subit l'assaut d'une armée de décomposeurs, soit principalement les micro-organismes (bactéries, champignons, etc.) mais également d'autres petites bestioles, telles que les millipèdes, les centipèdes, les vers de terre, certains insectes, etc. Ces derniers transforment progressivement toute cette matière organique en une substance qu'on appelle humus qui est en quelque sorte un entrepôt d'éléments nutritifs pour le sol. Tout ce processus se déroule très lentement. Cela prend souvent des dizaines d'années avant que ne soit produit un centimètre d'humus. Dans la fabrication du compost, qui est comparable à l'humus du sol, on imite la nature. En réalité, on recrée les conditions optimales, afin que la décomposition se fasse de la meilleure façon, et ce, dans les meilleurs délais. C'est qu'une fois qu'on a compris la valeur du compost, on veut pouvoir profiter de ce formidable amendement.

Pourquoi le compost est-il aussi extraordinaire ?

Le compost est un amendement unique puisqu'il améliore à la fois les propriétés physiques, biologiques et chimiques du sol. Parmi ses nombreuses propriétés, le compost :

- Constitue une source d'énergie et de substances nutritives pour les micro-organismes et les petits animaux du sol. Ceux-ci transforment le compost en éléments minéraux disponibles pour les plantes. De là l'expression consacrée en culture écologique : **Nourrir le sol pour nourrir la plante**.
- Augmente la capacité du sol à retenir l'eau, ce qui est nettement avantageux pour les sols qui contiennent une forte proportion de sable.
- Contribue à minimiser les écarts de pH et à maintenir ce dernier à un niveau relativement neutre, ce qui est un atout pour la culture de la majorité des plantes légumières.
- Améliore la structure et par le fait même l'aération des sols argileux contribuant ainsi à favoriser la pénétration des racines.
- Améliore la résistance du sol à l'érosion par l'eau et par le vent.
- Augmente la résistance du sol au compactage.
- Maximise l'efficacité des engrais.
- Minimise les pertes d'éléments fertilisants dues au lessivage.
- Contribue à maintenir les plantes en santé. En effet, certains composts contiennent des micro-organismes bénéfiques qui peuvent contribuer à prévenir le développement des micro-organismes pathogènes responsables des maladies des plantes. C'est ce qu'on appelle l'effet suppressif du compost.

Avec toutes ces formidables caractéristiques, il n'y a rien d'étonnant à ce que le compost soit à la base de la fertilisation de tout jardin écologique.

L'utilisation du compost : quand, comment et combien ?

Au potager, le compost devrait être appliqué idéalement au printemps après le travail du sol. En deuxième choix, il pourrait être appliqué à l'automne, mais il faudra le faire le plus tard possible, soit juste avant l'arrivée de la neige. Autrement, les éléments minéraux qui ne sont pas absorbés par les plantes risquent d'être lessivés par les pluies automnales. Cela sera d'autant plus vrai si votre sol contient peu d'argile et de matière organique. De plus, si vous prévoyez appliquer de la chaux, il faudra retarder l'ajout de compost d'au minimum trois semaines. Une fois le compost déposé sur du sol, intégrez-le en surface en utilisant la griffe à dents ou le râteau.

La quantité de compost à appliquer au potager varie en fonction de l'exigence des plantes et du type de sol. Plus un sol est pauvre, plus la quantité de compost requise est importante. À l'opposé, un sol déjà très riche nécessitera beaucoup moins de compost, parfois pas du tout. Quant aux plantes légumières, elles ont des exigences variables. Certaines sont très exigeantes. C'est le cas des tomates, des concombres et des courges. D'autres plantes légumières telles que les carottes et la laitue sont moyennement exigeantes. Enfin, les haricots et les pois exigent très peu de compost. Ainsi, les quantités de compost à appliquer pourront varier de quelques millimètres dans le cas d'un sol riche sur lequel on prévoit cultiver des plantes peu exigeantes. Par contre, le besoin peut aller jusqu'à une épaisseur de 5 cm si vous prévoyez cultiver des plantes exigeantes sur un sol très pauvre. Consultez le chapitre 4 pour connaître l'exigence en compost des légumes qui y seront présentés.

TROP DE COMPOST !

On me demande souvent si le fait d'appliquer trop de compost peut être nuisible. Il y a trop et trop. Un peu trop, ce n'est pas très grave. Moyennement trop, il n'y a pas de quoi s'affoler. Mais beaucoup trop… eh bien, c'est trop. En fait, certaines plantes légumières pourraient avoir des comportements inappropriés si la dose de compost est trop forte. C'est le cas des carottes qui développeront une importante chevelure, soit une abondance de petites radicelles. Quant aux plantes légumières de la famille des Fagacées que sont les pois, les haricots et les gourganes, elles ne requièrent pas de compost sauf la première année de culture. Enfin, la plupart des plantes aromatiques concentreront davantage de saveur dans un sol relativement pauvre. Et c'est sans compter le compost que vous gaspillerez et qui aurait été plus utile dans une autre section de votre potager. N'oubliez pas qu'il s'agit d'or brun.

Voici un tableau qui devrait vous aider à évaluer la quantité de compost que vous pourrez appliquer sur les différentes planches de culture de votre potager. Ce tableau est un guide tout simplement : n'allez surtout pas peser ou mesurer l'épaisseur de compost que vous allez appliquer. Lorsqu'on travaille avec la nature, il ne faut pas tenter de tout contrôler. Rappelez-vous que le jardinage écologique est une relation de collaboration. Faites confiance et attendez de voir comment votre sol réagira à vos soins. Vous pourrez réajuster les quantités les années ultérieures.

TABLEAU 12

GUIDE DES QUANTITÉS DE COMPOST À APPLIQUER

Types de plantes	Sol pauvre	Sol moyen	Sol riche
Plantes très exigeantes	5 à 10 kg/m^2 2,5 à 5 cm	2 à 5 kg/m^2 1 à 2,5 cm	1 à 2 kg/m^2 0,5 à 1 cm
Plantes exigeantes	2 à 5 kg/m^2 1 à 2,5 cm	1 à 2 kg/m^2 0,5 à 1 cm	0,5 à 1 kg/m^2 0,25 à 0,5 cm
Plantes moyennement exigeantes	1 à 2 kg/m^2 0,5 à 1 cm	0,5 à 1 kg/m^2 0,25 à 0,5 cm	0,25 à 0,5 kg/m^2
Plantes peu exigeantes	0,5 à 1 kg /m^2 0,25 à 0,5 cm	0,25 à 0,5 kg/m^2	----------

Le compost et la culture en contenant

Pour la culture en contenant, assurez-vous que votre terreau contient entre 25 et 30 % de compost, pas davantage. Autrement le terreau risquerait d'être trop compact. Il y a cependant des exceptions pour certains contenants spécialisés tels que le bac Biotop dans lequel le terreau est principalement constitué de compost.

Faire son compost ou l'acheter ?

Ceux qui ont déjà assisté à mes conférences ou lu mes premiers livres savent que j'ai un préjugé favorable pour le compost domestique. En réalité, pour moi, il est clair que le jardinage écologique est indissociable du compostage domestique, parce que cela permet de retourner à la terre ce qu'elle nous a offert. D'une part, la culture des plantes légumières produit une importante masse de matière organique et, d'autre part, cette matière organique est essentielle pour redonner

Faire son compost, c'est bon pour son potager et pour l'environnement.

vie au sol. En plus de valoriser les déchets de jardin, le compostage domestique permet de réduire de façon importante les autres «déchets» que sont les résidus organiques de cuisine, les feuilles, les résidus de taille des arbustes, etc. En fait, les matières organiques compostables constituent au minimum 40% de notre sac à ordures. En les compostant à la maison, on pose vraiment un geste concret pour la protection de l'environnement en évitant de transporter ces matières (pensez à l'essence utilisée et aux GES produits) et en les détournant des incinérateurs et des lieux d'enfouissement où ces matières causent des dommages environnementaux importants. Sachez que même si votre municipalité offre la collecte des matières putrescibles (une alternative intéressante pour ceux qui habitent en multilogements), cela nécessitera de l'essence et de l'énergie pour transporter et valoriser ces matières ailleurs. Et rien ne vous garantit que vous aurez la possibilité de profiter du produit. Si c'est le cas, il devra faire le chemin inverse jusqu'à votre domicile, une fois le cycle complété avec toutes les conséquences que cela implique. C'est pourquoi la meilleure option pour protéger l'environnement demeure le compostage domestique. D'ailleurs, en matière de protection de l'environnement, c'est toujours le cycle le plus court qui est le plus avantageux. On produit des déchets chez nous et on les gère chez nous!

Le compostage domestique est aussi avantageux pour votre portefeuille puisque les intrants (vos déchets) sont gratuits. Et pour ce qui est du composteur, vous pourrez peut-être le fabriquer vous-même à l'aide de matériaux récupérés ou encore profiter du programme de subvention que certaines municipalités offrent. Informez-vous.

Le compostage domestique permet aussi d'avoir le contrôle sur la qualité du produit fini, puisque c'est vous qui décidez des intrants et de la marche à suivre. On ne peut pas en dire autant de certains composts. Personnellement, je ne serai pas la première à faire la file pour acquérir du compost qui serait produit à partir des matières organiques municipales. J'aime bien connaître le contenu de la nourriture que je donne à mon potager (comme je le fais pour ma nourriture) et rien ne me garantit que des matières suspectes (piles, plastiques, etc.) ne se retrouveront pas dans des bacs de collecte de matières putrescibles puisque je n'ai pas de contrôle sur ce que mes concitoyens pourraient y mettre.

Si vous habitez dans un immeuble multifamilial et que vous n'avez pas la possibilité de faire du compostage domestique, pensez à des alternatives telles que le compostage communautaire ou le lombricompostage. Autrement, si la collecte des matières putrescibles est implantée dans votre municipalité, profitez-en. Mais surtout, cessez de mettre à la poubelle des matières qui ont de la valeur.

Mais si, comme moi, vos surfaces de culture s'agrandissent de plus en plus ou si vous n'avez vraiment pas la possibilité de faire votre compost, vous devrez faire l'acquisition de compost commercial. Quelques conseils s'imposent :

- Achetez vos composts dans des endroits spécialisés tels que les jardineries.
- Ne lésinez pas sur la qualité… qui va souvent avec le coût.
- Lisez l'étiquette des composts vendus en sacs et recherchez les ingrédients avec lesquels ils ont été faits. Recherchez des ingrédients naturels tels que fumier, feuilles, copeaux de bois, tourbe, résidus de crevettes, algues, chaux. Dans le doute ou, pire encore, si les ingrédients ne sont pas indiqués, abstenez-vous.
- Demandez les fiches techniques des composts vendus en vrac.
- Au besoin, demandez à manipuler et à sentir le compost. Ce dernier ne devrait dégager aucune odeur repoussante.

Pour tout savoir sur le compost : les matériaux à composter, les composteurs, les méthodes de compostage, l'utilisation, l'achat, consultez *Tout sur le compost* (Michaud, 2007).

Les engrais verts

Les engrais verts sont des amendements organiques. En réalité, ce sont des plantes qui sont cultivées et enfouies alors qu'elles sont encore fraîches. La culture des engrais verts est habituellement pratiquée dans le but de :

- préparer le sol à recevoir une culture qui n'apprécie pas la compétition des plantes adventices ;
- régénérer le sol dans un programme de rotation au potager ;
- produire de la matière organique lorsque la fabrication du compost n'est pas suffisante ;
- éviter de laisser un sol à nu.

Les bienfaits des engrais verts sont nombreux. Ils permettent de :

- protéger les sols dénudés de l'érosion par le vent et la pluie ;
- contrôler l'envahissement par les plantes adventices ;
- apporter de la matière organique au sol ;
- améliorer la structure du sol (les sols argileux seront plus allégés alors que les sols sableux retiendront davantage l'eau) ;
- puiser des éléments minéraux en profondeur pour ainsi les rendre disponibles en surface pour les cultures suivantes ;
- stimuler l'activité biologique du sol ;
- offrir un effet d'assainissement en détruisant des plantes adventices, des œufs ou des larves d'insectes nuisibles ;
- minimiser le lessivage des éléments minéraux, particulièrement à l'automne.

Le sarrasin est cultivé comme engrais vert.

Les plantes qui sont le plus souvent utilisées comme engrais verts sont :

– le sarrasin, une plante de la famille des Polygonacées, qui a été largement utilisée par nos aïeux. Comme il est sensible au gel, il doit être semé au printemps lorsque les dangers de gel sont passés (1 kg/100 m^2) ;

– le seigle d'automne, une céréale qui est très rustique. Le seigle peut se semer au printemps, à l'été ou à l'automne, mais c'est comme engrais vert d'automne qu'il apporte le plus de bénéfice. Il doit alors être semé entre le 20 août et le 10 septembre (1 à 2 kg/100 m^2). Le seigle est très difficile à enfouir à la main;

- l'avoine, une céréale très rustique qui peut être semée au printemps ou à la fin de l'été (1 à 2 kg/100 m^2);
- l'orge, une céréale qui préfère les sols argileux et qui tolère mal l'acidité (1 à 2 kg/100 m^2);
- des plantes de la famille des Fabacées telles que la féverole, la luzerne et le trèfle. Celles-ci ont l'avantage de contribuer à fixer l'azote de l'air par l'action des bactéries fixatrices d'azote qui vivent en symbiose avec leurs racines.

Les engrais verts sont parfois cultivés durant une année complète, mais ils peuvent également être utilisés avant ou après une culture principale ou encore en association avec cette dernière. C'est ce qu'on appelle l'engrais vert dérobé. Ainsi, au printemps, l'engrais vert dérobé peut être semé avant ou après la culture principale de vos plantes légumières telles que tomates, maïs, etc. Dès que le sol peut être travaillé, recouvrez préalablement les emplacements des futures cultures d'un seau retourné ou d'un carton, puis procédez au semis de l'engrais vert sur la surface de la planche. Le moment venu, vous pourrez procéder à la plantation de vos cultures principales en conservant l'engrais vert en place. Autrement, procédez à la plantation de vos cultures principales et lorsque celles-ci auront atteint une vingtaine de centimètres, vous pourrez semer l'engrais vert autour. Dans les deux cas, l'engrais vert devra être coupé en cours de saison s'il risque de nuire ou d'étouffer la culture principale. Par ailleurs, un engrais vert, tel que l'orge ou l'avoine, pourra être semé en milieu d'été dans la planche rendue libre après la récolte de l'ail ou même entre les autres légumes en place.

Les engrais naturels, un choix incontestable

Les engrais naturels sont des engrais dont les matières premières de sources entièrement naturelles n'ont subi aucune transformation chimique, mais le plus souvent des traitements mécaniques ou physiques. Par opposition, les engrais chimiques (ou de synthèse) sont fabriqués à partir de matières premières naturelles qui ont subi des transformations chimiques dont résultent des sels solubles.

Le mode d'absorption des engrais naturels est différent de celui des engrais de synthèse. Les engrais naturels doivent la plupart du temps être transformés par la faune du sol pour ensuite être absorbés par la plante. On recrée en quelque sorte le processus d'absorption naturel tout comme cela se fait dans un sol non cultivé comme le sol des forêts. Quant aux engrais de synthèse, ils contiennent des éléments minéraux solubles qui ont la possibilité d'être absorbés la plupart du temps directement par la plante. C'est ce que j'appelle de l'alimentation « intraveineuse ».

Assortiment d'engrais naturels.

Les engrais naturels, lorsqu'ils sont utilisés adéquatement, améliorent ou maintiennent la santé du sol en intervenant sur ses qualités physiques, chimiques et biologiques. Mais c'est loin d'être le cas pour les engrais de synthèse, car ces derniers peuvent contribuer à acidifier, alcaliniser ou augmenter la salinité du sol, rendant celui-ci moins favorable à la vie des micro-organismes et des vers de terre.

La vitalité d'un sol qui est cultivé à l'aide des engrais naturels se répercute sur les plantes qui, elles-mêmes, seront davantage en santé. Et c'est bien connu, des plantes en santé nécessitent moins le recours aux pesticides. Dans le cas des engrais de synthèse, c'est loin d'être le cas. En fait, puisque les éléments minéraux des engrais de synthèse sont la plupart du temps absorbés directement par la plante, celle-ci risque d'en retenir de trop fortes quantités et d'être déséquilibrée, ce qui la rend plus vulnérable aux ravageurs. Par exemple, on a déjà prouvé le lien entre l'accroissement de la reproduction de pucerons et une surfertilisation en azote, un phénomène qui est plus rare en jardinage écologique.

Les effets négatifs de l'utilisation des engrais naturels sur l'environnement sont réduits, car la plupart sont peu ou pas solubles. De plus, la production de ces engrais est rarement très énergivore et plusieurs sont fabriqués à partir de matières récupérées (fumier, algues, etc.). Cela n'est pas le cas des engrais de synthèse dont la production est souvent très énergivore et polluante. Par exemple, les engrais azotés sont synthétisés à partir de l'air, mais grâce à une source d'énergie coûteuse (gaz naturel, charbon, électricité). Quant à l'utilisation des engrais de synthèse, elle risque davantage de polluer le sol et l'air et l'eau.

Les engrais naturels commerciaux

Les engrais naturels commerciaux sont fabriqués à partir de matières premières (ou ingrédients) de source organique ou de source minérale. Certains ne contiennent qu'un seul ingrédient, alors que d'autres en sont constitués de deux ou plus. Certains sont tout usage alors que d'autres sont formulés pour répondre aux besoins spécifiques d'un groupe de plantes.

L'ÉCOBLANCHIMENT : CE N'EST PAS PARCE QUE C'EST VERT… QUE C'EST VERT !

L'écoblanchiment, appelé aussi le blanchiment écologique ou le blanchiment vert vient du terme anglais « greenwashing ». Il s'agit d'un procédé de marketing utilisé par une entreprise pour faire croire aux acheteurs que son produit est vert, c'est-à-dire qu'il respecte l'environnement, alors que dans les faits, il n'y a parfois que la couleur de l'emballage du produit qui soit verte.

Les engrais naturels sont de plus en plus populaires et fort heureusement plus disponibles qu'ils ne l'étaient il y a une dizaine d'années. Mais il y a « engrais naturels » et « engrais naturels ». Encore faut-il s'y retrouver et ne pas être victime d'un certain écoblanchiment (encadré). Le fait que le nom d'un produit contienne les termes « écologique », « vert » n'est aucunement le gage qu'il s'agit vraiment d'un produit naturel. De plus, prenez garde à l'indication « en base organique ». Ces engrais peuvent ne contenir que 15 % d'engrais organique, le reste étant constitué d'engrais de synthèse.

Lorsque vous achetez des engrais naturels, ne vous arrêtez pas à son nom commercial ou à l'allure « verte » de son emballage. Recherchez les informations suivantes :

- les termes « engrais naturels » ou engrais faits d'ingrédients totalement naturels ;
- la liste des matières premières ;
- si possible, le logo d'un organisme de certification (ex. : OMRI, Garantie bio) qui atteste que ce produit est autorisé pour l'agriculture bio.

Enfin, privilégiez les entreprises locales ou régionales qui se spécialisent dans la vente d'engrais naturels. Voici quelques entreprises québécoises : Acadie (Distrival), Actisol, Fafard, McInnes, Myke.

Dans les tableaux 13 et 14, vous trouverez des informations sur les matières premières (organiques et minérales) qui sont susceptibles d'entrer dans la fabrication des engrais naturels.

TABLEAU 13
LES MATIÈRES PREMIÈRES DE SOURCE ORGANIQUE

Matière première	Remarque
Algues liquides et farines d'algues à diluer	Bonne source de potassium et d'oligo-éléments Intéressant en fertilisation au sol pour minimiser le choc de transplantation Autrement, à utiliser en fertilisation foliaire Aurait également des propriétés antiparasitaires Attention : certains engrais liquides « à base » d'algues ne sont pas totalement naturels
Farine d'os (encadré)	Source de phosphore Coût élevé Sous forme de granules ou de poudre Doit être bien mélangée à la terre
Farine de viande et d'os (encadré)	Bonne teneur en azote Coût moins élevé que la farine d'os
Farine de sang (encadré)	Très riche en azote = danger de brûlure Appliquer deux semaines avant le semis Dispendieux
Farine de plumes	Prix plus abordable Fertilisation à grande échelle Très riche en azote = danger de brûlure Appliquer deux semaines avant le semis
Farine de crevettes et de crabe	Assez riche en azote et en phosphore Bonne alternative aux farines animales
Farine et émulsion de poisson	Éléments minéraux variables selon le produit Permet de corriger rapidement des carences (attention : engrais soluble) Intéressant lors de la transplantation Attention : plusieurs émulsions à base de poisson ne sont pas totalement naturelles
Fumier déshydraté	Fumier de poulet sous forme granulaire Bon apport de matières organiques
Engrais lacto-fermenté	Dérivé du lait Utilisé en application foliaire Source de potassium C'est aussi un biostimulant qui offre une protection contre les maladies et les ravageurs des plantes

TABLEAU 14

LES MATIÈRES PREMIÈRES DE SOURCE MINÉRALE	
Matière première	**Remarque**
Phosphate de roche	Riche en phosphore Contient également du calcium qui lui confère des propriétés alcalinisantes
Basalte	Riche en potassium
Mica	Riche en potassium et en magnésium
Sul-Po-Mag	Apport de potassium soluble : son utilisation est controversée en culture écologique Contient du soufre et du magnésium Souvent utilisé pour la culture en serre et la culture des arbres fruitiers

Les produits commerciaux contenant des mycorhizes

Les produits commerciaux contenants des mycorhizes (il est plus juste de parler de champignons mycorhiziens) ne sont pas à proprement parler des engrais, mais plutôt des suppléments de croissance. Une mycorhize est le résultat de l'association symbiotique entre des champignons microscopiques (les champignons mycorhiziens) et les racines des plantes. Le mycélium (encadré) du champignon sert d'extension aux racines de la plante, ce qui permet à celle-ci d'absorber de l'eau et des éléments minéraux qu'elle n'aurait pu atteindre sans cette association. De plus, la présence de champignons mycorhiziens confère à la plante une meilleure résistance à la sécheresse et aux maladies. En échange, le champignon reçoit de la plante les sucres nécessaires à sa survie. Les champignons mycorhiziens se trouvent naturellement dans le sol, mais il y a de plus en plus de produits commerciaux qui en contiennent. Bien que les champignons mycorhiziens puissent apporter de nombreux bénéfices lorsqu'ils sont utilisés dans un sol relativement pauvre ou dans le cas de la culture en contenant, ils ne sont pas toujours justifiés dans le cas d'un sol bien pourvu en éléments minéraux.

Les sous-produits de l'abattage des animaux tels que la farine de sang, de viande et d'os devraient être utilisés avec circonspection. À cause du risque potentiel de contamination de la chaîne alimentaire qui a été révélé lors de l'avènement de la maladie de la vache folle, ces produits devraient même être évités au potager. Optez plutôt pour le phosphate de roche en remplacement de la farine d'os et pour les farines de crevettes et de crabe à la place des farines de sang et de plume.

Voici ce qu'il faut savoir au sujet des produits contenant des champignons mycorhiziens :

- Pour être efficace, l'inoculum doit être en contact direct avec les racines.
- Pour en prolonger la durée de vie, vous avez intérêt à conserver ce produit dans une pièce dont la température sera fraîche, et même dans le réfrigérateur. Mais évitez le cabanon ou le garage, où le produit risque de geler. Surveillez la date de péremption et ne stockez pas ces produits pendant de longues périodes.

Le mycélium est la partie végétative des champignons. Il est composé d'un ensemble de filaments, plus ou moins ramifiés, nommés « hyphes » que l'on trouve dans le sol. Ce que nous appelons généralement un champignon est la partie reproductrice (le chapeau) qui produit les spores.

- Certaines familles de plantes ne bénéficient pas de l'apport de champignons mycorhiziens commerciaux. C'est le cas de la famille des choux, les Brassicacées, et de la famille des Chénopodiacées dont font partie la betterave, la bette à carde et l'épinard.
- Les engrais de synthèse à forte teneur en phosphore de type transplanteur sont nocifs pour les champignons mycorhiziens.
- Même si les champignons mycorhiziens sont vendus pour différents usages, les vivaces, les plantes d'intérieur, les bulbes, les annuelles ou les plantes légumières, il s'agit la plupart du temps du même champignon, soit le *Glomerus intraradices*. Il y a une seule exception cependant, le produit pour arbres et arbustes contient en plus d'autres champignons. Vous pourrez donc acheter un seul produit dont vous vous servirez pour la majorité de vos plantes.

Les engrais naturels artisanaux

Si vous avez le goût d'exercer vos talents de cuisinier au profit de vos plantes, sachez que vous pouvez fabriquer vos propres engrais naturels en extrayant les éléments minéraux de produits qui sont facilement disponibles, soit le compost et certaines plantes. Ces engrais sont intéressants en milieu de saison pour stimuler la croissance des légumes exigeants. Attention, ces engrais sont solubles, il ne faut pas en abuser !

Les thés de compost

Les thés de compost (ou extraits de compost) sont le résultat de la macération du compost dans l'eau durant une certaine période dans le but d'en extraire les éléments minéraux solubles. Il existe deux sortes de thés de compost : les thés de compost non oxygénés et les thés de compost oxygénés.

Le thé de compost non oxygéné, appelé aussi purin de compost, est relativement simple à fabriquer. Il s'agit de faire macérer une partie de compost dans deux parties d'eau durant deux à trois jours. Au cours de cette période, on mélange quotidiennement, mais on conserve le couvercle entre les brassages. Finalement, on transfère l'extrait obtenu dans un arrosoir et on en arrose la base des plantes.

Le thé de compost oxygéné est comme son nom l'indique une macération de compost en condition aérobie. En plus de sa valeur fertilisante, le thé de compost oxygéné a des propriétés phytosanitaires. Pour fabriquer un tel extrait, il faut utiliser un système qui produit de l'air. De tels systèmes existent sur le marché, mais vous pourrez fabriquer le vôtre en utilisant une pompe d'aquarium. Pour tout savoir sur la fabrication du thé de compost oxygéné, consultez le chapitre *Le thé de compost: à la santé de vos plantes* de mon livre *Tout sur le compost.*

Les extraits de plantes: « Des plantes au service des plantes »

Les extraits de plantes sont les produits d'une infusion, d'une décoction ou d'une macération de plantes dont le but est d'en extraire les principes solubles. Ils contiennent des quantités relativement variables en azote, phosphore et potassium, de même que des oligo-éléments, des phytohormones, des vitamines et d'autres principes actifs. Quoique certains extraits aient de nombreuses propriétés, dans ce chapitre nous traiterons principalement des propriétés fertilisantes des extraits. Cependant, dans la section *Les produits artisanaux* du chapitre 5 *Les dommages* il sera question d'extraits de plantes qui ont des qualités antifongiques, insecticides ou insectifuges variables.

Édith Smeesters

Un extrait de consoude.

Les extraits fermentés sont obtenus à partir d'une macération de plantes dans l'eau. De cette dernière, qu'on appelle aussi une infusion à froid, en résulte l'extrait nommé purin de plantes. Selon certains auteurs (Bertrand *et al.*), il vaut mieux bannir le terme purin qui donne une image péjorative des extraits. Je suis plutôt d'accord… si vous suivez les principales consignes de préparation. Autrement, vos extraits risquent de perpétuer cette image nauséabonde associée aux purins animaux.

Plusieurs plantes peuvent servir à la fabrication d'extraits de plantes fermentées, mais les classiques demeurent l'ortie, la consoude, la fougère, le pissenlit et la bardane. On utilise de préférence des plantes fraîches, mais les plantes séchées permettent d'atteindre les mêmes résultats. Vous pourrez passer à l'action si la température est d'au moins 16 °C.

Pour fabriquer des extraits de plantes fermentées, vous aurez besoin de :

- 1 kg de plantes fraîches (ou 200 g de plantes séchées). Cueillez les plantes au cours d'une journée chaude et sèche, en fin de matinée de préférence. Recherchez les lieux retirés, sauvages, loin de la pollution des usines, des mines, des routes principales et des champs cultivés de façon conventionnelle. Ou mieux encore, cultivez-les chez vous ;
- 10 litres d'eau. Utilisez l'eau de pluie ou à défaut, l'eau du robinet que vous aurez laissé reposer durant un à deux jours afin que le chlore s'évapore ;
- un seau de plastique de 15 à 20 litres.

Procédez de la façon suivante :

- Coupez les plantes à l'aide d'un sécateur ou d'une cisaille.
- Déposez les plantes dans le seau, ajoutez l'eau et brassez le tout.
- Déposez un couvercle non étanche sur le seau.
- Laissez macérer durant 7 à 14 jours en brassant au moins une fois par jour durant plusieurs minutes.
- Surveillez la présence de l'écume (un tapis de petites bulles homogènes) qui se formera à la surface de l'extrait. Lorsque celle-ci ne sera plus présente, vous disposerez de deux jours au maximum pour utiliser votre extrait, sans quoi il entrera en phase de putréfaction.
- Filtrer le tout à l'aide d'un tamis fin, un coton à fromage (étamine) ou une vieille taie d'oreiller.
- Diluer 1/10 pour l'utilisation au sol (une partie d'extrait pour 9 parties d'eau) ou 1/20 pour l'utilisation en pulvérisation foliaire.

> Les extraits fermentés ont avantage à être utilisés en pulvérisation foliaire. Pour favoriser leur adhésion au feuillage, on peut ajouter 1 ml (1/4 de c. à thé) de savon insecticide par litre d'extrait dilué.

> **L'EXTRAIT D'ORTIE, UN CLASSIQUE**
>
> L'ortie contient beaucoup d'azote, un peu de phosphore, du calcium, de la silice et beaucoup de fer. L'extrait d'ortie stimule la croissance des végétaux, renforce leur système de défense naturelle, corrige les carences minérales, fait fuir les pucerons, les acariens et les limaces.

Les extraits fermentés qui n'ont pas été utilisés peuvent être conservés durant quelques jours dans un endroit frais. Mais si vous craignez les odeurs, ajoutez plutôt ces extraits au compost.

L'utilisation des engrais naturels : pourquoi, quand, comment ?

Comme nous l'avons vu précédemment, l'utilisation du compost est à la base de la fertilisation d'un jardin écologique. C'est la nourriture principale du sol. Les engrais agissent comme suppléments lorsque c'est nécessaire. Mais quand est-ce nécessaire d'utiliser des engrais justement? Et le compost, peut-il répondre à lui seul à tous les besoins d'un sol auquel on demande des performances exceptionnelles? Je répondrai à cette dernière question : cela dépend de la qualité du compost, de la fertilité naturelle du sol, de l'exigence des plantes que vous cultivez et de vos propres exigences. Par exemple, si vous cultivez sur un sol qui est déjà relativement fertile et que vous utilisez un compost qui comporte une valeur fertilisante élevée (c'est le cas de certains composts de fumier), il est probable que l'ajout d'engrais ne soit pas absolument nécessaire. Mais ce n'est pas souvent le cas. De plus, certaines plantes légumières sont passablement voraces. Enfin, si vous cultivez en contenant, la valeur fertilisante du terreau diminuera au cours de l'été. Finalement, vous devrez vous servir de votre jugement une fois de plus. Mais si cela peut vous aider, voici ce que je fais habituellement pour combler les besoins de mon potager. Au début de la saison, j'utilise mon compost domestique ainsi que du compost commercial de fumier (je réserve ce dernier pour les plantes les plus exigeantes). Lors de la transplantation des légumes, j'ajoute un engrais riche en phosphore ou un supplément de champignons mycorhiziens et j'arrose les jeunes plantes avec un engrais d'algue. En milieu de saison, lorsque les plantes donnent leur plein rendement, j'utilise des engrais naturels liquides (algues ou extraits de compost ou de plantes) en pulvérisation foliaire sur les plantes exigeantes aux deux semaines. Pour ce qui concerne les plantes en pots, en début de saison, j'ajoute des engrais naturels granulaires au terreau qui contient déjà du compost. Et en cours de saison, je procède de la même façon qu'au potager.

Les travaux au potager

Que vous soyez débutant ou expérimenté, que vous cultiviez en pleine terre ou dans des pots, vous profiterez des conseils généraux qui suivent concernant les différents travaux. De l'information précisant les soins pour chaque légume vous sera présentée dans le chapitre qui suit.

Les semis extérieurs

Quel plaisir de passer à l'étape des premiers semis après les travaux lourds du printemps (préparation du sol, ajout de compost, etc.)! Dans le prochain chapitre, vous trouverez tous les détails concernant les légumes qu'il est possible de semer en pleine terre. Les semis extérieurs sont habituellement effectués selon deux méthodes, soit le semis en ligne ou le semis en poquets. Mais avant toute chose, assurez-vous d'avoir entre les mains le matériel suivant :

- votre plan de jardin ;
- vos sachets de semences (encadré) ;
- quelques outils : râteau, truelle ;
- des étiquettes de plastique ou de bois ;
- des petits piquets et de la corde ;
- un ruban à mesurer ;
- un crayon de plomb ou un marqueur à l'encre indélébile et résistant aux rayons UV.

La technique du semis en ligne est utilisée pour plusieurs légumes tels que les carottes, les betteraves, les laitues. Elle consiste à déposer les semences au fond d'un sillon plus ou moins profond selon la dimension de la graine. De façon générale, la profondeur du sillon doit correspondre au double du diamètre de la graine. Indiquez d'abord l'emplacement à l'aide d'une corde tendue entre deux piquets et tracez un sillon le long de la corde en utilisant la truelle, la binette ou

LES SEMENCES

Pour éviter les déceptions, utilisez des semences fraîches ou des semences qui ont été adéquatement conservées. Au besoin, effectuez un test de germination. Ouvrez nettement les sachets de semences en utilisant des ciseaux. Vous pourrez les refermer ensuite à l'aide d'un trombone. Certaines semences bénéficient d'un trempage dans l'eau tiède 24 heures précédant le semis. C'est le cas pour les semences de grosses dimensions, par exemple celles du haricot, du pois et du maïs.

La profondeur des semis doit correspondre au double du diamètre de la semence.

la main. Une méthode plus rapide consiste à coucher un râteau sur le sol et en faire glisser le manche horizontalement. Distribuez les plus grosses graines à la main en tenant compte de l'espacement suggéré pour chacune des plantes. Pour les plus petites graines, tenez le sachet de façon à former un bec et tapotez-le légèrement pour faire tomber les graines progressivement tout en vous déplaçant le long du sillon. Au besoin, utiliser un semoir. Vous avez tout avantage à prendre votre temps pour effectuer le semis des petites graines puisqu'ainsi vous minimiserez la corvée fastidieuse de l'éclaircissage.

Le semis en poquets est approprié pour les légumes tels que les concombres, les melons, les courges, les haricots grimpants, etc. Il consiste à semer les graines par groupe de deux à quatre dans des trous plus ou moins espacés selon les plantes.

Une fois les semences déposées dans le sillon ou le trou, recouvrez-les de sol et plombez les semis, c'est-à-dire appuyez légèrement sur le semis avec la main, la binette ou le râteau. Cela permet aux semences d'entrer en contact avec le sol. Arrosez délicatement sans tarder et, si vous le jugez nécessaire, recouvrez les jeunes semis d'une toile flottante (encadré) jusqu'à la levée.

LA TOILE FLOTTANTE

La toile flottante, appelée aussi couverture flottante ou voile horticole, est une toile géotextile blanche semi-transparente très légère qui a différentes fonctions dans la culture des légumes. On peut s'en servir pour protéger les légumes d'un léger gel, du soleil ardent ou de certains ravageurs. Dans le cas qui nous intéresse, il est parfois utile de couvrir les jeunes semis d'une toile flottante jusqu'à la levée des premières pousses. Ainsi, les jeunes semis seront protégés de l'assaut des chats errants qui prennent parfois le potager pour leur litière. C'est aussi une excellente façon de minimiser la perte d'eau par évaporation et ainsi de maintenir les jeunes semis constamment humides.

La toile ou couverture flottante.

Une toile flottante sur des jeunes semis.

L'éclaircissage

L'éclaircissage a pour but de laisser suffisamment d'espace entre chacun des plants pour que ceux-ci puissent se développer pleinement. Il s'effectue lorsque les jeunes plants atteignent 3 à 4 cm de hauteur. On peut repiquer certaines plantules telles que les betteraves, les épinards et les laitues. Mais la plupart des plantules peuvent être consommées dans les salades.

Édith Smeesters

Les jeunes plantes doivent être éclaircies.

La transplantation

Parce que nos saisons de croissance sont souvent trop courtes, plusieurs plantes légumières doivent d'abord être démarrées à l'intérieur avant d'être transplantées au jardin ou en pot à l'extérieur. La transplantation demeure une intervention délicate qui risque de stresser énormément vos plants au point d'en ralentir la croissance dans les prochains jours.

Si vous n'avez pas démarré vos semis de tomates, poivrons, aubergines, etc. à l'intérieur, vous devrez vous procurer des plants dans une jardinerie ou mieux chez un producteur bio. Les plants qui proviennent directement d'une serre

ou de la maison doivent être acclimatés progressivement aux conditions extérieures. Si vous n'avez pas de petite serre ou de couche (nous reviendrons sur ce sujet) commencez à acclimater les plants au moins une semaine avant leur transplantation. Pour ce, sortez les plants le jour et rentrez-les le soir venu. Pour éviter les coups de soleil et l'assèchement, installez les plants d'abord à l'ombre et à l'abri du vent puis amenez-les progressivement dans les conditions normales. Laissez les plants à l'extérieur les deux ou trois dernières nuits avant la transplantation.

Une fois le jour J venu, voici comment procéder :

- Arrosez les jeunes plants. Ils seront ainsi plus faciles à sortir du pot et vous minimisez le bris des racines.
- Creusez un trou légèrement plus gros que la motte avec la main ou la truelle.
- Pour la culture en pleine terre des légumes exigeants (vous saurez tout à ce sujet dans le prochain chapitre), ajoutez une à deux tasses de compost (selon la grosseur du plant) directement dans le trou. Au choix, ajoutez un engrais naturel riche en phosphore ou des champignons mycorhiziens.
- Déposez délicatement la motte de racines en conservant le collet au niveau du sol ou plus profondément pour certains plants (tomates).
- Remplissez les espaces libres de sol.
- Appuyez légèrement sur le sol au pourtour du plant et formez une cuvette autour de celui-ci afin de retenir l'eau d'arrosage.
- Au besoin, installez un tuteur.
- Arrosez le sol à l'eau tiède additionnée d'un engrais d'algues. Cela contribue à minimiser le choc de la transplantation.

Transplantation.

La gestion de l'eau

L'eau est essentielle à la vie des plantes. En fait, elle est indispensable à toutes les formes de vie incluant les humains. L'eau est une richesse collective qui doit être partagée. Au Québec, on croit souvent, à tort, que l'on vit dans un pays où l'eau douce est abondante et qu'on peut l'utiliser sans compter. En réalité, l'utilisation abusive de l'eau a de graves conséquences écologiques et économiques. Plus nous consommons de l'eau potable, plus la quantité d'énergie et de produits qui doivent être utilisés pour traiter l'eau prélevée et dans certains cas pour assainir l'eau utilisée (l'eau qui retourne dans l'égout) est grande. De plus, nous perturbons l'équilibre naturel des milieux aquatiques. La qualité des cours d'eau, des lacs et des rivières qui nous entourent est directement reliée à la quantité d'eau que nous consommons. Les Québécois sont parmi les champions utilisateurs d'eau (après les Américains) avec 424 litres par personne par jour. Et cette consommation peut doubler en période estivale à cause de l'arrosage excessif. Pour toutes ces raisons, vous avez tout intérêt à adopter de bonnes pratiques pour protéger ce formidable «or bleu» qu'est l'eau.

Nous avons vu précédemment plusieurs pratiques qui ont comme avantage de conserver ou de maximiser l'eau au jardin. Ce sont l'utilisation du compost et des paillis (nous y reviendrons) ainsi que l'utilisation de contenants à réserve d'eau. Voyons maintenant comment vous pourrez utiliser l'eau écologiquement tout en répondant aux besoins de vos plantes.

- Arrosez moins souvent, mais en plus grande quantité. Cela permettra aux racines de se développer davantage, ce qui aura comme avantage de rendre la plante plus autonome. Ainsi, en période de canicule ou si vous devez vous absenter durant plusieurs jours, la plante aura de la facilité à puiser l'eau profondément dans le sol.
- Arrosez de préférence le matin sinon en fin d'après-midi. Évitez d'arroser entre 10 heures et 16 heures, car cela pourrait occasionner des brûlures aux plants en plus de déranger les insectes pollinisateurs. De plus, une grande quantité d'eau sera perdue par évaporation.

Arrosez directement le sol et non les plantes.

- Évitez les arrosages en fin de soirée, et ce, particulièrement si vous utilisez un arroseur oscillant, car le feuillage qui reste humide durant plusieurs heures est vulnérable aux maladies.
- Portez une attention spéciale à l'arrosage après les semis et les transplantations. À ce moment, il est primordial que le sol demeure humide durant 10 à 14 jours. Par la suite, la gestion de l'eau devra se faire en fonction de l'exigence des plantes, du type de sol et des conditions climatiques.
- Une fois les plants établis, éviter l'arrosage par aspersion; arroser plutôt les plants directement à la base.
- Respectez la réglementation de votre municipalité.
- Installez un baril de récupération de l'eau de pluie de vos gouttières. Ainsi, vous économiserez l'eau potable et vos plantes profiteront d'une eau à température ambiante qui, de surcroît, ne contient pas de chlore contrairement à l'eau du robinet. Il existe de nombreux modèles de barils de récupération de l'eau sur le marché, mais vous pourrez faire comme moi et fabriquer votre propre baril pour quelques dollars. Tentez d'abord de dénicher un baril qui a servi pour usage alimentaire (voir *Ressources*). Faites un trou dans le couvercle et couvrez celui-ci de moustiquaire. Installez un robinet à la base et un trop-plein dans le haut du baril. Finalement, coupez votre gouttière (conservez cette section que vous réinstallerez à l'arrivée de l'hiver), puis placez votre baril sur un socle assez haut pour pouvoir placer un arrosoir en dessous.

Baril de récupération de l'eau.

- En plus du baril de récupération de l'eau, voici le matériel qui pourra vous être utile:
  - l'indispensable arrosoir manuel;
  - des tuyaux suintants (micro-poreux) ou un système goutte à goutte. Très utile pour les plantes légumières exigeantes en eau. Une minuterie devrait compléter le système;

- un arroseur oscillant. Utile seulement au semis et/ou pour les très grands jardins (perte d'eau par évaporation);
- un tuyau muni d'une lance d'arrosage (facilite l'arrosage à la base);
- des bouteilles de plastique perforées installées à la base des plantes. C'est une méthode économique qui peut être utile pour quelques plants.

Les tuyaux suintants sont utiles pour les plantes exigeantes en eau.

L'utilisation de paillis organique

Au début de ce chapitre, alors qu'il était question de l'importance de bien prendre soin du sol, je vous avais indiqué qu'il faut éviter autant que possible de le laisser à nu. Une des bonnes façons pour y parvenir est d'utiliser les paillis organiques. Personnellement, je peux difficilement entrevoir cultiver des plantes qui sont exigeantes en eau comme les tomates sans paillis à la base. Voici pourquoi:

- Le paillis permet de réduire les pertes d'eau par évaporation.
- Le paillis limite l'envahissement par les adventices.
- Le paillis contribue à enrichir le sol en matière organique en se décomposant.
- Le paillis élimine le besoin de binage qui est parfois fatal pour les plantes aux racines sensibles comme le concombre.
- Le paillis modère les écarts de température et d'humidité, ce qui est favorable pour la faune du sol (vers de terre et micro-organismes) et minimise le problème de pourriture apicale de la tomate qui est encouragé par une irrégularité de la disponibilité de l'eau.
- Le paillis minimise les problèmes de maladies fongiques qui sont favorisées par la pluie. Lorsque le sol n'est pas recouvert de paillis, la pluie tombe au sol et rebondit sur le plant entraînant avec elle certains micro-organismes responsables des maladies fongiques. Lorsque le sol est recouvert de paillis, la pluie pénètre au travers du paillis.

- Le paillis évite les problèmes de battance (encadré).
- Le paillis garde les légumes propres et secs.
- Le paillis disposé dans les allées permet de garder les pieds propres lorsqu'on se rend au jardin quelques minutes pour y cueillir des laitues.

LA BATTANCE

La battance est le caractère d'un sol qui tend à former une croûte en surface sous l'action de la pluie. Cette croûte empêche l'eau et l'air de s'infiltrer, ce qui nuit aux racines et à la faune du sol.

Les paillis particulièrement intéressants à utiliser à la base des plantes légumières sont :

- la paille. Certains ballots de paille contiennent des semences de blé, d'avoine ou d'orge selon la provenance. Pour éviter d'ensemencer vos planches de culture, secouer les sections de ballot de paille à l'extérieur du jardin sur une bâche de plastique avant de disposer la paille à la base des plantes ;
- les rognures de gazon. Utilisez de préférence les rognures du début de l'été. Plus tard, elles risquent de contenir des semences de gazon ;
- de feuilles déchiquetées (utilisez la tondeuse) ;

Paillis de paille.

Paillis de gazon coupé.

Paillis de feuilles déchiquetées.

Paillis de bois raméal fragmenté.

- le bois raméal fragmenté finement. À mon avis, un merveilleux paillis ;
- tout autre paillis organique à décomposition rapide ou moyenne.

Les allées de votre jardin ont également avantage à être couvertes de paillis. Pour cet usage, en plus des paillis cités précédemment, vous pourrez utiliser des paillis à décomposition lente, tels le paillis de cèdre, les copeaux de bois, etc. Pour un contrôle efficace des plantes adventices, il est possible de couvrir d'abord le sol des allées à l'aide de papier journal (encre noire) ou de carton.

Paillis de cèdre sur les allées.

Voici d'autres remarques au sujet des paillis :

- Installez le paillis lorsque le sol est bien réchauffé (après la plantation des légumes frileux).
- Avant d'installer le paillis autour des plantes, on doit s'assurer que le compost et les engrais ont été ajoutés au sol.
- Le paillis est recommandé pour la plupart des légumes-fruits (tomate, concombre, poivron, aubergine, etc.). Indispensable sur des sols sableux et lors d'étés très chauds et secs.

En remplacement des paillis organiques, vous serez peut-être tenté d'utiliser des paillis de plastique ou de papier noir biodégradable. Bien que ceux-ci aient l'avantage d'augmenter la chaleur du sol, ils ont aussi le défaut de ne pas laisser passer l'eau. Pour les plantes qui profitent d'un sol chaud tel que le poivron ou la patate sucrée, j'opte pour une toile géotextile noire que je réutilise chaque année.

Le sarclage (désherbage) et le binage

Le sarclage est l'opération qui a pour but de débarrasser le potager des plantes adventices. Il s'agit d'une opération particulièrement importante lorsque les plants sont jeunes. Mais encore faut-il différencier les plantes adventices et les jeunes plants cultivés. Dans le doute, informez-vous auprès de jardiniers expérimentés.

Le binage permet de briser et d'ameublir la couche superficielle autour des plantes cultivées par une action de faible profondeur. Le binage est effectué en même temps que le sarclage, idéalement aux 10 jours. On procédera au binage principalement autour des légumes-racines et des légumes-feuilles aux endroits qui ne sont pas recouverts de paillis. Le binage permet d'incorporer de l'air dans le sol, de détruire les jeunes pousses de plantes adventices ainsi que certains insectes nuisibles. De plus, le binage permet la rupture des canaux d'évaporation entre les couches profondes et la surface puisque ces derniers favorisent l'évaporation de l'eau contenue dans le sol. C'est de là que vient l'expression « Un binage vaut deux arrosages ».

Pour allonger la période de croissance ou protéger contre le gel

Certains légumes exigent une période de croissance relativement longue pour arriver à maturité. C'est le cas des melons, par exemple. Mais dans certaines régions, même les tomates n'arrivent pas à mûrir avant les risques de gel automnal. C'est pourquoi il peut s'avérer utile de se munir d'une couche froide (encadré), d'un mini-tunnel ou d'une petite serre pour allonger la période de croissance.

La période de semis ou de transplantation des légumes frileux (cucurbitacées, haricot, poivron, tomate, aubergine, céleri) se situe vers la date où les dangers de gel sont passés. Cependant, comme plusieurs de ces plantes sont très sensibles au froid, il faudra tout de même surveiller la météo dans les deux semaines suivant la transplantation et, s'il y a un risque de gel nocturne, couvrir les plants récemment transplantés à l'aide de l'un ou l'autre de ces articles :

- une toile flottante ;
- une couverture ;

COUCHE FROIDE

Une couche froide est très facile à fabriquer. Il s'agit d'une boîte de bois dont le devant est plus bas. Elle comporte un couvercle transparent en plastique ou en verre (voyez si vous pouvez récupérer une vieille fenêtre). En y ajoutant un fil chauffant (tel que le fil chauffant qui est vendu pour empêcher que la glace se forme sur les bords des toitures), la couche froide devient « une couche chaude ». La couche permet d'acclimater les plantes avant de les transplanter directement au jardin. Dans les régions plus froides, on peut également y planter directement les plantes frileuses.

Couche froide.

- des sacs de papier ;
- des bâches plastifiées ;
- des cloches de verre ou de plastique.

L'utilisation de supports

Pour plusieurs plantes légumières de grandes dimensions, l'utilisation de supports offre de nombreux avantages. Les supports permettent de :

- minimiser les dommages causés par les ravageurs et les maladies ;
- économiser de l'espace ;
- faciliter la taille et la récolte ;
- augmenter la production ;
- garder les légumes propres et secs.

Plusieurs tuteurs, installés en forme de toit, seront utiles pour faire grimper deux rangs de haricots.

Trois ou cinq tuteurs, placés en forme de tipi, pour faire grimper quelques plants de haricots.

Les supports sont indispensables pour certaines plantes.

Les supports devraient être installés le plus tôt possible après le semis ou la transplantation pour éviter de briser les racines. Dans tous les cas, ils doivent être suffisamment solides pour résister au poids des plantes à maturité.

Le choix du support sera adapté en fonction de la plante. Ainsi, on utilisera une cage métallique (on peut acheter ou fabriquer de telles cages) pour un plant de tomate à croissance déterminée. Alors qu'un tuteur unique sera préférable pour un plant de tomate à croissance indéterminée. À noter que plusieurs plants de tomates à croissance indéterminée placés côte à côte peuvent également bénéficier d'un système de corde suspendu par le haut. Si vous n'êtes pas familier avec ce vocabulaire, ne vous en faites pas ; vous apprendrez tous les secrets des tomates dans le prochain chapitre.

Les haricots grimpants et les pois pourront être soutenus par un système de tuteur et de cordes. Mais si vous cultivez sur le balcon, vous pourrez peut-être profiter de la présence d'une rampe.

Même si ce n'est pas indispensable, les concombres pourront profiter d'un support solide, tel un support de bois de style échelle.

Différents supports de bois dans un jardinet.

CHAPITRE 4

Les légumes

Du semis jusqu'à la récolte

Dans les pages suivantes, vous trouverez la fiche technique de culture pour 40 plantes légumières. Les fiches sont présentées dans l'ordre alphabétique des noms communs, de l'ail jusqu'au topinambour. Pour chacune d'elles, vous connaîtrez tous les secrets de la culture, à partir du semis jusqu'à la récolte. Les fiches techniques sont présentées de la façon suivante.

Nom latin

Où que vous soyez sur la planète, le nom latin demeure toujours la meilleure façon d'identifier une plante, car le nom commun peut différer selon le continent, le pays et même la région. Le nom latin est toujours écrit en italique. Le premier mot représente le genre et le deuxième, l'espèce. Le genre peut se comparer à votre nom de famille et l'espèce à votre prénom.

Par exemple, le nom latin de la tomate est *Lycopersicon esculentum*.

Nom anglais

Il vous sera utile de connaître le nom anglais des plantes légumières pour effectuer des commandes de semences auprès des fournisseurs anglophones.

Famille

Les plantes légumières qui appartiennent à la même famille ont des caractéristiques communes. De plus, elles sont souvent victimes des mêmes ravageurs et maladies. Vous trouverez dans le tableau qui suit les différentes familles auxquelles appartiennent les plantes légumières et leurs caractéristiques botaniques.

TABLEAU 15

LES FAMILLES DES PLANTES LÉGUMIÈRES		
Familles (ancien nom)	**Plantes légumières**	**Caractéristiques**
Aïzoacées	Tétragone	Ce sont des plantes succulentes qu'on pourrait prendre pour des cactacées Autres plantes : lithops (plantes cailloux)
Apiacées (Ombellifères)	Carotte Céleri Céleri-rave Panais	Tige souvent cannelée et creuse Inflorescences (groupe de fleurs) regroupées en ombelle Autres plantes : persil, coriandre, aneth, fenouil, etc.
Astéracées (Composées)	Artichaut Laitue Topinambour	Fleurs disposées en capitule (regroupement de minuscules fleurs serrées les unes aux autres) Autres plantes : tournesol, pissenlit, achillée, tanaisie, etc.
Brassicacées (Crucifères)	Brocoli Chou chinois Chou de Bruxelles Chou-fleur Chou kale Chou pommé Chou-rave Navet et rutabaga Radis Roquette	Fleurs constituées de 4 sépales et 4 pétales disposés en croix Autres plantes : aubrieta, bourse à pasteur, etc.
Chénopodiacées	Bette à carde Betterave Épinard	Fleurs rassemblées en panicule d'épis Autres plantes : chénopode, amaranthe, etc.
Convolvulacées	Patate douce	Fleurs : les pétales sont soudés entre eux Plusieurs plantes grimpantes ou rampantes Autres plantes : liseron, gloire du matin, etc.
Cucurbitacées	Concombre Courge d'été Courge d'hiver et citrouille Melon et cantaloup	Plusieurs ont des tiges rampantes et munies de vrilles Plantes monoïques : possèdent des fleurs mâles et des fleurs femelles sur le même plant Fleurs : le plus souvent jaunes avec les pétales soudés Autres plantes : concombre sauvage, gourde, etc.
Fabacées (Légumineuses)	Gourgane Haricot Pois	Feuilles ordinairement composées Fleurs papilionacées (ressemble à un papillon) Les racines de plusieurs plantes vivent en symbiose avec des bactéries qui ont la possibilité de fixer l'azote de l'air Autres plantes : arachide, lotier, lupin, luzerne, trèfle, robinier, etc.

TABLEAU 15 (suite)

LES FAMILLES DES PLANTES LÉGUMIÈRES		
Liliacées	Ail Asperge Oignon Poireau	Les plantes se développent à partir de bulbes ou de rhizomes Autres plantes : lys, tulipe, muguet, jacinthe, hosta, etc.
Poacées (Graminées)	Maïs	Tiges cylindriques et creuses, munies de nœuds Feuilles à nervures parallèles munies d'une gaine Fleurs à dimension très réduite et regroupées en épis, en grappe ou en panicule Autres plantes : blé, riz, plusieurs plantes ornementales, etc.
Polygonacées	Rhubarbe	Feuilles comportant une gaine qui entoure la tige Autres plantes : sarrasin, renouée, oseille, etc.
Solanacées	Aubergine Cerise de terre Coqueret du Pérou Poivron et piment Pomme de terre Tomate Tomatillo	Fleurs hermaphrodites : elles contiennent les étamines (partie mâle) et le pistil (partie femelle) Les plantes contiennent de la solanine, un composé potentiellement toxique présent dans les tiges, les feuilles et les racines, mais heureusement absent des fruits mûrs et des tubercules de la pomme de terre Autres plantes : tabac, pétunia, morelle, brugmensia, datura, etc.

Description

Dans cette section, vous trouverez, entre autres choses, quelques particularités de la plante telles que d'autres noms communs s'il y a lieu, de même que la ou les parties de la plante qu'il est possible de consommer. Dans le cas de la carotte, c'est la racine qui nous intéresse, alors que ce sont plutôt les feuilles qui retiennent notre attention pour la laitue. En ce qui concerne l'aubergine, ce sont les fruits que nous consommons. Certains auteurs classent les plantes légumières selon les parties de plantes consommées. C'est pourquoi il sera parfois question de légume-racine, légume-fruit ou légume-feuille. Mis à part les racines, les feuilles et les fruits, dans certains cas on consomme l'inflorescence (encadré), la tige, la fleur, le tubercule, le bulbe, etc.

L'inflorescence correspond à la disposition des fleurs sur la tige d'une plante à fleurs. Cette disposition est souvent caractéristique d'une famille. Par exemple, les plantes de la famille des Apiaciées possèdent des inflorescences de type « ombelle », alors que les Astéracées se caractérisent par une inflorescence de type « capitule » (pensez au pissenlit).

LA TOMATE : UN FRUIT OU UN LÉGUME ?

Du point de vue botanique, la tomate est un fruit puisqu'elle provient de la transformation de l'ovule d'une fleur. Mais du point de vue culinaire, elle est considérée comme un légume puisqu'elle est généralement servie en préparation salée en entrée, en salade ou dans les plats principaux. Les fruits, eux, ont la plupart du temps un goût plus sucré, et ils sont servis en fin de repas comme dessert ou encore comme collation.

Enfin, du point de vue horticole, la tomate est bel et bien un légume, mais elle fait partie du type « légume-fruit » tout comme l'aubergine, la cerise de terre, la tomatillo, le concombre, la courge, le piment et le poivron.

Catégorie et cultivar

- Catégorie : on regroupe dans une même catégorie des plantes qui possèdent des caractéristiques identiques. Par exemple, pour les choux pommés, on retrouvera trois catégories : les choux verts, les choux rouges et les choux de Savoie.
- Cultivar : une abréviation de « culture » et « variété ». Il s'agit d'une variété de plantes qui est cultivée pour ses qualités agronomiques. Le cultivar résulte d'une sélection, d'une mutation ou d'une hybridation. On utilise parfois le terme « variété horticole » pour parler d'un cultivar. Selon le *Code international des plantes cultivées*, le nom d'un cultivar, c'est-à-dire celui que lui a donné son créateur, est écrit entre guillemets simples.

  Par exemple, parmi la catégorie des choux verts, on pourra retrouver les cultivars suivants : 'Emerald Acre', 'Early Marvet', etc. Pour chaque plante légumière, il peut exister quelques dizaines jusqu'à des milliers de cultivars, comme c'est le cas pour la tomate.

  - Un cultivar est dit hybride ou « à pollinisation libre » selon le cas. Un cultivar « à pollinisation libre » est le résultat d'une sélection de plantes dont la pollinisation a été effectuée naturellement. Un cultivar « hybride » est le résultat d'une pollinisation contrôlée de deux variétés de plantes de la même espèce. Les cultivars hybrides sont développés pour répondre aux exigences de l'industrie. Cette dernière recherche des caractéristiques telles que la facilité de transport et d'entreposage (parce que toutes les plantes sont identiques) alors que le jardinier privilégie davantage des caractéristiques telles que le goût. L'utilisation abusive des cultivars hybrides entraîne la perte de biodiversité. Enfin, les semences issues de cultivars hybrides n'ont pas avantage à être récoltées puisque le résultat sera aléatoire. Pour toutes ces raisons, il est souhaitable de privilégier les semences de cultivars à pollinisation libre lorsque celles-ci sont disponibles. Mais pour certaines plantes légumières, il n'existe pas ou peu de semences à pollinisation libre. C'est pourquoi vous trouverez dans les fiches techniques quelques cultivars hybrides. Ces derniers seront indiqués de cette façon : (h).

Multiplication

- Semis et transplantation

  Vous trouverez ici les informations concernant les dates de semis intérieurs ou extérieurs et de transplantation. Elles se réfèrent le plus souvent à la date du dernier gel tel qu'il a été question dans le chapitre 2. La période de semis intérieur, qui s'étale la plupart du temps sur deux semaines, doit être adaptée selon qu'une transition dans une serre ou une couche est possible. Par exemple, si vous cultivez du brocoli et que vous pouvez lui procurer une transition en serre ou en couche, vous pourrez choisir la période plus longue (10 semaines avant la transplantation). Mais si ce n'est pas le cas, vous avez plutôt intérêt à opter pour la période plus courte (8 semaines avant la transplantation). Les distances de semis seront également indiquées.

- Espacement entre les plants et entre les rangs

  Dans cette section, vous trouverez la distance finale entre les plants c'est-à-dire la distance que les plants devraient avoir entre eux après qu'ils auront été éclaircis. La distance entre les rangs sera indiquée pour certaines plantes. Mais pour celles qui gagnent à être disposées en quinconce (encadré), seule la distance entre les plants sera indiquée.

QUINCONCE

Une disposition en quinconce (du latin *quincunx*, par 5) est un arrangement en cinq unités, comme celui qu'on voit sur un dé: quatre rangées au carré et une au centre. Cet arrangement permet d'offrir le maximum d'espace pour le développement du plant.

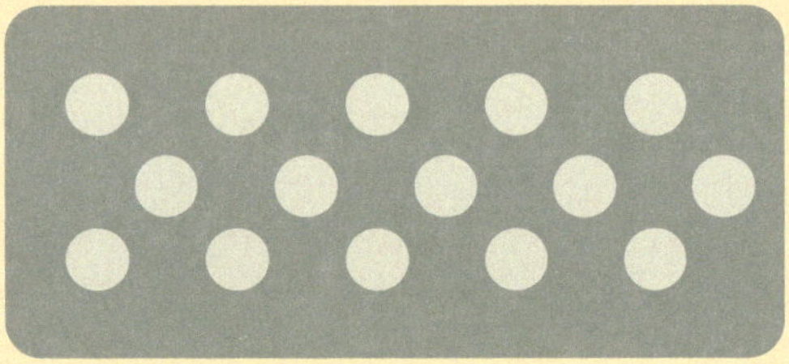

Culture

- Fertilisation
  - Comme la fertilisation repose sur les apports de compost, vous trouverez ici les exigences en compost. Voici, pour chacun des codes, les besoins spécifiques de la plante et les apports de compost suggérés pour un sol moyennement fertile:

    0 = aucun apport de compost

    + = plante peu exigeante (0,5 kg/m^2)

    ++ = plante moyennement exigeante (1 kg/m^2)

    +++ = plante exigeante (2 kg/m^2)

    ++++ = plante très exigeante (3 à 5 kg m^2)
  - Complément au compost: pour certaines plantes, habituellement les plus exigeantes, il est souhaitable de compléter les apports de compost par des applications d'engrais naturels.
- Exposition: la plupart des légumes profitent d'un ensoleillement maximal (idéalement plus de 8 heures d'ensoleillement), mais certains peuvent tolérer des conditions mi-ombragées (de 4 à 6 heures d'ensoleillement).
- Besoin en eau: les plantes légumières n'ont pas toutes les mêmes exigences en ce qui concerne leur besoin en eau. C'est ce que vous pourrez constater.

- Associations : comme il en a été question dans le chapitre 2 *Le projet*, certaines plantes gagnent à être cultivées en association. Il sera donc question ici des plantes légumières, des plantes aromatiques ou des fleurs qui font bon ménage avec la plante en question.
- Divers : tout autre détail concernant la culture.

Maturité et récolte

- On traitera ici de la maturité c'est-à-dire du nombre de jours à partir du semis jusqu'à la récolte pour les plantes qui sont semées directement au jardin ou encore à partir de la transplantation jusqu'à la récolte pour les plantes qui sont semées à l'intérieur et transplantées au jardin. La maturité est variable selon le cultivar utilisé et les conditions climatiques.
- Vous trouverez également de l'information concernant la récolte.

Ravageurs et maladies

Pour chacune des plantes légumières, vous connaîtrez les ravageurs (le plus souvent des insectes) et les maladies qui peuvent les attaquer. Les détails, concernant les dommages, l'identification, les méthodes de prévention et de contrôle seront apportés dans le chapitre 5 *Les dommages*.

ATOUTS SANTÉ

Tous les légumes contiennent, à différents degrés, des éléments minéraux, des vitamines, des fibres et des composés chimiques, mais certains se démarquent quant à un des éléments et à ses propriétés sur la santé. C'est ce que nous verrons dans les encadrés « ATOUTS SANTÉ ».

AIL

Nom latin : *Allium sativum*
Nom anglais : Garlic
Famille : Liliacées

Description

Les plants d'ail au printemps.

S'il est une plante légumière dont le nom est associé à la santé, c'est bien l'ail. Et cela ne date pas d'hier. Déjà, plus de 2000 ans avant J.-C., les Égyptiens qui raffolaient de l'ail lui attribuaient force et endurance. D'ailleurs, un papyrus médical datant de cette époque mentionne plus de 20 remèdes à base d'ail pour traiter une variété d'affections. Aujourd'hui, bien que l'ail ne soit pas une panacée (encadré), comme certains vendeurs de suppléments à base d'ail voudraient nous le faire croire, les propriétés santé de l'ail sont de plus en plus documentées et incontestables.

> L'ail, comme tout autre aliment, ne devrait jamais être considéré la panacée pour prévenir ou traiter les maladies. J'ai beaucoup de difficulté avec ce genre de prétention. À mon avis, un régime équilibré qui inclut des aliments vedettes tels que l'ail, mais également une grande diversité de légumes et d'aliments santé, est davantage le gage d'une meilleure santé.

L'ail est une plante légumière vivace considérée comme une annuelle sous nos conditions. On la cultive dans le but de consommer le bulbe, mais la hampe florale, un aliment de choix, gagne également à être connue. D'ailleurs, des préparations de cette dernière sont commercialisées comme étant des « fleurs d'ail ». Le secret de la culture repose d'abord et avant tout sur le choix d'un cultivar à tige dure, aussi appelée l'ail d'automne, du fait que cette dernière doit être plantée à l'automne. Il faut éviter de cultiver l'ail à tige tendre qu'on trouve le plus souvent au supermarché. Cette dernière est sensible aux maladies et peu productive.

Une fois que vous aurez récolté vos premiers bulbes d'ail, vous sélectionnerez les plus beaux qui seront replantés à nouveau et ainsi de suite. L'ail est une des rares plantes légumières pour laquelle il est relativement facile d'être autosuffisant, et ce, pour de nombreuses années à venir. Enfin, si vous n'avez jamais goûté de l'ail frais, vous constaterez que cela n'a rien à voir avec l'insipide ail du supermarché qui provient le plus souvent de... Chine.

Catégories et cultivars

- Ail à tige tendre : non recommandée.
- Ail à tige dure : 'Music', 'Rocambole'. On reconnaît l'ail à tige dure à sa hampe florale située au centre de 4 à 6 grosses gousses.

Multiplication

- Plantation
  - La plantation de l'ail d'automne se fait en octobre en même temps que les bulbes à floraison printanière.
  - On choisit les plus grosses gousses (caïeux) et on les plante individuellement avec la pointe vers le haut. On enfonce la gousse avec les doigts à 3 à 5 cm dans le sol et on la recouvre de terre.
  - Utiliser l'ail de semence ou l'ail bio (vendus au marché ou dans les épiceries d'aliments naturels), mais éviter l'ail du supermarché, car celui-ci peut avoir été traité pour ne pas germer.
- Espacement entre les gousses : 10 cm
- Espacement entre les rangs : 25 cm

La plantation de l'ail à l'automne.

Culture

- Fertilisation :
  - Compost : ++
- Exposition : soleil
- Besoin en eau : limiter les arrosages à partir du début de juillet ; c'est habituellement à ce stade que les feuilles commencent à jaunir.
- Associations : laitue, chou

TRUC

Pour atténuer l'haleine d'ail après le repas, mâchez du persil ou de la menthe.

- Divers :
  - Demande un sol bien drainé. Dans un sol argileux, cultiver l'ail sur des planches surélevées.
  - Si le site ne bénéficie pas d'une bonne couverture de neige, installer une protection avant l'hiver (paille, feuilles, géotextile). Il faudra cependant retirer cette protection tôt au printemps afin que le sol se réchauffe.

Maturité et récolte

Les bulbes de l'ail à tige dure qui ont été plantés l'automne précédent sont à maturité après 270 à 300 jours, ce qui correspond approximativement à la fin du mois de juillet et le début d'août. On arrache les plants lorsque 25 à 50 % des feuilles sont jaunes. Attention les bulbes récoltés plus tard risquent de s'ouvrir dans le sol ! Nettoyez grossièrement les bulbes et entreposez les plants durant quelques jours dans un endroit sec et bien aéré. Vous pourrez les disposer sur un treillis ou sur des journaux ou encore suspendus sur une corde tel que décrit dans la section conservation du chapitre 6 *La suite*. Si votre récolte est suffisante, vous pourrez consacrer une certaine quantité de bulbes qui seront replantés en octobre.

Les tiges florales de l'ail doivent être coupées au moment où elles commencent à tire-bouchonner.

Les tiges florales doivent être coupées au moment où elles commencent à tire-bouchonner, mais avant qu'elles soient trop coriaces et que les fleurs ouvrent (plus ou moins vers la fin de juin). À l'aide d'un sécateur, couper la tige juste au-dessus de la première feuille du haut.

Ravageurs et maladies

Teigne du poireau. Plusieurs maladies s'attaquent à l'ail à tige tendre, mais l'ail à tige dure est peu affecté.

ATOUTS SANTÉ

L'ail contient de nombreux composés phytochimiques soufrés, dont l'alicine, qui ont des propriétés antibactériennes (reconnues par Pasteur dès 1858), anticancers (principalement les cancers du système digestif) et dont on soupçonne également un pouvoir cardioprotecteur. Pour profiter au maximum des avantages de l'alicine, écrasez la gousse d'ail au moins dix minutes avant de l'inclure dans vos plats de façon que les différents composés se libèrent.

ARTICHAUT

Nom latin : *Cynara scolymus*
Nom anglais : Artichoke
Famille : Astéracées

Description

Jeune plant d'artichaut.

L'artichaut est une plante légumière vivace dont la culture peut se prolonger sur 4 à 5 ans sous le climat méditerranéen. Mais dans des régions nordiques telles que le Québec, elle est cultivée comme une annuelle. La plante, pouvant atteindre un mètre de hauteur, a fière allure au jardin avec ses feuilles vert grisâtre et fortement dentelées. Même si la saveur raffinée et les propriétés santé de l'artichaut en font un aliment de choix, la culture de l'artichaut comporte des défis de taille, et ce, même pour les jardiniers expérimentés. D'une part, on trouve peu de semences sur le marché et même parmi celles qui existent, elles ne sont pas toujours adaptées au climat du Québec. D'autre part, le semis de l'artichaut est particulier, car il doit se faire très tôt et les semences doivent être vernalisées, c'est-à-dire qu'elles doivent subir une période de froid. Enfin, les plants d'artichaut prennent beaucoup de place au jardin si on compare leur productivité à celles d'autres plantes légumières telles que les tomates, les poivrons, etc.

C'est le capitule, c'est-à-dire son inflorescence, qui est récolté avant l'ouverture des bourgeons ; on consomme le fond d'artichaut et la base charnue des bractées (encadré).

BRACTÉE

Une bractée est une feuille de morphologie et de structure particulières qui se trouve au voisinage d'une fleur ou d'un groupe de fleurs.

Catégories et cultivars

- Artichaut vert : 'Imperial Star' (h), 'Green Globe'
- Artichaut mauve : peu de cultivars disponibles pour la culture en région froide

Multiplication

- Semis intérieur : 16 semaines avant le dernier gel. Les caissettes doivent séjourner au réfrigérateur durant les quatre premières semaines. C'est ce qu'on appelle la vernalisation.
- Transplantation : 2 semaines avant le dernier gel
- Espacement final entre les plants : 80 cm à 1 m, en quinconce

Culture

- Fertilisation :
  - Compost : ++ à +++
- Exposition : soleil
- Besoin en eau : élevé
- Associations : radis, épinard, laitue
- Divers :
  - L'artichaut tolère une faible gelée.

Artichaut prêt à être récolté.

Maturité et récolte

Dans de bonnes conditions, il est possible de récolter de trois à cinq capitules par plant d'artichaut, et ce, 80 à 120 jours après la transplantation. Les capitules doivent être récoltés au fur et à mesure qu'ils sont formés, mais avant qu'ils ouvrent.

Ravageurs et maladies

Puceron, oïdium

ATOUTS SANTÉ

L'artichaut est riche en fibres et en inuline (un composé propre aux légumes de la famille des Astéracées). Ces derniers contribuent au maintien de la santé des intestins.

ASPERGE

Nom latin : *Asparagus officinalis*
Nom anglais : Asparagus
Famille : Liliacées

Description

Après la récolte, le feuillage de l'asperge emmagasine l'énergie nécessaire à la récolte de l'année suivante.

L'asperge est une plante vivace, cultivée pour ses jeunes tiges délicieuses qu'on appelle « turions ». On produisait déjà l'asperge il y a plus de 2000 ans, mais c'est vraiment à l'époque de l'aristocratie française qu'elle a acquis ses lettres de noblesse, étant considérée alors comme un légume royal.

En plus de l'asperge verte, on trouve occasionnellement sur le marché l'asperge blanche. Cette dernière n'est pas à proprement parler une autre catégorie d'asperge ; il s'agit en réalité d'une asperge verte qui n'a pas été exposée au soleil avant la récolte des turions. Cette dernière, de saveur plus délicate que l'asperge verte, est cependant moins nutritive.

Une fois bien implantée, l'asperge peut produire durant une quinzaine d'années. Elle ne s'inscrit donc pas comme la plupart des autres plantes légumières dans le processus de rotation. Après la récolte, qui se fait habituellement au printemps, les turions laissés sur place se transformeront en de longues tiges (parfois jusqu'à deux mètres) au feuillage délicat très décoratif. C'est grâce à ce feuillage que la plante emmagasinera toute l'énergie nécessaire à la récolte de l'année suivante.

Catégories et cultivars

- Dioïque (plants mâles et plants femelles) : 'Mary Washington' et 'Viking'
- Plants mâles seulement (meilleure productivité que le cultivar dioïque) : 'Guelf millenium' (h) et 'Jersey Giant' (h)

Multiplication

Il existe trois façons de démarrer la culture des asperges :

- À partir de semences. Le semis est effectué en pleine terre dans un secteur du jardin une première année, puis les griffes sont installées à leur emplacement définitif la deuxième année. C'est la méthode qui permet un meilleur choix de cultivars, mais aussi celle qui demande le plus d'énergie et de patience :

- dès que le sol peut être travaillé, faites tremper les semences dans l'eau durant 24 heures avant le semis;
- creusez un sillon de 10 cm de profondeur et déposez-y une semence tous les 5 cm. Couvrir de 5 cm de terre et combler progressivement jusqu'à 10 cm au fur et à mesure que les plants émergent du sol. Éclaircir tous les 10 cm.

- À partir de griffes (une touffe de racines nues) produites l'année précédente ou achetées. Elles sont le plus souvent vendues à la douzaine. C'est la méthode le plus couramment utilisée:
  - on établit la culture de l'asperge à partir de griffes tôt au printemps dès que le sol peut être travaillé pendant que les griffes sont en dormance;
  - creusez une tranchée de 20 cm de profondeur et de 20 cm de largeur et mettez 5 cm de compost au centre de la tranchée de façon que le fond de la tranchée soit en forme de W. Étalez les turions au centre du W tous les 40 cm. Recouvrez-les de 5 cm de terre et comblez progressivement la tranchée au fur et à mesure que les tiges se développeront.
- À partir d'un plant mature vendu en pot. Cette dernière option est la plus facile, mais également la plus onéreuse surtout si vous désirez implanter plusieurs plants d'asperges. Elle peut se faire à tout moment de l'année.
  - Espacement final entre les plants: 40 cm
  - Espacement entre les rangs: 1,2 m

Culture

- Fertilisation:
  - Compost: ++
- Exposition: soleil
- Besoin en eau: constant
- Associations: laitue, radis, roquette, épinard
- Divers:
  - Comme l'asperge n'apprécie pas la compétition des adventives, il est souhaitable de préparer adéquatement le secteur ciblé l'année précédant la plantation avec une culture d'engrais vert par exemple. Après la plantation, le sol aura avantage à être recouvert de paillis, car les racines superficielles de l'asperge risquent d'être endommagées par le binage.
  - L'asperge apprécie un sol bien drainé. Dans les sols plus lourds, cultivez l'asperge sur des planches surélevées.

- À l'automne, les tiges pourront être laissées sur place pour permettre l'accumulation de neige qui demeure la meilleure des protections hivernales. Seule exception cependant : si les plantes ont subi l'attaque de ravageurs ou de maladies durant la saison, il est préférable de les couper à l'automne et de détruire les tiges.
- Les tiges devront être coupées au printemps, avant que les turions commencent à sortir de terre.

Maturité et récolte

Les turions seront récoltés au printemps lorsque les pointes sont encore très serrées et qu'ils ont environ 15 à 20 cm de longueur (ou plus courts si les températures sont plus chaudes que la normale). La récolte peut débuter deux ans après la transplantation d'un plant de deux ans, trois ans après la plantation des griffes, mais quatre ans après le démarrage par semis. La cueillette s'échelonne sur 3 à 5 semaines. Au début, elle doit se faire tous les deux jours et plus tard tous les jours. Les turions doivent être coupés un peu au-dessous du niveau du sol. En moyenne, on peut prévoir une dizaine de turions par plant. Lorsque les turions commencent à ouvrir aussitôt sortis de terre, c'est signe qu'il est temps de cesser la récolte.

Des turions d'asperge prêts pour la récolte.

Si vous désirez tenter l'expérience sur un ou deux plants, sachez qu'il est également possible de récolter des asperges au milieu de l'été. Ne récoltez pas les turions et laissez les plants croître. Entre la mi-juillet et le début d'août, rabattez les plants au sol. Des turions émergeront après quelques jours. Ne récoltez pas plus des deux tiers des turions pour permettre au plant de se régénérer.

ATOUTS SANTÉ

L'asperge verte est riche en fibres, en acide folique et en vitamine K. Elle contient un acide aminé particulier : l'asparagine. (Adam, 2009)

L'acide folique ou « folate » est particulièrement indiqué pour les femmes enceintes, puisqu'il contribue à la croissance harmonieuse du fœtus.

Ravageurs et maladies

Criocère de l'asperge, criocère à douze points, puceron, ver gris, fusariose, rouille

AUBERGINE

Nom latin : *Solanum melongena*
Nom anglais : Eggplant
Famille : Solanacée

Description

L'aubergine est une plante légumière annuelle qui peut atteindre de 60 à 80 cm. On la cultive pour ses fruits aux formes rondes, ovales ou oblongues qui sont le plus souvent pourpres, mais quelques cultivars sont roses, blancs, panachés, striés, etc. La majorité sont hybrides. C'est le prix à payer pour cultiver des aubergines dans un climat nordique. C'est une plante qui a fière allure au jardin, surtout au moment où elle porte ses jolies fleurs bleu-violet.

Aubergines variées.

L'aubergine est exigeante à tous les points de vue : compost, eau, chaleur et soleil. D'ailleurs, elle apprécie souvent plus que nous les périodes de canicule de juillet.

En cuisine, l'aubergine est un aliment de base de la diète méditerranéenne. Personne ne pourrait imaginer des plats tels que la moussaka et la ratatouille sans la présence d'aubergine. En passant, il n'est plus nécessaire, comme on l'a longtemps suggéré, de faire dégorger les aubergines en les saupoudrant de sel avant de les cuisiner puisque les nouveaux cultivars sont moins aqueux et moins amers.

Catégories et cultivars

- Aubergine commune ou ovale : 'Black Beauty', 'Rosa bianca', 'Dushy' (h), 'Black Bell' (h)
- Aubergine orientale (forme allongée, la plus hâtive) : 'Millionaire' (h), 'Orient express' (h), 'Casper (blanc), Néon (h) (rose)
- Aubergine miniature (très jolie) : 'Baby Bell' (h)

La jolie fleur de l'aubergine.

Multiplication

- Semis intérieur: de 10 à 12 semaines avant le dernier gel
- Transplantation: après le dernier gel
- Espacement final entre les plants: 45 cm en quinconce

Culture

La culture des aubergines dans un contenant à réserve d'eau.

- Fertilisation:
  - Compost: ++ à +++
  - Extrait de plantes, extrait de compost ou engrais d'algues une à deux fois
- Exposition: soleil
  - Demande beaucoup de chaleur; protéger avec une bordure de plastique transparent, mini-tunnel, couche, toile flottante. Les nuits fraîches nuisent à la fécondation. Lorsque la température descend sous 10 °C la nuit, couvrez les jeunes plants.
  - Les paillis de papier ou de plastique biodégradable noirs de même que les géotextiles noirs peuvent contribuer à réchauffer le sol.
- Besoin en eau: élevé
  - Privilégier l'usage de paillis.
- Associations:
  - Artichaut, concombre, poireau, poivron, tomate
- Divers:
  - Supprimer les gourmands (en fait, les tiges secondaires).
  - Le tuteurage peut être nécessaire pour les variétés à gros fruits.

Maturité et récolte

Les aubergines sont habituellement à maturité 60 à 80 jours après la transplantation. Pour favoriser la maturation des fruits, enlevez toutes les fleurs non fécondées à la fin de juillet et ne conservez que 4 à 5 fruits par plant pour les cultivars à gros fruits (conserver toutes les fleurs pour les cultivars miniatures). La récolte se fait avant que les semences se forment, alors que les fruits sont luisants fermes et dodus. Une légère pression laisse une marque dans la chair. Si la chair rebondit, c'est qu'elle n'est pas à maturité. Coupez le pédoncule avec un couteau ou un sécateur.

Les fruits dont la chair est encore verte sous la pelure contiennent de la solanine, une substance toxique présente dans toutes les plantes de la famille des Solanacées.

Ravageurs et maladies

Altise, doryphore, mildiou, pourriture apicale, verticilliose

ATOUTS SANTÉ

L'aubergine se classe parmi les légumes frais les moins caloriques... à condition qu'elle ne soit pas cuisinée avec une trop grande quantité d'huile.

« La saponine et la pectine contenues dans l'aubergine contribuent à abaisser le taux de cholestérol. L'aubergine protégerait contre le stress oxydatif de la peau... les rides, quoi ! ». (Joseph, 2004)

BETTE À CARDE

Nom latin : *Beta vulgaris var. cicla*
Nom anglais : Swiss chard
Famille : Chénopodiacées

Description

Bettes à carde aux couleurs variées.

La bette à carde, appelée également « poirée », « blette », « bette » ou « carde », est une proche parente de la betterave. Tout comme cette dernière, c'est une plante légumière bisannuelle qu'on cultive comme une annuelle pour ses feuilles et dont on consomme le limbe (partie étalée et élargie) et la carde (le pétiole). Les différentes couleurs du limbe et de la carde en font une plante très attrayante. D'ailleurs, elle est fréquemment utilisée comme plante ornementale.

La bette à carde est une alternative intéressante à l'épinard. D'une part, sa culture est beaucoup plus facile, car elle ne monte pas en graines sous l'effet de la chaleur comme le fait l'épinard ; d'autre part, on peut l'employer en remplacement de l'épinard dans la plupart des recettes, et ce, principalement dans les mets cuits. Les feuilles de la bette à carde sont plus épaisses que celles de l'épinard et ont un goût plus prononcé. Les jeunes feuilles peuvent être consommées crues dans les salades.

Les plants de bettes à carde sont très productifs lorsque les bonnes conditions de culture sont respectées. C'est pourquoi un ou deux plants de bettes à carde sont suffisants pour répondre aux besoins d'une personne.

Catégories et cultivars

- Limbe et carde rouge : 'Ruby Red', 'Rhubarb Chard'
- Limbe vert ou rouge, cardes blanches, rouges ou jaunes : 'Bright Lights'
- Limbe vert, carde blanche : 'Perpetual Spinach', 'Silverado'

Multiplication

- Semis extérieur : de 2 à 3 semaines avant le dernier gel (au moment de l'éclatement des bourgeons des arbres)
- Espacement des semis : 10 cm. Comme la semence est un glomérule et que celle-ci contient plusieurs graines, l'éclaircissage est particulièrement important.
- Espacement final entre les plants : 20 cm
- Espacement entre les rangs : 20 cm

Bettes à carde aux pétioles rouges.

Culture

- Fertilisation :
  - Compost : + à ++
- Exposition : soleil, tolère la mi-ombre
- Besoin en eau : élevé (mettre un paillis)
- Associations : brocoli, chou, laitue, ail, navet
- Divers :
  - Résiste bien aux températures fraîches. Les plants matures peuvent supporter une première gelée automnale.

Maturité et récolte

Les bettes à carde atteignent leur maturité 50 à 60 jours après le semis. La récolte qui débute habituellement au milieu de l'été se poursuit jusqu'aux premières gelées. Les feuilles extérieures doivent être récoltées à la base, à l'aide d'un couteau. Il faut prendre garde de ne pas couper les feuilles du centre qui continueront à croître.

Ravageurs et maladies

Altise, ver gris, pégomye de la betterave (une mineuse, dont la meilleure façon de la contrôler consiste à couper et à détruire les feuilles attaquées)

ATOUTS SANTÉ

La bette à carde est riche en plusieurs minéraux (dont le fer et le magnésium) et en vitamines (A et K). Ce sont les bettes à carde dont le limbe et la carde sont les plus colorés qui contiennent le plus d'antioxydants.

BETTERAVE

Nom latin : *Beta vulgaris var. esculenta*
Nom anglais : Beet
Famille : Chénopodiacées

Description

La betterave est une plante légumière bisannuelle cultivée comme une annuelle. On consomme habituellement sa racine pivotante charnue de forme sphérique, cylindrique ou aplatie, mais ses feuilles sont aussi comestibles.

Plants de betterave.

Trop souvent consommée en marinade, la betterave, en raison de sa valeur nutritive et de sa saveur, devrait être davantage utilisée nature, cuite ou crue (râpée en salade). Le rouge pourpré de la betterave la plus connue ne sert pas qu'à tacher les mains, il entre dans la composition de colorant. Vous pourrez également opter pour les betteraves jaunes, blanches ou bicolores.

La betterave, tout comme plusieurs légumes racines, profite d'un sol travaillé en profondeur. Dans de bonnes conditions de culture, la betterave croît relativement bien sous les conditions du Québec, puisqu'elle apprécie la fraîcheur.

Catégories et cultivars

- Racine sphérique : 'Détroit Dark red', 'Détroit', 'Red Ace' (h), Pace Maker (h)
- Racine cylindrique (plus tendre) : 'Formanova', 'Cylindra'
- Racine pâle : 'Chioggia' (cercle rose et blanc), 'Golden Beet' (jaune)
- Racine aplatie : 'Bull's Blood'
- Bébé : 'Pablo'
- De conservation : 'Lutz Greenleaf', 'Winter keeper'

Betteraves variées dans l'assiette.

Multiplication

- Semis extérieur : de 2 à 3 semaines avant le dernier gel. Par la suite, effectuer des semis successifs aux deux semaines jusqu'à la fin de juin pour étaler la récolte.
- Espacement des semis : 2,5 cm (on sème des glomérules qui contiennent 3 à 4 semences chacun)
- Éclaircir à 5 cm ou plus lorsqu'elles atteignent environ 5 cm. Elles pourront être repiquées ou consommées en salade.
- Espacement final entre les plants : entre 5 et 10 cm (selon le cultivar)
- Espacement entre les rangs : de 20 à 30 cm

Culture

Les jeunes plantules de betteraves doivent être éclaircies.

- Fertilisation :
  - Compost : ++
- Exposition : soleil, tolère la mi-ombre
- Besoin en eau : exige un taux d'humidité constant. La sécheresse peut rendre les betteraves fibreuses. Par contre, l'excès d'eau favorise la production de feuilles et des racines plus pâles.
- Associations en culture d'été : oignon, carotte, panais, marjolaine, sarriette, soucis, tagète
- Associations en culture d'automne : laitue, épinard, roquette
- Divers :
  - La racine pénètre à plus de 1 m de profondeur, parfois jusqu'à 3 m.
  - Profite de la température fraîche du printemps.

ATOUTS SANTÉ

La betterave contient une substance inhabituelle, la bétaïne. Celle-ci joue un rôle dans la détoxication de l'homocystéine, un acide aminé dangereux, incriminé dans les maladies cardiaques. (Joseph, 2004)

Maturité et récolte

Les betteraves sont habituellement à maturité 50 à 70 jours après le semis. Elles doivent être récoltées avant de devenir fibreuses. Les betteraves matures ont habituellement un diamètre de 4 à 5 cm. Couper les feuilles à 5 cm du collet pour éviter le «saignement» à la cuisson. Les betteraves de conservation seront récoltées avant les grands froids. Pour une conservation à long terme, il est préférable de ne pas couper la racine pivotante et d'enlever simplement le surplus de terre sans laver les betteraves.

Ravageurs et maladies

Altise, gale (causée par du fumier trop frais, carence en eau, alcalinité), pégomye de la betterave, vers gris

BROCOLI

Nom latin: *Brassica oleracea var. italica*
Nom anglais: Broccoli
Famille: Brassicacées

Description

Le brocoli se comporte comme une plante légumière annuelle lorsqu'il est semé au printemps. On le cultive dans le but de consommer son inflorescence, c'est-à-dire les bourgeons floraux avant que ces derniers ouvrent. Une fois pelée, la tige est également comestible. Ne vous en privez surtout pas; la tige est tendre et savoureuse même crue. D'ailleurs, je me la réserve souvent lorsque je prépare le brocoli!

Des brocolis prêts à être récoltés.

Le brocoli est un proche parent du chou-fleur; il se différencie de ce dernier par le développement plus ample de son inflorescence et par ses bourgeons de fleurs plus grossiers. L'inflorescence du brocoli ressemble à un petit arbre. Le broco-fleur mauve est issu d'un croisement entre le chou-fleur et le brocoli, ce qui le rend légèrement plus tendre et savoureux. La couleur mauve disparaît à la cuisson.

Certains cultivars produisent des bourgeons floraux secondaires à l'aisselle des feuilles après la récolte de la tête principale. Ce sont ces derniers que vous devriez privilégier, autrement la période de récolte de brocoli sera écourtée. Les bourgeons secondaires sont plus petits que le bourgeon principal, mais non moins savoureux et nutritifs.

La culture du brocoli, tout comme la culture de la plupart des légumes de la famille des Brassicacées, est compliquée en raison de sa vulnérabilité à plusieurs maladies et ravageurs dont la redoutable piéride, ce joli papillon blanc. Paradoxalement, même si la culture du brocoli demande beaucoup d'attention, on a tout intérêt à le faire de façon écologique pour éviter de consommer des brocolis issus de culture conventionnelle. La constatation est simple : plus une culture est vulnérable, plus elle risque d'avoir été produite avec tout un arsenal de pesticides.

Le brocoli est un légume vedette de tout régime alimentaire santé. Son apport en vitamines et en composés anticancers est remarquable.

Catégories et cultivars

- Brocoli vert : 'De Cicco', 'Goliath', 'Green Valiant', 'Waltham' (h)
- Brocoli mauve : (chou-fleur mauve ou broco-fleur) 'Burgundy Quenn' (h) 'Violet Quenn' (h)
- Rapini : 'San Marzano'

Brocoli mauve.

Multiplication

- Semis intérieur : de 8 à 10 semaines avant le dernier gel
- Transplantation : 2 semaines avant le dernier gel
- Semis extérieur : il est possible de semer le brocoli directement en pleine terre vers la mi-juin pour une récolte d'automne.
- Espacement entre les plants : en quinconce, aux 45 cm

Culture

- Fertilisation :
  - Compost : ++
  - Extrait de plantes, extrait de compost ou d'engrais d'algues une à deux fois
- Exposition : soleil, tolère la mi-ombre

- Besoin en eau : exige une humidité constante tout au long de sa croissance, mais plus particulièrement lors de la formation des inflorescences.
- Associations : ail, épinard, laitue, souci, marjolaine, sarriette
- Divers :
  - Le brocoli affectionne les conditions fraîches. La chaleur excessive combinée au manque d'eau provoque l'ouverture prématurée des bourgeons floraux.
  - Résiste bien au gel.

Maturité et récolte

Le brocoli est à maturité 50 à 80 jours après la transplantation. On récolte la tête centrale avec un couteau ou un sécateur alors que les bourgeons floraux sont encore bien serrés, denses et compacts. Si vous dépassez ce stade, vous pourrez toujours récolter les petites fleurs jaunes et les ajouter dans vos salades… Un peu décevant tout de même.

La récolte des petits bourgeons secondaires se poursuit tout au long de la saison pour certains cultivars.

Pour extraire les petites larves qui auraient pu trouver refuge dans le brocoli, on le fait tremper 20 minutes dans l'eau salée ou vinaigrée avant de le consommer.

Brocoli en fleur.

Petits bouquets de brocoli après la récolte du bourgeon principal.

Ravageurs et maladies

Altise, mouche du chou, ver gris, piéride, puceron, limace, hernie du chou, mildiou, nervation noire

ATOUTS SANTÉ

Le brocoli contient plusieurs composés phytochimiques bénéfiques, dont les glucosinolates qui se transforment en sulphoraphane, pour lequel les propriétés anticancers sont reconnues. Le sulforaphane possède également des propriétés antibiotiques bactéricides, notamment contre *Helicobacter pilori*, une bactérie responsable des ulcères gastriques. Éviter de faire bouillir le brocoli, ce qui détruit les composés phytochimiques et fait disparaître sa belle couleur verte. Cuisez-le plutôt à l'étuvée ou sauté. (Béliveau, 2005)

CARROTTE

Nom latin : *Daucus carota*
Nom anglais : Carrot
Famille : Apiacées

Description

La carotte est une plante légumière bisannuelle, cultivée comme une annuelle. C'est la partie supérieure renflée de la racine principale qui est consommée. Ce renflement correspond au phénomène de tubérisation (encadré).

Carottes aux couleurs variées.

Même si aujourd'hui les carottes sont le plus souvent orangées, l'ancêtre était plutôt violacée. D'ailleurs, dans les cultivars ancestraux et même dans les hybrides modernes, on trouve de plus en plus des carottes blanches, jaunes, rouges, pourpres ou noires. Les véritables carottes miniatures n'ont rien à voir avec les carottes miniatures du commerce. Ces dernières sont en fait des carottes minces et longues qui sont coupées en petits bouts, puis arrondies mécaniquement aux extrémités.

Les principaux défis dans la culture de la carotte se rapportent au sol. Celui-ci doit être meuble en profondeur sinon les racines n'atteindront pas leur pleine taille. De fait, la racine principale peut descendre jusqu'à un mètre de profondeur dans le sol. La carotte n'apprécie pas les sols pierreux puisque, lorsque la racine rencontre un obstacle, elle dévie de son parcours, ce qui donne des carottes fourchues. La semence de la carotte étant petite et sa germination particulièrement lente, il importe de bien égaliser la surface du sol avant le semis et de prendre certaines précautions pour favoriser la germination, car le sol a tendance à croûter en surface (c'est ce qu'on appelle le phénomène de battance).

La carotte est une plante de climat frais. On peut la semer tôt au printemps et elle supporte des gelées modérées à l'automne. On peut laisser quelques carottes en place durant l'hiver en les recouvrant de paille ou de feuilles déchiquetées (à condition qu'elles ne soient pas infestées de la mouche de la carotte). Si elles survivent, elles devront être récoltées tôt au printemps suivant.

> La tubérisation est la transformation d'une partie de plante (racine, tige, feuille) en organe de réserve. Dans le cas de la carotte, la tubérisation correspond à l'élargissement de la partie supérieure de la racine principale en pivot.

La carotte est le légume-racine le plus consommé au monde. C'est d'ailleurs un aliment de base de la plupart des peuples. Ses qualités nutritives sont largement documentées, et ce, depuis longtemps. Lorsque j'étais enfant, ma mère nous encourageait à manger nos carottes en nous disant que c'était bon pour nos yeux… Je crois bien que je n'en ai pas mangé suffisamment!

UN TEINT DE CAROTTE

Si vous appréciez les carottes, ne vous privez surtout pas de consommer en quantité ce super aliment nutritif. À ce jour, personne n'a découvert d'effets négatifs majeurs à la surconsommation de la carotte. Le seul inconvénient mineur, s'il en est, est que votre organisme peut cumuler le bêta-carotène dans votre peau, ce qui vous donnera un teint jaune orangé. C'est d'ailleurs ce qu'on peut observer chez les bébés qui adorent la purée de carotte.

Catégories et cultivars

- Miniature (effilée ou trapue, hâtive, tendre, saveur et texture délicates, bien adaptée à la culture en contenant): 'Thumbelina', 'Mignon'
- Chantenay (bien adaptée aux sols lourds, idéale pour la conservation, trapue avec de larges épaules, peu sucrée en été, elle développe son sucre en automne): 'Chantenay royale', 'Red cored chantenay'
- Nantaise (cylindrique, mi-longue, tendre et sucrée, bonne carotte d'été): 'Touchon de luxe', 'Nantes', 'Berlicummer'
- Danver (forme conique avec larges épaules, longue, adaptée aux sols lourds et à la conservation: 'Danvers Half long', 'Cosmic purple'

Multiplication

- Semis extérieur: 4 semaines avant le dernier gel puis semis successifs aux 2 semaines jusqu'à la mi-juin.
- Espacement des semis: aux 2 à 5 cm. Essayez de le faire le plus précisément possible afin d'éviter l'éclaircissage astreignant. De plus, le fait de froisser les plants risque d'attirer un des principaux ravageurs de la carotte, la mouche de la carotte. Pour faciliter le semis, mélanger les semences avec du sable ou du marc de café, ou encore, utiliser un semoir.
- Pour faciliter la levée qui peut prendre jusqu'à trois semaines, on peut marquer le rang en recouvrant les semences avec de la vermiculite avant de plomber

Des semis successifs permettent de répartir la récolte des carottes.

le semis. Des radis semés aux 10 cm sur le même rang permettent également de marquer celui-ci, ce qui facilitera le premier binage.

- Espacement final entre les plants : de 2 à 5 cm
- Espace entre les rangs : de 15 à 20 cm

Culture

- Fertilisation :
  - Compost : +. Un surplus d'azote produit des carottes poilues.
- Exposition : soleil
- Besoin en eau : la carotte nécessite un approvisionnement régulier en eau, mais il est particulièrement important de maintenir le sol humide jusqu'à la levée des plantules. Par contre, un taux d'humidité élevé à l'automne peut provoquer le phénomène de « fente verticale ».
- Associations : oignon (l'incontournable association), radis, laitue, coriandre
- Divers :
  - Butter le sommet des carottes durant la croissance.

Quelques radis semés sur le rang de carottes permettent de marquer le rang.

Maturité et récolte

Selon les catégories, les carottes seront à maturité 60 à 120 jours après le semis. Les Nantaises et les miniatures sont les plus précoces. Elles seront récoltées à partir du milieu de l'été. Les carottes Chantenay, qui sont destinées à la conservation, devraient être récoltées le plus tard possible. On récolte les carottes en soulevant les plants délicatement avec une fourche-bêche. Couper les feuilles à 2 cm du collet, car celles-ci tirent l'humidité des racines qui fanent rapidement. Laisser sécher les carottes au soleil 2 à 3 heures, puis enlever le surplus de terre. Ne pas les laver si elles sont destinées à la chambre froide.

ATOUTS SANTÉ

La carotte est riche en bêta-carotène, un précurseur de la vitamine A qui joue un rôle important dans la vision. La vitamine A, avec d'autres molécules fournies par un régime équilibré, est aussi un antioxydant susceptible de jouer un rôle protecteur dans différentes affections dégénératives. (Adam, 2009)

Ravageurs et maladies

Mouche de la carotte, ver gris, ver fil de fer, ver blanc

CÉLERI

Nom latin : *Apium graveolens var. dulce* (céleri-tige)
et *Apium graveolens var. secalinum* (céleri-feuille)
Nom anglais : Celery
Famille : Apiacées

Description

Le céleri est une plante légumière bisannuelle, cultivée comme une annuelle. Selon le cultivar, on consomme les tiges, qui sont en fait des pétioles charnus en forme de gouttière, ou encore les feuilles. Le cœur de céleri qui regroupe des feuilles pâles autour d'un bourgeon central est particulièrement tendre. Très odorant, le céleri a d'abord été cultivé comme plante aromatique.

Céleri-tige.

La culture du céleri est difficile à cause de ses nombreuses exigences (eau, compost, température) et de plusieurs problèmes de carences, de maladies et de ravageurs. Selon le cultivar utilisé, il peut être souhaitable de faire blanchir les tiges avant la récolte ; autrement, elles sont amères.

Catégories et cultivars

- Céleri-tige : 'Utah', 'Ventura', 'Giant red'
- Céleri-feuille : 'Cutting Leaf Celery'

Multiplication

- Semis intérieur : de 10 à 12 semaines avant le dernier gel
- Transplantation : après le dernier gel
- Espacement entre les plants : aux 25 cm en quinconce

Culture

- Fertilisation :
  - Compost : +++
  - Extrait de plantes, extrait de compost ou engrais d'algues une à deux fois

Céleri cultivé dans un bac Biotop.

- Exposition : soleil
- Besoin en eau : élevé. Le céleri exige un approvisionnement constant en eau, mais l'excès lui est néfaste.
- Associations : épinard, laitue, radis
- Divers :
  - Afin de faire blanchir les tiges, on doit cacher la base du plant. Cette opération s'effectue de 15 à 20 jours avant la récolte. Pour ce, on peut utiliser l'une ou l'autre de ces techniques :
    - butter la base des plants (pas idéal, car introduction de terre entre les tiges) ;
    - envelopper la base du plant avec du papier fort ;
    - recouvrir la base du plant avec un pot de pépinière ouvert aux deux bouts, un tuyau de drainage, une grosse boîte de conserve ou un contenant à jus ou à lait.

Maturité et récolte

Le céleri est à maturité 75 à 100 jours après la transplantation. On peut commencer à le récolter à partir du moment où le plant est suffisamment dense. Le céleri peut tolérer un premier gel, mais il devra être récolté avant les fortes gelées.

Ravageurs et maladies

Limace, papillon du céleri (dommages minimes), puceron, punaise terne, plusieurs maladies

ATOUTS SANTÉ

Le céleri est depuis fort longtemps associé aux diètes amaigrissantes. Pas étonnant, puisque, paraît-il, on dépense plus d'énergie à mastiquer une branche de céleri que celle-ci nous en procure. Mythe ou réalité… c'est à vous de juger !

CÉLERI-RAVE

Nom latin : *Apium graveolens var.rapaceum*
Nom anglais : Celeriac, celery root, knob celery
Famille : Apiacées

Description

Le céleri-rave est une plante légumière bisannuelle, cultivée comme une annuelle. C'est une proche parente du céleri, mais on la produit pour sa racine charnue et renflée. C'est une plante de climat frais qui demande une longue saison de croissance et un sol fertile. Sa culture est toutefois un peu moins exigeante que celle du céleri-tige.

La chair du céleri-rave est croquante. D'un blanc crème, elle a une saveur légèrement plus piquante et plus prononcée que celle du céleri. Le céleri-rave est l'ingrédient vedette de la traditionnelle recette de rémoulade.

Céleri-rave.

Cultivars

- 'Dolvi', 'Mars'

Multiplication

- Semis intérieur : de 10 à 12 semaines avant le dernier gel
- Transplantation : après le dernier gel
- Espacement entre les plants : de 25 à 30 cm en quinconce

Culture

- Fertilisation :
  - Compost : +++
  - Extrait de plantes, extrait de compost ou engrais d'algues une à deux fois
- Exposition : soleil

- Besoin en eau : élevé. Le céleri-rave exige un approvisionnement constant en eau.
- Associations : betterave, épinard, laitue
- Divers : les jeunes plantules risquent de monter en graines si elles sont exposées au froid à la transplantation.

Céleri-rave.

Maturité et récolte

Le céleri-rave est à maturité 100 à 120 jours après la transplantation. Le céleri-rave peut supporter une première gelée, mais on doit le récolter avant les fortes gelées. On le récolte à l'aide de la fourche à bêcher.

Ravageurs et maladies

Limace, papillon du céleri (dommages minimes), puceron, punaise terne, plusieurs maladies

ATOUTS SANTÉ

Le céleri-rave fournit une importante quantité de fibres très efficaces pour accélérer le transit intestinal et lutter contre la tendance à la constipation. (Aprifel, 2009)

CERISE DE TERRE, COQUERET DU PÉROU ET TOMATILLO (GENRE *PHYSALIS*)

Cerise de terre

Nom latin : *Physalis pruinosa*
Nom anglais : Hush cherry

Coqueret du Pérou

Nom latin : *Physalis peruviana*
Nom anglais : Gloden berry

Tomatillo

Nom latin : *Physalis ixocarpa*
Nom anglais : Mexican husk tomato

Famille : Solanacées

Cerise de terre cultivée en contenant.

Coqueret du Pérou.

Tomatillo.

Description

La cerise de terre, le coqueret du Pérou et la tomatillo sont trois plantes légumières appartenant au genre *Physalis*. Bien que ces plantes soient vivaces dans leur pays d'origine, on les cultive comme des annuelles dans les régions nordiques. Toutes les trois sont cultivées pour leur petit fruit qui est entouré d'une enveloppe qui ressemble à du papier (formé par le calice de la fleur). Ces plantes sont de culture relativement facile. Les fruits sont très prolifiques en semences et se ressèment allègrement au jardin… parfois un peu trop.

La cerise de terre est une plante rampante qui dépasse rarement 45 à 60 cm de hauteur. Le fruit, de la grosseur d'une cerise, passe de vert à jaune doré en mûrissant. Il est légèrement acidulé.

Le coqueret du Pérou, aussi appelé cerise de terre péruvienne, alkékenge, groseille du Cap ou «amour en cage» est une plante dressée dont la hauteur peut atteindre 1 m. Les fruits, dont le goût peut se rapprocher de la mangue ou de l'ananas, sont orangés. Ils sont un peu plus gros que ceux de la cerise de terre et s'utilisent de la même façon.

La tomatillo, appelée aussi tomatille, est une plante érigée dont la hauteur peut dépasser 1,5 m. Son fruit, beaucoup plus gros que celui de la cerise de terre et du coqueret du Pérou, atteint 2 à 3 cm de diamètre. Il peut être vert, jaune ou pourpre. À maturité, le fruit colle aux doigts, car il est recouvert d'une fine pellicule visqueuse translucide.

La cerise de terre et le coqueret du Pérou sont apprêtés comme des fruits, crus ou cuits. Ils font de délicieuses confitures. On les utilise aussi souvent avec leur calice ouvert pour décorer les desserts. Par contre, la tomatillo est apprêtée comme un légume. D'ailleurs, elle entre dans la composition de la célèbre *salsa verde* mexicaine.

Une proche parente, la lanterne chinoise (*Physalis alkekengi Franchetti*), est une plante ornementale vivace dont les calices deviennent orangés à l'automne. Bien que les fruits soient comestibles (sans être nécessairement très bons), c'est une plante à éviter puisqu'elle est très envahissante, tant par son système de rhizomes que par ses graines.

Catégories et cultivars

- Cerise de terre: 'Goldie', 'Yello', 'Golden husk'
- Coqueret du Pérou: 'Edulis'
- Tomatillo: 'Géant jaune', 'Pourpre', 'Toma Verde'

Multiplication

- Semis intérieur: de 10 à 12 semaines avant le dernier gel
- Transplantation: après le dernier gel
- Espacement entre les plants: de 60 à 90 cm en quinconce

Culture

Cerises de terre et géotextile noir.

- Fertilisation :
  - Compost : ++
- Exposition : soleil
- Besoin en eau : peuvent tolérer la sécheresse, mais le sol doit être humide au moment de la floraison.
- Associations : haricot, poivron, ail, souci
- Divers :
  - La tomatillo requiert un tuteur.
  - Le fait d'utiliser un géotextile noir facilite la récolte puisqu'ainsi les fruits qui tombent au sol risquent moins de se détériorer.

Maturité et récolte

Les fruits sont à maturité 75 à 90 jours après la transplantation. Ils se détachent naturellement du plant et tombent au sol. Il faut éviter de consommer les fruits qui ne sont pas à maturité car ces derniers peuvent contenir de la solanine, un composé toxique.

Il faut récolter tous les fruits produits… autrement, votre jardin sera envahi durant les années à venir.

ATOUTS SANTÉ

La cerise de terre, le coqueret du Pérou et la tomatillo sont riches en antioxydants.

Ravageurs et maladies

Pucerons, quelques maladies fongiques

CHOU CHINOIS

Nom latin : *Brassica sp.*
Nom anglais : Chinese cabbage
Famille : Brassicacées

Description

Le terme chou chinois regroupe plusieurs plantes du genre *Brassica* qui sont produites pour leurs feuilles. Selon la période où elles sont cultivées, ces plantes légumières seront annuelles (culture d'été) ou bisannuelles (culture d'automne). Le chou chinois se cultive sensiblement comme le chou pommé, à la différence que le chou chinois est semé directement au jardin, car il réagit mal à la transplantation. Les maladies et les insectes sont les mêmes que pour le chou pommé.

Chou chinois pommé.

Le chou chinois de catégorie pommé se développe un peu à la façon de la laitue romaine, alors que le chou Pac Choi produit des feuilles ovales libres dont le limbe est vert foncé brillant et le pétiole charnu blanc. Parce que le chou chinois est très sensible aux fortes chaleurs qui le font monter en graines, il est plus facile de le cultiver en automne.

La saveur légèrement poivrée du chou chinois est plus délicate que le chou pommé.

Catégories et cultivars

- Chou chinois pommé ou Pé-tsaï : 'Michihili'
- Chou chinois non pommé ou Pac Choi : 'Bok Choy', 'Pak Choy'

Multiplication

- Semis extérieur pour culture d'été : 3 semaines avant le dernier gel
- Semis extérieur pour culture d'automne : de 6 à 8 semaines avant le premier gel automnal

- Espacement des semis : 5 cm
- Espacement final entre les plants : 30 cm
- Espacement entre les rangs : 45 cm

Chou chinois Bok Choy.

Culture

- Fertilisation :
  - Compost : ++
  - Extrait de plantes, extrait de compost ou engrais d'algues une à deux fois
- Exposition : soleil, tolère la mi-ombre
- Besoin en eau : élevé, le manque d'eau provoque la montée en graines
- Associations : épinard, laitue, carotte, betterave

Maturité et récolte

Les choux chinois sont à maturité 50 à 60 jours après le semis. Les plants sont coupés à la base. Ils tolèrent le gel, mais si les pommes sont gelées, attendre le dégel avant de les récolter.

Ravageurs et maladies

Altise, piéride, punaise terne, brûlure de la pointe (causée par une carence en calcium)

ATOUTS SANTÉ

Le PEITC (phenethyl isothiocyanate), une molécule formée à partir de la gluconasturtiine, est présent en grande quantité dans le chou chinois. Il pourrait non seulement prévenir le développement de tumeurs, mais également jouer un rôle de prévention dans le cas de tumeurs préexistantes. (Béliveau, 2005)

CHOU DE BRUXELLES

Nom latin : *Brassica oleracea var. gemmifera*
Nom anglais : Brussels sprout
Famille : Brassicacées

Description

Le chou de Bruxelles est une plante légumière bisannuelle, cultivée comme une annuelle. On le produit dans le but de consommer les bourgeons axillaires à l'aisselle de la feuille. Ils ressemblent à des petits choux pommés.

Le plant de chou de Bruxelles a fière allure au jardin. Il est constitué d'une tige rigide de 60 cm à 1 m de hauteur; il se couvre d'une spirale de feuilles en forme de cuillère, qui se déroule à partir de la rosette du sommet.

Chou de Bruxelles au milieu de l'été.

La culture du chou de Bruxelles se rapproche de celle du chou. Il est vulnérable aux mêmes ravageurs et aux mêmes maladies, mais il est plus rustique et supporte moins bien la chaleur.

Catégories et cultivars

- Vert : 'Bubbles', 'Catskill', 'Oliver' (h), 'Prince Marvel'
- Rouge : 'Red Rubine'

Multiplication

- Semis intérieur : de 6 à 8 semaines avant le dernier gel
- Transplantation : 2 semaines avant le dernier gel
- Espacement final entre les plants : de 45 à 60 cm en quinconce

Culture

- Fertilisation :
  - Compost : ++. Le chou de Bruxelles est sensible aux excès d'azote. Lorsque la croissance est trop rapide, les petits choux manquent de fermeté.
  - Extrait de plantes, extrait de compost ou engrais d'algues une à deux fois

- Exposition : soleil, tolère la mi-ombre
- Besoin en eau : exigence assez élevée
- Associations : laitue, bette à carde, épinard, marjolaine, sarriette, souci, tagète
- Divers :
  - Très résistant au froid. Il tolère –15 °C.
  - Pincer l'extrémité du plant vers la fin d'août ou 3 à 4 semaines avant la date de récolte prévue.

Maturité et récolte

Les petits choux sont à maturité 90 à 120 jours après la transplantation. La récolte se fait lorsque les pommes atteignent 3 à 4 cm de diamètre à partir de la fin de l'été, mais la saveur s'accroît avec le froid et même après quelques gelées. Je me rappelle avoir récolté mes choux de Bruxelles avec une pelle à neige, il y a quelques années. Ils étaient délicieux. On récolte de bas en haut tout en enlevant les feuilles, et ce, jusqu'aux premières neiges. En fin de saison, le plant peut être récolté en entier puis émondé avant d'être entreposé dans une chambre froide. On peut récolter de 20 à 50 choux par pied.

Les petits choux sont récoltés l'automne, de bas en haut.

Ravageurs et maladies

Altise, mouche du chou, ver gris, puceron, piéride (le chou de Bruxelles est moins vulnérable à la piéride que le chou pommé. En fait, les feuilles sont affectées, mais les petits choux le sont peu), limace, hernie du chou, mildiou

ATOUTS SANTÉ

En plus de ses propriétés anticancers propres à toutes les plantes légumières de la famille des Brassiccacées, le chou de Bruxelles est un aliment riche en potassium et en vitamine C.

CHOU-FLEUR

Nom latin : *Brassica oleracea var. botrytis*
Nom anglais : Cauliflower
Famille : Brassicacées

Description

Le chou-fleur est une plante bisannuelle ou une annuelle selon le moment où il est cultivé. On le produit pour son inflorescence, une pomme le plus souvent blanche, compacte et charnue à saveur délicate. La tige est courte et épaisse. Les feuilles extérieures, plus volumineuses et plus coriaces, sont disposées en rosette. Ces feuilles forment un écran pour protéger l'inflorescence du soleil, mais on doit parfois leur donner un petit coup de pouce. Les petites feuilles intérieures vert jaunâtre sont tendres et comestibles.

Chou-fleur jaune.

C'est une plante légumière capricieuse : elle supporte mal les températures chaudes qui peuvent la faire monter en graines, mais si le temps est trop frais, sa croissance diminue. C'est aussi la plante légumière de la famille des Brassicacées la plus exigeante en ce qui concerne la fertilité du sol.

Catégories et cultivars

- Blanc : 'Andes', 'Nevada', 'Snowball', 'White Rock'
- Vert : 'Alverda'
- Mauve : souvent classé dans les cultivars de brocoli, on le nomme aussi brocofleur. Voir les cultivars de brocoli.

Multiplication

- Semis intérieur : de 8 à 10 semaines avant le dernier gel
- Transplantation : 2 semaines avant le dernier gel
- Pour une culture d'automne, semer en pleine terre après le dernier gel.
- Espacement final entre les plants : de 40 à 50 cm en quinconce

Culture

- Fertilisation :
  - Compost : ++ à +++
  - Extrait de plantes, extrait de compost ou engrais d'algues une à deux fois
- Exposition : soleil, tolère la mi-ombre
- Besoin en eau : exigence élevée
- Associations : laitue, bette à carde, épinard, poireau, marjolaine, sarriette, souci, tagète
- Divers :
  - Tolère mal les températures extrêmes qui freinent sa croissance.
  - Cultivar blanc : lorsque la tête atteint la taille d'un œuf, rabattre par dessus 3 ou 4 feuilles et les attacher avec une ficelle ou un élastique afin de protéger l'inflorescence du soleil. Autrement, les inflorescences seront jaunes ou brunes. Certains cultivars sont dits auto-enveloppants. On doit tout de même les attacher, mais l'opération est alors facilitée.

Les choux-fleurs blancs ont avantage à être attachés.

Maturité et récolte

Le chou-fleur est à maturité 50 à 80 jours après la transplantation. On le récolte à l'aide d'un couteau lorsque les inflorescences sont denses et fermes, mais avant que les fleurs ouvrent.

Pour s'assurer que l'inflorescence n'abrite pas de larve, la faire tremper 20 minutes dans l'eau salée avant de la consommer.

Ravageurs et maladies

Altise, mouche du chou, ver gris, puceron, piéride, limace, hernie du chou, mildiou

ATOUTS SANTÉ

Même si le chou-fleur n'est pas aussi nutritif que ses cousins « verts », tel le brocoli, il possède des propriétés anticancers propres à tous les légumes de la famille des Brassicacées.

CHOU KALE

Nom latin: *Brassica oleracea var. acephala laciniata*
Nom anglais: Kale
Famille: Brassicacées

Description

Le chou kale, appelé également «chou frisé», est une plante légumière bisannuelle, cultivée comme une annuelle. On le produit pour ses feuilles de grande dimension fortement découpées et frisées, qui ne forment pas de pomme comme le chou pommé, mais une grande rosette.

Chou kale.

Le chou kale est très décoratif. Plusieurs cultivars ont été développés pour leurs propriétés ornementales. Ces derniers sont aussi comestibles.

La saveur du chou kale est plus prononcée que le chou pommé. Sa valeur nutritive dépasse également ce dernier.

Le chou kale se consomme habituellement cuit, mais ses feuilles crues ont fière allure comme fond pour la présentation de salades.

Catégories et cultivars

- Verts: 'Green Curled', 'Green Scoth'
- Rouges: 'Red Russian', 'Red Peacock'
- Multicolores: 'Lacinato Rainbow'

Multiplication

- Semis intérieur: de 6 à 8 semaines avant le dernier gel
- Transplantation: 2 semaines avant le dernier gel
- Espacement final entre les plants: 45 cm en quinconce

Culture

- Fertilisation :
  - Compost : ++
  - Extrait de plantes, extrait de compost ou engrais d'algues une à deux fois
- Exposition : soleil, tolère la mi-ombre
- Besoin en eau : constant
- Associations : laitue, bette à carde, épinard, poireau, marjolaine, sarriette, souci, tagète
- Divers : tolère des températures aussi basses que –10 °C.

Maturité et récolte

Les plants de chou kale sont habituellement à maturité 50 à 60 jours après la transplantation. Puisque les nouvelles feuilles se développent à partir de la rosette centrale, la récolte peut être continue à partir du bas de la plante vers le haut. La récolte peut se poursuivre jusqu'au gel définitif des feuilles. D'ailleurs, la saveur du chou kale s'accroît avec le froid.

Ravageurs et maladies

Altise, mouche du chou, vers gris, pucerons, piéride (il est moins vulnérable que le chou pommé), limace, hernie du chou, mildiou

ATOUTS SANTÉ

Avec le brocoli, le chou kale est sans doute un des légumes de la famille des Brassicacées dont la valeur nutritive est incontestable. En plus de ses composés phytochimiques aux propriétés anticancers, le chou kale est riche en bêta-carotène, en lutéine et en vitamine K. (Joseph, 2004)

CHOU POMMÉ

Nom latin : *Brassica oleracea var. capitata*
Nom anglais : Cabbage
Famille : Brassicacées

Description

S'il est une plante légumière qui n'a pas besoin de présentation, c'est bien le chou pommé. Il s'agit d'une plante bisannuelle cultivée comme une annuelle pour sa pomme dense, constituée de plusieurs feuilles superposées. Le chou pommé est, parmi les plantes de la famille des Brassicacées, le plus affecté par les ravageurs, dont la piéride du chou.

Chou de Savoie, chou vert et chou rouge.

La culture du chou est bien adaptée aux régions tempérées et nordiques. Le chou fut en Amérique, jusqu'à la Seconde Guerre mondiale, la plus importante source de verdure en hiver. (Gagnon, 1998)

Catégories et cultivars

- Chou vert :
  - Hâtif (été) : 'Emerald Acre', 'Early marvel'
  - Tardif (hiver) : 'Langedijker', 'Danish Ballhead'
- Chou rouge (plus lent à se développer que le chou vert, mais moins sensible aux ravageurs) :
  - Hâtif (été) : 'Express', 'Météor'
  - Tardif (hiver) : 'Langedijker Red', 'Mammoth Red Rock'
- Chou de Savoie ou chou de Milan (feuilles cloquées et ondulées) le plus tendre et le plus savoureux, tolère bien le gel, mais ne se conserve pas bien : 'Chieftain Savoy', 'Savoy King'

Multiplication

- Semis intérieur : de 6 à 8 semaines avant le dernier gel
- Transplantation : 2 semaines avant le dernier gel

- Espacement final entre les plants : de 30 à 45 cm en quinconce pour les cultivars hâtifs, et de 50 à 60 cm en quinconce pour les plants tardifs

La culture du chou pommé est bien adaptée aux régions nordiques.

Culture

- Fertilisation :
  - Compost : ++
  - Extrait de plante ou de compost ou encore engrais d'algues 1 ou 2 fois durant l'été.
- Exposition : soleil, tolère la mi-ombre
- Besoin en eau : constant. Il réagit mal à la sécheresse.
- Associations : laitue, épinard, bette à carde, poireau, marjolaine, sarriette, souci, tagète
- Divers :
  - Pour éviter que tous les choux n'arrivent à maturité en même temps en fin d'été, on peut briser légèrement les racines en faisant faire une légère rotation à quelques plants.
  - Le paillis est préférable au binage à cause des racines superficielles.
  - Les choux d'automne et les choux de Savoie résistent à des températures de –10 °C.

Maturité et récolte

Les choux hâtifs et les choux de Savoie sont à maturité 60 à 75 jours après la transplantation. On les récolte habituellement assez tôt en début d'automne, autrement ils risquent le fendillement. Ils ne se conservent pas à long terme.

Les choux tardifs sont à maturité 75 à 100 jours après la transplantation. On peut les récolter jusqu'aux premières neiges. Ils tolèrent –10 °C. Ils peuvent se conserver plusieurs mois.

ATOUTS SANTÉ

Le chou nous apporte du sélénium, de la vitamine C, mais aussi des dérivés soufrés qui sont de puissants antioxydants. En plus, la choucroute crue est riche en bonnes bactéries, indispensables à l'équilibre et au fonctionnement harmonieux de notre système gastro-intestinal. (Adam, 2009)

Ravageurs et maladies

Altise, mouche du chou, ver gris, puceron, piéride, limace, hernie du chou, mildiou

CHOU-RAVE

Nom latin : *Brassica oleracea var.gongylodes*
Nom anglais : Kohlrabi
Famille : Brassicacées

Le chou-rave est une plante légumière bisannuelle, cultivée comme une annuelle. On le produit dans le but de consommer la base de la tige renflée, mais les feuilles sont également comestibles.

Description

Le chou-rave, de la taille d'une orange lorsqu'il est à maturité, est le résultat de la transformation de la base de la tige en tubercule. De minces tiges (en fait des pétioles) s'y attachent en tous sens et se terminent par de grandes feuilles.

Chou-rave vert.

De culture beaucoup plus facile que la plupart de ses cousins de la famille des Brassicacées, il est entre autres beaucoup moins vulnérable aux ravageurs.

Le chou-rave se mange cuit comme la plupart des légumes de la famille des Brassicacées. Mais il peut aussi se consommer cru, ce qui à mon avis est beaucoup plus avantageux. Sa chair sucrée et croquante rappelle celle du radis doux ou du pied de brocoli.

Bien que la couleur de la peau de certains cultivars varie de blanc à pourpre, en passant par le vert, la chair du chou-rave est toujours blanche.

Catégories et cultivars

- Blanc : 'White Vienna'
- Pourpre : 'Purple Vienna'

Multiplication

- Semis extérieur pour récolte d'été : 3 semaines avant le dernier gel et semis successifs aux deux semaines jusqu'à 4 semaines avant le premier gel automnal
- Espacement du semis : 5 cm
- Espacement entre les plants : de 20 à 30 cm
- Espacement entre les rangs : 40 cm

Chou-rave pourpre.

Culture

- Fertilisation :
  - Compost : +
- Exposition : soleil, tolère la mi-ombre
- Besoin en eau : constant, le manque d'eau lui confère une texture fibreuse.
- Associations : carottes, panais, betterave, souci, marjolaine, sarriette
- Divers : plante de climat frais, supporte le gel

Maturité et récolte

Le chou-rave est à maturité 45 à 60 jours après la transplantation, soit lorsqu'il atteint 10 cm de diamètre. Sa qualité se dégrade rapidement après la maturation.

Ravageurs et maladies

Altise. C'est la plante légumière de la famille des Brassicacées qui est la moins vulnérable aux ravageurs.

ATOUTS SANTÉ

L'action inhibitrice de certains constituants des légumes crucifères (Brassicacées) envers les œstrogènes fait de ces légumes des éléments essentiels à la lutte contre le cancer du sein. (Béliveau, 2005)

CONCOMBRE

Nom latin : *Cucumis sativus*
Nom anglais : Cucumber
Famille : Cucurbitacées

Description

Le concombre est une plante légumière annuelle, cultivée pour ses fruits le plus souvent verts, mais parfois jaunes ou blancs. Selon le cultivar, la peau du concombre peut être lisse ou épineuse. Les tiges du concombre sont poilues, rampantes et ramifiées. Elles peuvent atteindre plus de 1,5 m de longueur et sont munies de vrilles. Pour étaler ses tiges, la culture du concombre en butte ou dans une pente bien orientée est avantageuse. Mais on peut aussi faire grimper les concombres sur une structure, ce qui économise l'espace et les conserve au sec. Le concombre est utilisé depuis les temps anciens tant comme aliment que pour les soins de la peau.

Le concombre trouve profit à être cultivé sur une planche surélevée.

La pollinisation des concombres communs et des miniatures est indispensable à la productivité. En culture commerciale, certains producteurs installent des ruches à proximité du champ de concombres. Par contre, les concombres anglais risquent la déformation s'ils sont pollinisés. C'est pourquoi il faut éviter de planter d'autres catégories de concombre à moins de 30 m des concombres anglais.

Le concombre apprécie la chaleur, mais il redoute le gel, principalement au début de sa croissance. D'ailleurs, cette dernière cesse lorsque la température descend sous 10 °C. Les racines du concombre sont fragiles ; il faut être particulièrement délicat si on doit le transplanter. De plus, il faut éviter le binage près des plants et opter pour le paillis. Dans ces conditions, une fois qu'il est bien installé, le concombre ne demande pas beaucoup de soin.

Catégories et cultivars

- Concombre commun (ou concombre américain : les plantes portent des fleurs femelles et des fleurs mâles et les fruits sont trapus) : 'Marketmore', 'Early Fortune', 'Tante Alice'
- Concombre anglais (ou européen : les fruits plus longs ont une texture et une saveur plus délicates, les fruits sans grains se développent sans pollinisation ; plus adapté à la culture en serre) : 'Sweet success' (h), 'Tasty green' (h)
- Concombre miniature (cornichon, à marinade) : 'Northern pickling', 'Vert de Massy'

Multiplication

- Semis intérieur : de 3 à 4 semaines avant le dernier gel
- Transplantation : après le dernier gel. Les racines étant très fragiles, il ne faut pas séparer les plants qui sont regroupés dans le même contenant.
- Semis extérieur : après le dernier gel. Souvent aussi rapide que le semis intérieur transplanté, car les racines sont fragiles et ne réagissent pas toujours bien à la transplantation.
- Espacement des semis extérieurs : semer par groupe de 4 à 5 graines sur des planches ayant au moins 1 m de large. Ne conserver que deux plants, couper les autres.
- Espacement entre les groupes de plants : 45 cm avec support, 90 cm sans support

Culture

- Fertilisation :
  - Compost : ++ à +++, apprécie le compost jeune
  - Extrait de plante ou de compost ou engrais d'algues une à deux fois
- Exposition : soleil
- Besoin en eau : exigence élevée, le paillis est fortement recommandé.
- Associations : choux, laitue, épinard, marjolaine, aneth, basilic. Le maïs peut lui servir de brise-vent.

- Divers :
  - Si l'on n'utilise pas de paillis, on peut mettre une planche ou une pierre sous les fruits pour les protéger contre la pourriture.
  - Dans les situations où la culture est exposée aux vents, il est indispensable de la protéger avec une haie brise-vent ou un filet à mailles fines.
  - Pour gagner de l'espace et pour éviter des déformations, il est profitable de faire grimper les plants sur un support tel que :
    - tuteur à tomates en broche (utiliser le plus robuste) ;
    - corde, filet ou broche à poule tendus entre deux piquets ;
    - support confectionné avec des planchettes de bois ou des branches.

Pour économiser l'espace, on peut faire grimper les concombres sur différents supports.

Maturité et récolte

Les concombres sont à maturité 50 à 60 jours après le semis direct au jardin ou après la transplantation.

L'idéal est de récolter régulièrement pour favoriser une production continue et de consommer le concombre le plus tôt possible après la récolte. C'est à ce moment qu'il est le plus digestible.

Ravageurs et maladies

Chrysomèle rayée, limace, puceron, ver gris, oïdium

ATOUTS SANTÉ

Le concombre est constitué en grande partie d'eau, parfois jusqu'à 95 %, ce qui en fait un légume particulièrement rafraîchissant.

COURGES D'ÉTÉ

Nom latin : *Cucurbita pepo*
Nom anglais : Summer squash
Famille : Cucurbitacées

Description

Les courges d'été sont des plantes légumières annuelles. Ce qui les différencie des courges d'hiver, c'est que l'on récolte les fruits alors qu'ils sont encore immatures. À ce moment, la peau et la chair sont encore tendres et les graines ne sont pas encore formées. La plupart du temps, les fruits sont de forme allongée, mais certains cultivars hybrides peuvent être ronds. La couleur des fruits varie de vert pâle à vert foncé, mais certains sont jaunes ou rayés blanc et vert.

Courges d'été variées.

Les courges d'été comportent de très grandes feuilles plus ou moins découpées et parfois tachetées de blanc. Les plants sont buissonnants, c'est-à-dire qu'ils se développent en touffe sans produire de tiges rampantes comme le font les courges d'hiver. Les racines sont superficielles.

Puisqu'elles exigent de l'espace, on peut planter les courges d'été à l'extérieur du jardin et même directement sur le tas de compost. La culture en butte ou dans une pente bien orientée au sud ou à l'ouest est avantageuse. Une fois la culture établie, la culture de la courge d'été demande peu d'entretien.

Les fleurs de courges peuvent également être consommées, mais pour cet usage, on devra s'assurer de ne couper que des fleurs mâles (ce sont celles qui portent un long pédoncule fin et dressé) ou mieux, réserver un plant à cet usage. Autrement, la production des fruits pourrait être compromise.

Courgette jaune.

Courgette verte.

Pâtisson jaune.

Catégories et cultivars

- Courgette ou zucchini
  - Vert : 'Dark Green', 'Black Beauty'
  - Jaune : 'Gold rush' (h)
- Pâtisson ou bonnet d'électeur : sphère aplatie légèrement côtelée
  - Vert : 'Scalopini'
  - Jaune : 'Peter Pan' (h), 'Sunburst' (h)
- Courge à cou droit ou à cou tors : 'Yellow Crookneck'

Multiplication

- Semis intérieur : de 3 à 4 semaines avant le dernier gel
- Transplantation : après le dernier gel
- Semis extérieur : après le dernier gel. Le semis en pleine terre est souvent aussi rapide que le semis intérieur transplanté.
- Espacement des semis extérieurs : semer 4 à 5 graines par butte (planche) ayant un minimum de 1 m de largeur. Ne conserver que 2 plants par butte. Couper les autres.
- Espacement final entre les groupes de plants : de 60 cm à 1,2 m

Culture

- Fertilisation :
  - Compost : ++ à +++, apprécie le compost jeune
  - Extrait de plantes ou de compost, ou engrais d'algues une à deux fois
- Exposition : soleil
- Besoin en eau : élevé
- Associations : haricot, basilic, persil, souci

Maturité et récolte

Les courgettes sont prêtes à être récoltées 45 à 60 jours après le semis au jardin (ou la transplantation) alors qu'elles sont encore immatures. L'idéal est de récolter la courgette jeune, soit lorsqu'elle atteint un maximum de 15 à 20 cm. La courgette peut atteindre 60 cm, mais sa saveur est alors moins délicate. La cueillette régulière favorise la formation de nouveaux fruits. Avec de bonnes conditions de culture, la courgette est très productive. Un seul plant peut produire 3 à 5 kg de fruits. Sortez vos livres de recettes...

Le pâtisson est à son meilleur alors qu'il mesure 5 à 7 cm de diamètre. On peut le récolter jusqu'à un maximum de 12 cm de diamètre. Cependant, à ce stade, on doit le peler, car la peau est coriace.

Ravageurs et maladies

Chrysomèle rayée, limace, puceron, ver gris, ver blanc

ATOUTS SANTÉ

Les courges d'été sont constituées en grande partie d'eau, et le peu d'éléments nutritifs qu'elles contiennent est concentré dans la pelure. Évitez donc de les peler.

COURGES D'HIVER ET CITROUILLE

Nom latin : *Cucurbita pepo, Cucurbita maxima* ou *Cucurbita moschata*
Nom anglais : winter squash
Famille : Cucurbitacées

Description

Les courges d'hiver et la citrouille (qui est une catégorie de courge d'hiver) sont des plantes légumières annuelles, cultivées pour leurs fruits. Ces derniers, qu'on récolte à pleine maturité, sont de couleurs et de formes variées selon les nombreux cultivars.

Les courges d'hiver sont faciles à cultiver, mais leurs grandes tiges rampantes demandent beaucoup d'espace au jardin. Un seul plant requiert de 1 m^2 à 3 m^2. Les courges d'hiver sont habituellement cultivées à l'extérieur du jardin en butte, dans une pente ou sur le tas de compost. Pour gagner de l'espace, il est possible de faire grimper les tiges sur un support, mais celui-ci doit être très solide et les gros fruits doivent être supportés.

Courges d'hiver, de gauche à droite : courge à spaghetti, potimarron, courge musquée, courge 'Buttercup'.

Catégories et cultivars

- Cultivars issus de l'espèce *Cucurbita pepo* :
  - Citrouille : 'Tom fox', 'Autumn gold' (h)
  - Courge à spaghetti : 'Pasta hybrid' (h), 'Vegetable spaghetti' (h)
  - Courgeron (courge poivrée) : 'Table Queen', 'Acorn'
  - Courge délicata (petite courge de forme allongée ou globulaire, couleur crème striée de vert) : 'Delicata', 'Sweet Dumpling'
- Cultivars issus de l'espèce *Cucurbita maxima* :
  - Courge turban (buttercup) : 'Buttercup', 'Autumn cup', 'Sweet mama'
  - Courge Hubbard : 'Baby blue'

- Potiron : 'Rouge Vif d'Étampes'
- Potimarron : 'Red Curry'

- Cultivars issus de l'espèce *Cucurbita moschata* :
  - Courge musquée : (butternut) ressemble à une poire : 'Waltham butternut', 'Butternut supreme' (h)

Les courges d'hiver exigent beaucoup d'espace.

Multiplication

- Semis intérieur : de 3 à 4 semaines avant le dernier gel
- Transplantation : après le dernier gel
- Semis extérieur : après le dernier gel (aussi efficace que le semis intérieur transplanté)
- Espacement : 4 à 5 graines par butte. Ne conserver que 2 plants et couper les autres.
- Espacement entre les groupes de plants : de 1,2 m à 2,5 m

CITROUILLE ET POTIRON

On confond souvent la citrouille et le potiron. Le meilleur moyen pour les distinguer est d'observer le pédoncule. Celui du potiron est cylindrique et évasé près du fruit. Il est tendre et spongieux. Le pédoncule de la citrouille a cinq côtes anguleuses. Il est dur et fibreux et n'a pas de renflement au point d'attache. Au fait, la citrouille du célèbre conte *Cendrillon* n'était-elle pas plutôt un potiron ?

Citrouille

Potiron

Culture

Une courge musquée suspendue à la rampe de ma galerie avant.

- Fertilisation :
  - Compost : ++ à +++, apprécie le compost jeune
  - Extrait de plante ou de compost ou engrais d'algues une à deux fois durant la saison
- Exposition : soleil
- Besoin en eau : supporte bien la sécheresse, mais la disponibilité de l'eau augmente le rendement.
- Associations : haricot et maïs (les trois sœurs), pois, marjolaine, basilic, persil

Maturité et récolte

Les courges d'hiver sont à maturité 90 à 120 jours après le semis au jardin ou la transplantation.

On peut les récolter à partir du moment où elles montrent des signes de maturité. On observera par exemple qu'elles changent de couleur ou que le pédoncule sèche ou ramollit. Elles peuvent tolérer une première gelée, mais il faut les récolter avant la gelée suivante.

Laisser sécher les fruits dans un endroit sec et bien ventilé avant de les entreposer pour l'hiver.

ATOUTS SANTÉ

Les courges d'hiver contiennent un grand nombre de composés phytochimiques, dont les caroténoïdes, de même que des vitamines, des minéraux et des fibres. Ce sont les courges dont la chair est la plus foncée qui contiennent le plus d'éléments nutritifs.

Ne jetez surtout pas les graines de courge et de votre citrouille d'Halloween. Celles-ci sont riches en minéraux tels que le fer, le magnésium, le manganèse, le phosphore et le zinc. Voyez comment les préparer dans la section qui traite de la conservation.

Ravageurs et maladies

Chrysomèle rayée, blanche

ÉPINARD

Nom latin : *Spinacia oleracea*
Nom anglais : Spinach
Famille : Chénopodiacées

Description

L'épinard est une plante légumière annuelle, cultivée pour ses feuilles. La principale difficulté dans la culture de l'épinard vient du fait que la plante monte facilement en graines sous l'effet de la chaleur excessive, mais aussi à cause du manque d'eau ou d'espace. Après la mise à fleurs, la production des feuilles est interrompue abruptement.

L'épinard a une nette préférence pour les températures fraîches du printemps et de l'automne ; il craint les fortes chaleurs de l'été. L'épinard est sans contredit la première plante qui doit être semée en pleine terre au printemps, c'est-à-dire aussitôt que le sol peut être travaillé. Une culture d'automne lui est aussi favorable.

Catégories et cultivars

- Feuilles lisses : 'Space' (h)
- Feuilles cloquées ou semi-cloquées : 'Bloomsdale', 'Tyee' (h)

L'épinard est la première plante à semer au printemps.

Multiplication

- Semis extérieur pour récolte de printemps : 8 semaines avant le dernier gel et semis successifs aux deux semaines jusqu'à la mi-mai
- Semis extérieur pour récolte d'automne : de 4 à 6 semaines avant le premier gel d'automne
- Espacement des semis : 2,5 cm (semer plus densément pour la récolte d'automne, car la germination est moins bonne)
- Premier éclaircissage : de 10 à 15 cm
- Espacement final entre les plants : de 20 à 25 cm. Il faut éviter que les plants ne se touchent.
- Espacement entre les rangs : 30 cm

Culture

- Fertilisation :
  - Compost : ++
- Exposition : soleil, tolère la mi-ombre
- Besoin en eau : élevé
- Associations : pour maximiser l'utilisation de l'espace, on peut associer l'épinard à des cultures tardives telles que les concombres et les courges de même que les plantes légumières de la famille des Brassicacées (les choux).

L'épinard monte en graines sous l'effet de la chaleur, du manque d'eau et du manque d'espace.

Maturité et récolte

Les feuilles de l'épinard sont à maturité 40 à 60 jours après le semis. On les récolte à partir du bas vers le haut à mesure qu'elles se développent. Lorsque les températures augmentent et que les plants semblent vouloir croître rapidement en hauteur, il est préférable de les récolter en entier avant qu'ils fleurissent.

Ravageurs et maladies

Limace, vers gris, pégomie

ATOUTS SANTÉ

Si vous mangez des épinards pour profiter comme Popeye de sa teneur en fer, sachez qu'il contient de nombreux autres nutriments qui le placent parmi les bons choix alimentaires. Par contre, le fer provenant d'une source végétale est difficilement assimilé par l'organisme. C'est pourquoi il est suggéré de consommer en même temps des aliments riches en vitamine C qui favorisent l'absorption du fer végétal, tels que le poivron et les agrumes. (Source : *Mieux manger pour le plaisir et la santé*, Collection Protégez-vous, 2007)

L'important contenu en lutéine et en zéaxanthine fait de l'épinard un aliment par excellence pour la santé des yeux. Plusieurs études font un lien entre la consommation de ces composés et une meilleure vision dans le noir de même que pour la prévention de plusieurs maladies de l'œil dont la cataracte et la dégénérescence maculaire. (Joseph, 2004)

GOURGANE

Nom latin : *Vicia faba*
Nom anglais : Broad bean ou Faba bean
Famille : Fabacées

Description

La gourgane qu'on appelle « fève » en Europe est une plante légumière annuelle proche parente du haricot. Mais contrairement à cette dernière, on cultive la gourgane dans le but de consommer les graines contenues dans les gousses (ou les cosses) et non les gousses en entier. Les gousses sont en fait les fruits de la plante. Les graines sont ovales et aplaties et possèdent une peau épaisse. Elles peuvent être consommées fraîches ou séchées.

Gourgane.

La gourgane profite d'un printemps long et frais et n'apprécie pas les brusques changements de température et les fortes chaleurs qui défavorisent la mise à fruits. Elle tolère des températures aussi fraîches que –3 °C. Au Québec, on cultive la gourgane principalement dans les régions de Charlevoix et du Saguenay–Lac-Saint-Jean où les températures lui sont plus favorables. Ce n'est donc pas étonnant que la célèbre recette de soupe aux gourganes soit associée à ces régions.

La gourgane n'a pas besoin d'être fertilisée. Tout comme les autres plantes légumières de la famille des Fabacées, elle profite des bactéries qui vivent en symbiose avec ses racines et qui ont la possibilité de capter l'azote de l'air pour la rendre disponible aux plantes.

Catégories et cultivars

- À gros grains (*Vicia faba var. major*), la véritable gourgane : 'Crimson Flowered'
- À petits grains (*Vicia faba var. minor*) : 'Petite du lac'

Multiplication

- Semis extérieurs : de 3 à 4 semaines avant le dernier gel
- Espacement des semis : 15 cm
- Espacement final entre les plants : 15 cm (n'a pas à être éclairci)
- Espacement entre les rangs : de 40 à 50 cm

Culture

- Fertilisation :
  - Compost : 0 (sauf la première année d'implantation d'un jardin)
- Exposition : soleil
- Besoins en eau : bas, tolère les conditions sèches
- Associations : pomme de terre, betterave, laitue, épinard
- Divers : la plante peut atteindre une hauteur de 60 à 100 cm.

Maturité et récolte

Les graines de la gourgane sont à maturité 75 à 100 jours après le semis. Lorsque le but est de consommer les gourganes fraîches ou de les congeler, on les récolte alors que les gousses sont bien formées, mais encore vertes. Mais si l'objectif est de les conserver séchées, on doit attendre que les gousses noircissent sur le plant. On récolte alors les gousses et on les fait sécher dans un endroit sec et bien ventilé avant de les écosser.

Les graines, au nombre de 2 à 8 par gousse, sont enveloppées d'une peau épaisse. Pour les consommer à l'état frais ou pour les congeler, il est préférable d'enlever la peau, une opération qui se fait facilement après que les graines ont trempé dans l'eau durant 12 à 24 heures.

ATOUTS SANTÉ

Tout comme les autres plantes légumières de la famille de Fabacées, la gourgane est riche en fibres et en protéines. Cependant, l'enveloppe de la graine a avantage à être enlevée, car elle est particulièrement riche en tanins, ce qui limite la digestibilité des protéines. (Adam, 2009)

Ravageurs et maladies

Puceron, mildiou, rouille

HARICOT

Nom latin : *Phaseolus vulgaris*
Nom anglais : Bean
Famille : Fabacées

Description

Le haricot est une plante légumière annuelle, cultivée dans le but de récolter les gousses (ou les cosses) qui sont généralement consommées à l'état frais, mais aussi les graines séchées. Ces dernières entrent dans la préparation de divers mets, dont les traditionnelles « fèves au lard ». En réalité, ce plat aurait dû porter le nom de « haricots au lard » puisque le terme « fève » utilisé en Europe définit plutôt ce qu'on appelle au Québec la gourgane.

Les haricots, tout comme les autres membres de la famille des Fabacées (pois et gourganes), jouent un rôle important dans la rotation des cultures légumières. Ils sont considérés comme des plantes améliorantes. Cela est dû à leur capacité à fixer l'azote de l'air grâce aux bactéries qui vivent en symbiose avec leurs racines. Si vous cultivez des haricots pour la première fois, vous pourrez ajouter un inoculent dans le sillon au moment de la plantation. Il s'agit en fait de bactéries vendues sous forme de poudre. Cette pratique, couramment utilisée en culture commerciale, n'est cependant pas obligatoire en jardinage écologique. Personnellement, je n'ai jamais utilisé d'inoculent et mes haricots sont très productifs.

Haricot grimpant vert.

La présence de nodules sur les racines des haricots est un indice de la présence des bactéries fixatrices d'azote.

Contrairement au pois et à la gourgane, le haricot est une plante de chaleur et de soleil. Il n'apprécie pas les températures fraîches et il est très sensible au gel. D'ailleurs, le semis de haricot doit se faire très tard, soit au moment où l'on plante les légumes frileux tels que la tomate. Si le sol n'est pas suffisamment réchauffé, les graines risquent de pourrir dans le sol.

Les haricots se présentent dans une multitude de couleurs et de tailles. On trouve deux catégories de haricot, soit le haricot à rame, dont les longues tiges requièrent un support pour s'y enrouler, et le haricot nain, beaucoup plus compact. La récolte du haricot grimpant est plus tardive, mais aussi plus étalée que celle du haricot nain. Parce que la récolte du haricot nain est concentrée sur une courte période, il est avantageux de faire des semis successifs.

Un proche parent, le haricot d'Espagne (*Phaseolus coccineus*), doté de jolies fleurs rouges, est habituellement utilisé pour ses propriétés ornementales. Mais il faut savoir que les très jeunes gousses, de même que les graines se consomment.

Catégories et cultivars

- Haricot à rame ou grimpant (les gousses sont vertes):
  - 'Blue Lake', 'Rattlesnake', 'Trionfo Violetto'
- Haricot nain:
  - Gousses vertes: 'Bush Blue Lake', 'Fin de Bagnol'
  - Gousses jaunes: 'Gold Rush', 'Golfield'
  - Gousses mauves: 'Royal Burgundy'

Haricot d'Espagne.

- Haricot à écosser ou sec (à rame ou nain): «Soldier» (grain blanc), «Red Kidney» (grain rouge), 'Canneberge' (grain blanc crème tacheté de rose et de brun)

Multiplication

- Semis extérieur : après le dernier gel, puis aux semaines jusqu'à la fin de juin pour les haricots nains
- Pour faciliter la germination, on peut faire tremper les graines dans l'eau tiède durant 24 heures avant le semis.
- Espacement des semis (et espacement final entre les plants)[1] de haricot nain : 8 cm
- Espacement des semis (et espacement final entre les plants) des haricots à rame : 15 cm
- Espacement entre les rangs des haricots nains : de 30 à 40 cm
- Espacement entre les rangs des haricots à rame : 75 cm

Culture

- Fertilisation :
  - Compost : 0 (sauf première année d'implantation du jardin)
- Exposition : soleil
- Besoin en eau : constant, surtout en période de floraison
- Associations : betterave, pois, carotte ou comme membre du traditionnel trio « Les trois sœurs » (haricot, maïs, courge)
- Divers :
  - Éviter de toucher les plants lorsqu'ils sont humides.
  - Butter légèrement les plants lorsqu'ils atteignent 20 cm de hauteur.
  - Utiliser des supports ayant 1,5 m à 2 m pour les haricots à rame, tels que :
    - trois à cinq tuteurs installés en forme de tipi ;
    - plusieurs tuteurs installés en forme de toiture ;
    - cordes ou filet tendus entre deux tuteurs ;
    - support quelconque confectionné avec des branches.

1. Puisque les semences de haricot germent habituellement toutes, il n'est pas nécessaire de les éclaircir. C'est pourquoi l'espacement des semis égale l'espacement final entre les plants. Cependant, si vous croyez que le taux de germination de vos graines sera bas, faites un semis plus dense.

Haricot nain pourpre.

Maturité et récolte

Les haricots sont à maturité 50 à 100 jours après le semis. Si l'on cultive le haricot dans le but de consommer les gousses, on récolte ces dernières avant de sentir les graines. Il est important d'effectuer les récoltes régulièrement, soit tous les deux ou trois jours pour favoriser la production ; bien tenir la grappe d'une main afin de ne pas arracher les petites gousses immatures.

Le haricot sec se récolte lorsque les gousses sont bien sèches. Sinon, au premier gel, récolter le plant en entier et le laisser sécher dans un endroit sec et bien aéré, suspendu à l'envers.

Ravageurs et maladies

Ver gris, puceron, anthracnose, rouille, mildiou

ATOUTS SANTÉ

Les haricots font partie des quelques légumes à la fois riches en protéines et en fibres qui favorisent la régularité intestinale, contrôlent le taux de cholestérol et réduisent le risque de certains cancers. (Grotto, 2009)

LAITUE

Nom latin : *Lactuca sativa*
Nom anglais : Lettuce
Famille : Astéracées

Description

La laitue est une plante légumière annuelle, cultivée pour ses feuilles tendres. Elle se caractérise par la présence d'un latex blanc auquel elle doit son nom. Il existe de nombreuses variétés de laitue. Leur couleur varie du blanc crème au vert foncé en passant par le rouge. La laitue est la compagne par excellence de la plupart des légumes au jardin. Elle est très résistante au froid et peut supporter des gels jusqu'à –5 °C.

Différentes laitues en feuilles.

La laitue peut être cultivée seule ou en mélange dans le but d'effectuer la récolte au moment où les feuilles sont encore très jeunes. C'est ce qu'on appelle un mesclun. C'est en fait un mélange de laitues associées à d'autres verdures telles que la roquette, le cerfeuil, le cresson, etc. Vous pouvez acheter des semences de mesclun ou faire vos propres mélanges.

Édith Smeesters
Le mesclun est récolté alors que les feuilles sont encore jeunes.

La principale difficulté dans la culture de la laitue vient du fait qu'elle n'apprécie pas les fortes chaleurs et la sécheresse qui provoquent la montaison (le fait de monter en graines). Les feuilles deviennent alors amères et inintéressantes. Les laitues en feuilles sont les plus vulnérables. Pour éviter ce désagrément, il est souhaitable d'utiliser certaines stratégies telles que :

Installer la laitue sous une ombrière, telle la toile flottante, permet de retarder la montaison.

- concentrer la culture de la laitue au printemps et à l'automne ;
- privilégier les variétés à feuilles rouges, à feuilles de chêne et les laitues romaines qui sont moins sensibles à la montaison ;

– planifier l'emplacement de façon que les laitues reçoivent l'ombre d'autres plantes de plus grandes dimensions ;
– cultiver les laitues dans un coin ombragé durant les mois les plus chauds ;
– cultiver les laitues sous ombrières telles que toile flottante, moustiquaire ou treillis de bois.

Laitues montées en graines sous l'effet de la chaleur.

De plus, voici ce que vous pouvez faire pour étaler les récoltes de laitue durant plus de 6 mois :

- Démarrez des semis à l'intérieur au printemps.
- Au moment de transplanter les jeunes plants à l'extérieur, procédez à des semis extérieurs.
- Poursuivez les semis extérieurs de printemps jusqu'à la fin de juin.
- À partir du début d'août, profitez des espaces laissés libres au jardin (à la suite de la récolte de l'ail par exemple) pour redémarrer des semis extérieurs. Si les températures approchent 30 °C, retardez le semis ou placez les semences au réfrigérateur durant 24 heures avant de procéder aux semis.

Laitue feuille de chêne.

Catégories et cultivars

- Feuille verte : 'Grand Rapids', 'Bambino Mi' (feuille de chêne)
- Feuille rouge : 'Ruby', 'Lollo Rossa', 'Red Salad Bowl' (feuille de chêne)
- Pommée verte : 'Ice Queen', 'Summertime'
- Pommée rouge : 'Rosy'
- Romaine verte : 'Paris Island', 'Pic'
- Romaine rouge : 'Cardinale', 'Rouge d'hiver'
- Boston verte : 'Buttercrunch', 'Optima Mi'
- Boston rouge : 'Merveille des quatre saisons', 'Sangria'

Laitue romaine.

Multiplication

- Semis intérieur : de 6 à 8 semaines avant le dernier gel
- Transplantation : de 3 à 4 semaines avant le dernier gel
- Semis extérieur pour récolte d'été : de 3 à 4 semaines avant le dernier gel, puis aux 2 semaines jusqu'à la fin de juin
- Semis extérieur pour récolte d'automne : 6 semaines avant le premier gel
- Espacement entre les semis : 2,5 cm
- Espacement final entre les plants : 20 cm (feuille), 30 cm (Boston et romaine), 35 cm (pommée)
- Espacement final entre les rangs : de 30 à 40 cm

Culture

- Fertilisation :
  - Compost : ++
- Exposition : soleil, tolère la mi-ombre
- Besoin en eau : élevé
- Associations : tomates, Brassicacées, haricots grimpants, profiter de l'ombre des plantes plus imposantes.

Maturité et récolte

Les laitues en feuilles atteignent leur maturité rapidement (40 à 50 jours). À l'opposé, les laitues pommées demandent une très longue saison de croissance (80 à 95 jours). Ces dernières sont donc moins recommandées sous nos conditions. Le meilleur moment pour effectuer la récolte est tôt le matin alors qu'il fait encore frais. Pour les laitues en feuilles et les laitues romaines, on peut commencer la récolte en laissant le plant en place et en récoltant les feuilles extérieures. Dans tous les cas, les laitues doivent être récoltées entièrement lorsqu'elles sont à maturité.

ATOUTS SANTÉ

La laitue fournit très peu de calories tout en étant nutritive. En fait, les variétés de laitue les plus foncées sont les plus nutritives. Grâce à son volume, la laitue satisfait l'œil tout en assurant une certaine satiété en début de repas, ce qui en fait un aliment de choix dans le cadre d'un régime amaigrissant… C'est bien connu !

Ravageurs et maladies

Limace, puceron et quelques maladies

MAÏS

Nom latin : *Zea mays*
Nom anglais : corn
Famille : Poacées

Description

Le maïs est une plante légumière annuelle, cultivée pour ses grains sucrés. L'expression « blé d'Inde », qui est couramment utilisée au Québec à la place de « maïs », prend sa source à l'époque de Jacques Cartier qui se croyait en Inde lorsqu'il a découvert le Canada en 1534.

Pour une bonne pollinisation, il faut semer au moins quatre rangs de maïs.

La culture du maïs n'est pas adaptée aux petits jardins ; c'est la plante légumière la plus vorace qui soit pour ce qui est des éléments minéraux. Par ailleurs, sa très grande dimension (de un mètre à quatre mètres de hauteur) prive les autres légumes de soleil. Enfin, pour une bonne pollinisation, il faut semer côte à côte au moins quatre rangs d'un même cultivar.

Catégories et cultivars

- Maïs sucré hâtif : 'Ashworth', 'Earlivee' (h, jaune), 'Quickie' (h, bicolore)
- Maïs sucré mi-saison : 'Bantam doré' (jaune), 'd'Artagnan' (h, bicolore)
- Maïs sucré tardif : Jubilée (h, jaune), Seneca Chief (h, jaune)

Multiplication

- Semis extérieur : une semaine avant le dernier gel (pour faciliter la germination, on peut faire tremper les semences dans l'eau tiède durant 24 heures avant le semis)
- Espacement des semis : 20 cm
- Espacement entre les rangs : de 60 à 75 cm

Culture

- Fertilisation :
  - Compost : ++++
  - Extrait de plante ou de compost, ou engrais d'algues deux à trois fois
- Exposition : soleil
  - Besoin de beaucoup de lumière et de chaleur. On peut utiliser un paillis noir et un tunnel pour les jeunes plants.
- Besoin en eau : important en période de germination, par la suite, le maïs tolère la sécheresse.
- Associations : laitue, comme membre du traditionnel trio « les trois sœurs » (haricot, maïs, courge) ou culture d'engrais vert tel que le trèfle (avant d'établir la culture ou encore une fois que le maïs a atteint de 15 à 20 cm). Revoir la section du chapitre 3 qui traite des engrais verts.
- Divers :
  - Butter les plants lorsqu'ils atteignent 20 cm.
  - Au besoin, installer un épouvantail après le semis.

Le maïs profite du trèfle comme engrais vert dérobé.

ATOUTS SANTÉ

Le maïs est riche en glucides, ce qui en fait un des légumes parmi les plus caloriques. Mais son index glycémique (c'est-à-dire sa capacité à augmenter le glucose dans le sang) est modéré. De ce fait, le maïs ne favorise pas la mise en réserve de l'énergie sous forme de graisse.

Tout comme l'épinard, le maïs est également riche en lutéine et en zéaxanthine, des composés qui contribuent à la bonne santé des yeux.

Maturité et récolte

Le maïs est à maturité 65 à 95 jours après le semis. Lorsque les soies brunissent et que l'extrémité de l'épi s'arrondit, la récolte peut débuter. Selon le cultivar et les conditions de culture, on peut récolter un à quatre épis par plant. Les sucres du maïs se transforment rapidement en amidon après la récolte, c'est pourquoi le maïs est meilleur lorsqu'il est consommé le plus tôt possible.

Ravageurs et maladies

Puceron, pyrale du maïs, ver fil-de-fer

MELON

Nom latin : *Cucumis melo* (melon brodé, melon cantaloup et melon de miel) et *Citrillus vulgaris* (melon d'eau)
Nom anglais : melon et watermelon
Famille : Cucurbitacées

Description

Le melon est une plante légumière annuelle, cultivée pour ses délicieux fruits sucrés. Bien que le melon soit de la même famille que les concombres et les courges, sa culture est beaucoup plus capricieuse. D'origine africaine, le melon nécessite beaucoup de chaleur et de soleil (les melons de miel et les melons d'eau sont les plus exigeants), c'est pourquoi leur culture est souvent associée aux régions les plus chaudes du Québec.

Melon Oka.

Dans les régions plus fraîches, la culture du melon doit se faire en couche ou sous tunnel. Une toile géotextile noire sur le sol peut aussi contribuer à augmenter la chaleur du sol. Malgré toutes ces bonnes précautions, la production des melons est souvent décevante, surtout lors d'été plus frais.

Le melon produit de très longues tiges rampantes munies de vrilles qui ont avantage à être taillées progressivement. Les racines des melons sont très fragiles, c'est pourquoi les semis intérieurs devraient être faits dans des contenants biodégradables et la transplantation au jardin effectuée avec délicatesse.

Plusieurs jardiniers connaissent le célèbre 'melon de Montréal'. Cultivé au début du siècle dernier sur le flanc sud du mont Royal, ce melon qui était très apprécié bien au-delà de nos frontières avait complètement disparu des catalogues de semences dans les années 1950. Heureusement, ce joyau du patrimoine végétal du Québec a été retracé dans les années 1990 et est de nouveau cultivé.

Catégories et cultivars

- Melon brodé (peau brodée de lignes liégeuses qui rappellent une broderie): 'Oka', 'Montréal', 'Sweet Granit'
- Melon cantaloup (peau lisse légèrement côtelée ou striée): 'Athena' (h), 'Earli-sweet' (h)
- Melon de miel (écorce lisse): 'Earlydew'(h), 'Passport' (h)
- Melon d'eau ou pastèque: 'Sweet Favorite'(h), 'Gold Rush' (h)

Melon cantaloup.

Multiplication

- Semis intérieur: de 4 à 6 semaines avant le dernier gel
- Transplantation au jardin: après le dernier gel
- Espacement entre les plants: de 60 à 75 cm en quinconce

Melon d'eau.

Culture

- Fertilisation:
  - Compost: ++
- Exposition: soleil
- Besoin en eau: important en début de croissance, mais les melons tolèrent des conditions plus sèches lorsqu'ils sont bien implantés.
- Associations: radis, laitue, épinard, souci, tagète, basilic ou le maïs comme protection du côté des vents dominants

- Divers :
  - Pour favoriser la production des fruits et pour gagner de l'espace, les melons ont avantage à être taillés. Cette opération se fait progressivement tout au long de la croissance des plants :
    - Lorsque la tige principale porte quatre feuilles, étêter le plant au-dessus de la deuxième feuille (en partant de la base du plant et en excluant les cotylédons). Deux tiges secondaires vont se former.
    - Lorsque les deux tiges auront développé six feuilles, étêtez-les au-dessus de la quatrième feuille. Huit nouvelles tiges vont se former (quatre par tige secondaire).
    - Tailler les tiges qui portent des fruits après la deuxième feuille qui suit le fruit et étêtez les autres tiges après la sixième feuille.
    - Conserver au maximum trois à quatre fruits par plant.

Maturité et récolte

Le melon atteint la maturité 70 à 90 jours après la transplantation au jardin. Le fait que le fruit change de couleur est un indice qu'il est prêt à être récolté.

Ravageurs et maladies

Chrysomèle rayée, plusieurs maladies

ATOUTS SANTÉ

Le cantaloup est le plus nutritif de tous les melons, en grande partie grâce à sa teneur en bêta-carotène et en vitamine C. (Joseph, 2004)

Mis à part la tomate qui en est la championne, le melon d'eau est un des rares aliments qui contiennent du lycopène. (Santé Canada, 2008)

NAVET ET RUTABAGA

Nom latin : *Brassica rapa var. rapifera* (navet)
Brassica napus var. naprobrassica (rutabaga)
Nom anglais : Turnip (navet) Rutabaga (rutabaga)
Famille : Brassicacées

Description

Le navet et le rutabaga sont des plantes légumières bisannuelles, cultivées comme des annuelles. Ces deux proches parentes, dont on consomme la racine, sont fréquemment confondues. D'ailleurs, dans mon enfance ma mère nous servait du navet alors qu'il s'agissait en réalité du rutabaga. Comme ces deux plants ont un mode de culture relativement similaire, ils sont traités ici ensemble.

Navet.

Le navet qu'on appelle parfois « rabiole » est plus ou moins rond, avec un collet rouge violacé ou pourpre. Sa chair est généralement blanche. Les feuilles du navet sont velues et se rattachent directement au sommet de la racine.

Rutabaga.

Le rutabaga que certains appellent « chou de Siam » est habituellement plus gros que le navet. Sa chair est jaune légèrement orangée. Les feuilles du rutabaga sont d'apparence glabre et se rattachent autour d'un collet.

Le navet et le rutabaga sont des plantes de climat frais et humide. La chaleur excessive les rend fibreux et durs. Le navet n'est pas aussi rustique que le rutabaga. Enfin, le rutabaga est un des rares légumes racines à apprécier les sols argileux.

Catégories et cultivars

- Navet d'été : 'White Lady'
- Navet d'automne : 'Purple top white'
- Rutabaga : 'Laurentien'

Multiplication

- Semis extérieur (navet d'été et rutabaga): de 3 à 4 semaines avant le dernier gel
- Semis extérieur (navet d'automne seulement): de 5 à 6 semaines avant le premier gel d'automne
- Espacement des semis: 3 cm
- Espacement final entre les plants: 10 cm (navet), 15 cm (rutabaga)
- Espacement entre les rangs: 30 cm (navet), 45 cm (rutabaga)

Culture

- Fertilisation:
  - Compost: + à ++
- Exposition: soleil, tolère la mi-ombre
- Besoin en eau: moyen
- Associations: pois, haricot, betterave, laitue, épinard

Maturité et récolte

Le navet est à maturité 40 à 50 jours après le semis, lorsqu'il atteint 5 à 6 cm de diamètre. Le navet d'été doit être récolté avant les fortes chaleurs et le navet d'automne avant les fortes gelées.

Le rutabaga prend beaucoup plus de temps pour atteindre la maturité, soit 90 à 120 jours. Il tolère bien le gel qui le rend d'ailleurs plus sucré. On a donc avantage à le récolter le plus tard possible.

Ravageurs et maladies

Altise, mouche du chou, vers gris

ATOUTS SANTÉ

Le rutabaga est plus sucré et plus nutritif que le navet. Il contient entre autres deux fois plus de potassium.

Comme tous les légumes de la famille de Brassicacées, le navet et le rutabaga contiennent des glucosinolates, des composés phytochimiques aux propriétés anticancers. (Béliveau, 2005)

OIGNON

Nom latin : *Allium cepa*
Nom anglais : Onion
Famille : Liliacée

Description

L'oignon est une plante légumière bisannuelle, cultivée comme une annuelle. Son bulbe entre dans la préparation de nombreux plats.

Oignons blancs.

L'oignon peut être cultivé à partir de semis intérieurs qui doivent être faits très tôt. Il est également possible de commencer une culture d'oignon à partir d'oignonets. Quoique cette pratique soit la plus simple pour les débutants, le résultat est parfois décevant. Cela vient du fait que les cultivars vendus sous forme d'oignonets sont parfois moins bien adaptés à nos conditions. Pour la culture de l'oignon au Québec, il importe de choisir des cultivars à jour longs.

Comme l'oignon ne craint pas le gel, on a donc intérêt à le mettre en terre le plus tôt possible au printemps. La plante forme d'abord des feuilles tubulaires et pointues. Lorsque le plant atteint une certaine taille, il peut profiter des jours longs et de la chaleur de l'été qui enclenchent le développement du bulbe.

Catégories et cultivars

- Oignon de table ou oignon jaune (possède une tunique jaune et une chair blanche et ferme ; son goût est prononcé) : 'Early Yellow Globe', 'New York Early', 'Sturon'
- Oignon rouge ou oignon italien (possède une tunique rouge et une chair colorée de blanc et de rouge ; son goût est plus doux que l'oignon de table) : 'Red Man' (h), 'Red of Florence', 'Lucifer' (h)

Oignons rouges.

Oignons jaunes.

- Oignon doux ou oignon espagnol (le plus sucré et le plus aqueux et généralement de grande dimension): 'Sweet Spanish', 'Sierra blanca' (h)
- Oignon vert ou oignon à botteler (on le nomme faussement échalote au Québec). C'est un oignon que l'on consomme jeune avant qu'il forme un bulbe. Il existe cependant des cultivars spécialement conçus pour oignon vert: 'Evergreen', 'Red baron'
- Oignon à marinade (petits bulbes ronds et fermes, cultivés en semis direct dense au printemps): 'Barletta', 'Red Valley'

Multiplication

- Semis et transplantation:
  - Semis intérieur: de 12 à 14 semaines avant le dernier gel
  - Transplantation: 3 à 4 semaines avant le dernier gel (aussitôt qu'il est possible de travailler le sol)
  - Plantation extérieure des oignonets: 3 à 4 semaines avant le dernier gel (aussitôt qu'il est possible de travailler le sol)
  - À la transplantation, les jeunes feuilles et les racines ont avantage à être taillées du tiers. De plus, on prendra soin de ne pas trop enfoncer le plant.
- Espacement final:
  - entre les plants: de 10 à 15 cm
  - entre les rangs: 25 cm

Culture

- Fertilisation:
  - Compost: + à ++
- Exposition: soleil
- Besoin en eau: peu exigeant sauf à la plantation. Éviter les arrosages excessifs.
- Associations: carotte (la classique), mais également betterave, brocoli, chou-fleur
- Divers:
  - Le fait de dégager le bulbe de la terre qui l'entoure durant la croissance contribue à minimiser les problèmes de pourriture.

ATOUTS SANTÉ

L'oignon, tout comme les autres plantes légumières du genre *Allium*, renferme des composés phytochimiques soufrés qui ne font pas que nous faire pleurer. Ils sont reconnus comme ayant des propriétés anticancers. (Béliveau, 2005) Les oignons rouges sont particulièrement riches en quercétine, un composé aux propriétés anti-inflammatoires et antioxydantes. (Joseph, 2004)

Maturité et récolte

Selon les cultivars et les conditions de culture, les oignons seront à maturité 90 à 120 jours après la transplantation au jardin. Lorsque les feuilles commencent à jaunir et que 40 à 50% de celles-ci commencent à se coucher naturellement, on peut plier les feuilles encore dressées à l'intérieur de la planche. La récolte doit se faire environ 10 jours après, au cours d'une journée chaude et sèche. Étaler les oignons sur des journaux ou sur des treillis et laisser sécher au soleil (ou s'il pleut, dans un endroit protégé bien ventilé) au moins une semaine puis couper les tiges à 2,5 cm du bulbe.

Ravageurs et maladies

Mouche de l'oignon, certaines maladies

Oignon égyptien.

Oignon patate.

Échalote de Sainte-Anne.

Plusieurs légumes apparentés à l'oignon ont également beaucoup d'intérêt. Ce sont:

- L'oignon égyptien (*Allium cepa var. prolifererum*): une plante vivace aux propriétés ornementales très intéressantes, dont on consomme les bulbilles, les feuilles et les gousses.
- L'échalote de Sainte-Anne (*Allium lusitanicum*) et l'oignon patate (*Allium cepa var. aggregatum*). On les cultive principalement dans le but de les utiliser très tôt au printemps comme oignon, mais les petits bulbes peuvent être consommés à l'automne.
- La véritable échalote (*Allium ascalonicum*) est un petit oignon à bulbe composé (plusieurs gousses comme l'ail, mais pas de pellicule commune). Ex.: l'échalote française ou l'échalote grise.
- L'oignon égyptien, l'échalote de Sainte-Anne et l'oignon patate sont rustiques sous nos conditions, alors que la véritable échalote ne l'est pas toujours.

PANAIS

Nom latin : *Pastinaca sativa*
Nom anglais : Parsnip
Famille : Apiacées

Description

Le panais est une plante légumière bisannuelle, cultivée comme une annuelle. Proche parent de la carotte, comme elle, le panais est cultivé pour sa racine conique. Cette dernière est blanchâtre et présente un goût de noisette à la fois légèrement âcre et sucré. Les feuilles en rosette ressemblent à celles du persil et du céleri, également de la famille des Apiacées.

Panais à la mi-saison.

Comme pour la culture de la carotte, la préparation du lit de semences du panais est très importante. Le sol doit être meuble en profondeur pour permettre aux très longues racines de se déployer. Il doit être exempt de roches sur une profondeur de 30 à 35 cm afin d'éviter que les racines ne se déforment. Enfin, la surface du sol doit être égale pour faciliter une germination uniforme.

Bien que la culture du panais comporte des similitudes avec la culture de la carotte, il s'agit d'une plante dont la croissance est plus lente et la productivité inférieure à la carotte.

Comme les semences du panais ont une courte durée de vie, il est préférable d'utiliser de nouvelles semences chaque année. De plus, un semis dense doit être fait puisque le taux de germination n'est jamais de 100 %. Pour marquer le rang, on peut semer des radis tous les 10 cm. Ces derniers ne seront pas en compétition avec les panais, puisqu'ils seront cueillis très tôt. Comme dans le cas de la carotte, la germination du panais est très lente ; elle peut prendre jusqu'à trois semaines. Durant cette période, le sol doit être maintenu humide.

Très résistant au froid, le panais peut passer l'hiver sous la neige et être récolté le printemps suivant. Dans les endroits où la couverture de neige est réduite, on devra couvrir les panais d'une bonne épaisseur de paillis.

Catégories et cultivars

- Racines longues (30 à 45 cm): 'Hollow Crown'
- Racines demi-longues (20 à 30 cm): 'Harris Model', 'Andover', 'Lancer'

Multiplication

- Semis extérieur: de 2 à 3 semaines avant le dernier gel
- Espacement des semis: 4 cm
- Espacement final entre les plants: de 8 à 12 cm
- Espacement entre les rangs: 40 cm

ATOUTS SANTÉ

Le panais renferme deux fois plus de sucre que la carotte. Il est riche en potassium, en fibres et en folate.

Culture

- Fertilisation:
  - Compost: +
- Exposition: soleil à mi-ombre
- Besoin en eau: important lors de la germination; par la suite, le panais est résistant à la sécheresse.
- Associations: radis, oignon, carotte, betterave, haricot, coriandre

Maturité et récolte

Le panais est à maturité 120 à 140 jours après le semis. Comme le gel contribue à la transformation de l'amidon en sucre, on le récolte tard à l'automne.

Ravageurs et maladies

Altise, mouche de la carotte, papillon du céleri

Panais prêts à être récoltés.

PATATE DOUCE

Nom latin : *Ipomea batatas*
Nom anglais : Sweet potato
Famille : Convolvulacées

Description

La patate douce qu'on appelle également «patate sucrée» est une plante légumière vivace, cultivée comme une annuelle. La patate douce n'est pas comme on pourrait le croire une proche parente de la patate (pomme de terre), même si tout comme cette dernière, on la cultive principalement pour son tubercule. La pomme de terre est une plante de climat froid de la famille des Solanacées, alors que la patate douce, originaire des régions tropicales, est membre de la famille des Convolvulacées, dont fait également partie la jolie gloire du matin. Enfin, les feuilles de la patate douce peuvent être consommées, alors que celles de la pomme de terre sont toxiques.

Les plants de patates douces forment un joli couvre-sol.

La culture de la patate douce peut se faire par fragment de tubercule, mais le plus souvent par des boutures enracinées vendues chez quelques fournisseurs. Un des secrets de la culture des patates douces réside dans le choix du cultivar. Pour vous assurer d'une récolte acceptable, procurez-vous des cultivars pour saison courte. Il vaut mieux éviter d'acheter des patates douces qui sont vendues en épicerie ; elles ne sont pas nécessairement adaptées à nos conditions.

Patate douce et géotextile.

Le deuxième secret qui concerne la culture de la patate douce est de lui procurer le maximum de chaleur. Le fait d'utiliser un géotextile noir pour couvrir le sol y contribue grandement. Dans les régions plus fraîches, la culture dans une couche ou sous tunnel est une pratique quasi incontournable.

La plante, qui requiert un sol bien amendé en compost, produit de très longues tiges rampantes qui peuvent atteindre jusqu'à cinq mètres de longueur. Elle forme littéralement un tapis, telle une jolie plante couvre-sol. Une fois bien implantée, la patate douce requiert peu de soins.

Malgré de bonnes précautions, il n'est pas très facile de conserver des tubercules de patate douce dans le but de les replanter d'une année à l'autre. Si vous voulez tenter l'expérience, entreposez-les dans une pièce dont la température se situe autour de 18 °C. À la fin de l'hiver, soit 12 à 14 semaines avant le dernier gel, coupez des sections de tubercules et plantez-les dans des pots individuels. Lorsque les tiges atteindront 10 cm de longueur, coupez-les et placez-les dans l'eau jusqu'à leur transplantation au jardin.

Cultivar

- 'Georgia Jet', 'Superior'

Multiplication

- Transplantation des boutures enracinées : 2 semaines avant le dernier gel
- Espacement final entre les plants : de 35 à 40 cm
- Espacement entre les rangs : 100 cm

Culture

- Fertilisation :
  - Compost : ++
- Exposition : ensoleillé
- Besoin en eau : moyen
- Associations : le maïs comme brise-vent

Maturité et récolte

Les patates douces sont à maturité 100 à 140 jours après la plantation des boutures au jardin. On les récolte lorsque le gel a détruit le feuillage. Les tubercules doivent être déterrés avec soin, car ils sont fragiles.

Ravageurs et maladies

Altise, oïdium

ATOUTS SANTÉ

La patate douce contient plus de bêta-carotène que n'importe quel autre légume, incluant la carotte. (Joseph, 2004)

Le bêta-carotène se transforme en vitamine A dans l'organisme. Cette conversion est facilitée lorsqu'on ingère un peu de matière grasse, comme de l'huile d'olive, au même repas. (Collection Protégez-vous, 2007)

La récolte de patate douce.

PIMENT ET POIVRON

Nom latin du poivron : *Capsicum annuum*
Noms latins des piments : *C. annuum, C. baccatum, C. chinensis, C. frutescens, C. pubescens*
Nom anglais : Hot pepper (piment), Sweet pepper (poivron)
Famille : Solanacées

Les piments croissent bien en pot. Ici un piment Jalapeno.

Description

Le piment et le poivron (ou piment doux) sont des plantes légumières annuelles. On les cultive pour leurs fruits aux formes et aux couleurs variées.

Je suis toujours un peu étonnée de constater que l'on trouve dans certains catalogues de semences des cultivars de poivrons verts puisque ces derniers sont en fait des poivrons immatures. Lorsqu'ils sont récoltés à maturité, ces poivrons deviennent rouges, jaunes, orangés, etc. Ils ont meilleur goût et sont plus nutritifs.

Un poivron qui passe du vert au rouge.

Les poivrons verts sont des poivrons immatures.

Le principal problème rencontré dans la culture des poivrons vient du fait qu'ils sont particulièrement sensibles au temps frais et venteux. Ces conditions entraînent la chute des fleurs et, par conséquent, une mise à fruit réduite. Pour contourner le problème, les plants ont avantage à être protégés durant deux à trois semaines après la transplantation. Une autre stratégie consiste à transplanter les plants plus tard lorsqu'ils possèdent déjà quelques fruits.

Les poivrons ont avantage à être protégés du froid et du vent.

La culture des piments forts est plus facile, car ces derniers résistent davantage au froid. Plusieurs ont des qualités ornementales très intéressantes. Les piments contiennent de la capsaïcine, un composé qui produit une sensation de chaleur et de brûlure dans la bouche. C'est également le pouvoir répulsif de la capsaïcine qui est utilisé dans «les armes de défense au poivre de cayenne» et dans la recette d'insecticide maison que vous retrouverez dans le chapitre 5. Les piments sont classés selon leur teneur en capsaïcine; c'est ce qu'on appelle l'échelle de Scoville (tableau ci-contre).

TABLEAU 16

ÉCHELLE DE SCOVILLE DES PIMENTS

Force	Goût	Catégorie ou cultivar
0	Neutre	Poivron
1	Doux	Poivron d'Espagne
2	Doux chaleureux	Piment d'Anaheim
3	Doux relevé	Piment Ancho
4	Doux chaud	Piment d'Espelette
5	Moyen fort	Piment Jalapeno
6	Moyen ardent	Piment de Cayenne
7	Moyen brûlant	Piment Cascabel
8	Fort torride	Piment de Arbol
9	Fort volcanique	Piment Tabasco
10	Fort explosif	Piment Habanero

Catégories et cultivars

- Piment: 'Early Jalapeno', 'Hungarian wax', 'Habanero', 'issus d'Espelette', 'Jalapeno'
- Poivron rouge: 'King of de North', 'Lipstick', 'Ace' (h), 'Early Niagara Giant'
- Poivron orange: 'Doe Hill', 'Mandarine'
- Poivron jaune: 'Giant Yellow Banana' (h)
- Poivron mauve: 'Islander' (h)
- Poivron noir: 'Sweet Chocolate'

Poivron jaune.

Multiplication

- Semis et transplantation:
  - Semis intérieur: de 10 à 12 semaines avant le dernier gel
  - Transplantation: après le dernier gel (avec protection) ou deux semaines après le dernier gel (sans protection)
- Espacement final:
  - entre les plants: de 30 cm à 40 cm en quinconce

Culture

- Fertilisation:
  - Compost: + (un excès de compost favorise la production des feuilles au détriment des fruits)
  - Extrait de plantes, compost ou engrais d'algues à deux reprises

- Exposition : soleil
  - Exposition : maximum d'ensoleillement et de chaleur
  - Après la transplantation, protéger les plantes du vent et du froid avec mini-tunnel ou enclos plastifié.
  - Un paillis noir conserve le sol plus chaud.
- Besoin en eau : constant. Les piments concentrent davantage de capsaïcine lorsqu'ils sont soumis à des conditions de sécheresse dans les jours précédant la récolte.
- Associations : carotte, oignon, radis, marjolaine, sarriette, laitue
- Divers : exceptionnellement, les poivrons dont la hauteur dépasse 60 cm doivent être tuteurés.

Maturité et récolte

Les poivrons et les piments sont à maturité 40 à 70 jours après la transplantation. L'idéal est de les récolter à maturité, c'est-à-dire lorsqu'ils ont atteint leur couleur (rouge, jaune, orange). Cependant, le fait de les récolter immatures (verts) augmente la productivité lorsque la saison de croissance est courte, d'autant plus que ces plantes sont sensibles au gel et que les fruits doivent être récoltés avant le premier gel d'automne.

Pour les poivrons de grandes dimensions, on peut espérer récolter 3 ou 4 fruits par plant, mais ceux de petites dimensions sont souvent plus productifs. Quant aux plants de piments, ils peuvent produire de 10 à 20 fruits chacun.

ATOUTS SANTÉ

Le poivron est le légume qui contient le plus de vitamine C. Il est plus riche que l'orange. Le poivron rouge contient deux fois plus de vitamine C et neuf fois plus de vitamine A que le poivron vert. (Joseph, 2004)

La capsaïcine du piment est dotée de propriétés anti-inflammatoires. (Adam, 2009)

Lors de la récolte des piments, il est prudent de porter des gants et d'éviter de se frotter les yeux.

Ravageurs et maladies

Limace, ver gris, puceron

POIREAU

Nom latin : *Allium porrum*
Nom anglais : Leek
Famille : Liliacées

Description

Pour favoriser un long fût blanc, les plants de poireaux sont buttés au cours de la saison.

Le poireau est une plante légumière bisannuelle, cultivée comme une annuelle. On en consomme le fût qui est, en fait, une fausse tige formée des feuilles matures qui entourent les jeunes feuilles au centre du plant. De la même famille que l'ail et l'oignon, le poireau ne forme pas de bulbe comme ces derniers. Sa saveur est plus douce et plus délicate que l'oignon.

La culture du poireau débute par un semis intérieur qui doit être fait très tôt. Il se plaît bien dans les terres lourdes et fraîches. Autrement, il requiert un sol riche en matière organique. Le poireau réagit bien aux apports de mycorhizes à la plantation.

Pour favoriser un long fût blanc, les jeunes plants sont plantés au fond d'une tranchée qui est progressivement comblée avec de la terre. Les plants sont buttés au milieu de l'été, une fois les plantes associées récoltées. Le blanc a une saveur plus douce, mais c'est la partie verte qui recèle davantage de vitamines. Pour profiter de tous ses atouts, il est préférable de consommer le poireau dans son entier.

Catégories et cultivars

- Poireau d'été (plus petits) : 'Jolant', 'French Summer'
- Poireau d'hiver (plus résistants au froid) : 'Bandit', 'Hannibal'

Multiplication

- Semis intérieur : de 12 à 14 semaines avant le dernier gel
- Transplantation : de 3 à 4 semaines avant le dernier gel. Transplanter aux 10 cm dans une tranchée de 10 cm de profondeur. Couvrir de sol jusqu'à la jonction des premières feuilles (collet).

Les jeunes plants de poireaux sont plantés dans une tranchée de 10 cm de profondeur.

- Espacement entre les plants : 10 cm
- Espacement entre les rangs : 30 cm

Culture

- Fertilisation :
  - Compost : ++
  - Extrait de plantes ou de compost une à deux fois
- Exposition : soleil
- Besoin en eau : assez exigeant
- Associations : radis, laitue, épinard ou autres plantes qui seront récoltées au milieu de l'été.
- Divers :
  - Tailler du tiers les feuilles et les racines à la transplantation.
  - Combler la tranchée de sol au fur et à mesure que la tige se développe et butter en milieu d'été.

Maturité et récolte

Les poireaux d'été sont à maturité 70 à 100 jours après la transplantation au jardin, alors que les poireaux d'hiver requièrent 80 à 115 jours. Ces derniers peuvent être récoltés très tard, car ils résistent bien au gel. Vous pourrez même laisser quelques plants au jardin durant l'hiver dans le but de les récolter le printemps suivant. Si le site n'est pas suffisamment recouvert de neige, couvrez les poireaux d'un épais paillis.

Ravageurs et maladies

Mouche de l'oignon, teigne du poireau

ATOUTS SANTÉ

Le poireau ainsi que toutes les plantes légumières issues du genre *Allium* freinent le développement du cancer tant par leur action protectrice envers les dommages causés par les substances cancérigènes que par leur capacité à empêcher les cellules cancéreuses de croître. (Béliveau, 2005)

POIS

Nom latin : *Pisum sativum*
Nom anglais : Pea
Famille : Fabacées

Description

Les pois sont supportés par des ficelles tendues entre deux piquets.

Le pois est une plante légumière annuelle dont on consomme la gousse (ou la cosse) en entier, comme c'est le cas pour le pois mange-tout et le pois de neiges, ou seulement les graines dans le cas des pois à écosser et des pois secs. Ce sont ces derniers qui entrent dans la recette de soupe aux pois bien connue des Québécois.

Le pois est un légume qui ne craint pas le froid. C'est d'ailleurs un des premiers, après l'épinard, qui peut être semé très tôt au printemps.

Le pois, tout comme les autres plantes légumières de la famille des Fabacées a la capacité de fixer l'azote de l'air grâce aux bactéries qui vivent en symbiose avec ses racines. Cela se traduit par la présence de nodosité (des petites boursouflures qui se forment sur les racines). À la première année de culture, il est possible d'ajouter un inoculent spécifique à la culture des pois.

Certains cultivars sont nains, d'autres sont grimpants, mais tous ont tendance à grimper et à s'accrocher grâce à leurs vrilles.

Catégories et cultivars

- Pois à écosser : 'Lincoln' et 'Little Marvel' (nain), 'Tall Télephone' (grimpant), 'Patriot'

- Pois mange-tout : cosses rondes, charnues et comestibles : 'Sugar Ann' (nain), 'Sugar Snap' (grimpant), 'Mamouth Melting Sugar' (grimpant)
- Pois des neiges : cosses minces, aplaties et comestibles : 'Norli' (nain) 'Super sugar Pod'
- Pois sec : 'Round green' (nain), 'Blue pod capucijners' (nain)

Multiplication

- Semis extérieur : de 4 à 6 semaines avant le dernier gel, suivi de semis successifs aux 2 semaines jusqu'au dernier gel
- Espacement des semis : 2 cm
- Espacement final entre les plants : 5 cm
- Espace entre les rangs : 30 cm

Culture

- Fertilisation :
  - Compost : 0 (sauf première année d'implantation). Un excès d'azote risque de faire tomber les fleurs et de favoriser un feuillage excessif.
- Exposition : soleil, tolère la mi-ombre

Les pois grimpent sur un treillis métallique.

- Besoin en eau : bas en période végétative, haut en période de mise à fruit
- Associations : à cause de sa grande taille, il n'est pas simple de l'associer sauf avec l'éternelle amie de tous… la laitue qui profitera de son ombrage.
- Divers :
  - Butter lorsque les plants atteignent 20 cm de hauteur.
  - Installer des supports de 50 cm pour les cultivars nains et 1,5 m pour les cultivars grimpants :
    - ficelle, fil ou treillis métallique tendu entre deux ou quatre piquets ;
    - treillis de bois (non traité) ;
    - support quelconque confectionné avec des branches.

Maturité et récolte

Les pois arrivent à maturité 55 à 80 jours après le semis. La récolte doit se faire progressivement tous les deux ou trois jours sauf pour les pois secs qui seront récoltés lorsque les cosses auront changé de couleur.

La récolte des pois des neiges débute lorsque les cosses sont encore plates et que les grains sont à peine perceptibles. Dans le cas des pois mange-tout, on attend que les grains soient en formation. Enfin, les pois à écosser peuvent être récoltés lorsque les grains sont bien dodus.

Après la récolte, il faut éviter d'arracher les plants afin de profiter de l'azote contenu dans les nodules de leurs racines. On devrait plutôt couper les plants et les laisser sur le sol.

ATOUTS SANTÉ

Comme les autres légumes de la famille des Fabacées, les pois sont une bonne source de protéines et de fibres.

Ravageurs et maladies

Puceron, vers gris, mildiou, anthracnose, fusarium

POMME DE TERRE

Nom latin : *Solanum tuberosum*
Nom anglais : Potato
Famille : Solanacées

Description

La pomme de terre est une plante légumière vivace, cultivée comme une annuelle. On consomme le tubercule dont la peau et la chair sont de couleur variées. Contrairement à la plupart des autres plantes légumières, la culture de la pomme de terre débute avec la plantation d'un tubercule ou d'une section de tubercule et non d'une graine.

Les plants de pommes de terre ont avantage à être buttés lorsqu'ils atteignent 20 cm.

Il vaut mieux utiliser les pommes de terre achetées chez un fournisseur spécialisé ou issues de notre propre culture puisque celles du supermarché peuvent avoir été traitées avec un produit qui inhibe la germination.

Même si de nos jours la pomme de terre n'a pas toujours bonne réputation en raison de son indice glycémique élevé (sa capacité à augmenter le taux de sucre dans le sang), au cours de l'histoire, la consommation de la pomme de terre a été vitale pour bien des peuples. La pomme de terre qui est originaire des Andes est cultivée depuis près de 6000 ans ; mais ce n'est que vers le milieu du XVIIIe siècle qu'elle est devenue populaire en Europe à la suite d'une famine. C'est à ce moment qu'Antoine Auguste Parmentier créa de nombreux plats à base de pomme de terre à laquelle son nom est encore associé aujourd'hui. En Amérique du Nord, la pomme de terre a fait son entrée vers 1840 avec l'arrivée massive des Irlandais qui fuyaient leur pays, victimes d'une importante famine provoquée par le mildiou qui décima presque complètement les cultures de pomme de terre.

Catégories et cultivars

- Peau blanche : 'Kennebec', 'Russet Burbank'
- Peau rouge : 'Red Gold' (chair jaune), 'Norland rouge' (chair blanche)
- Chair jaune : 'Yukon Gold', 'Banana'
- Chair bleue : 'Blue Mac', 'All blue'
- Chair rose : 'All red'

Multiplication

- Plantation : de 2 à 3 semaines avant le dernier gel. On plante les tubercules au complet s'ils sont plus petits qu'une balle de golf. S'ils sont plus gros, on les coupe 2 à 3 jours avant de les planter en laissant 2 à 3 yeux par morceaux.
- Profondeur de la plantation : de 8 à 10 cm
- Espacement entre les plants : 30 cm
- Espacement entre les rangs : 60 cm

Culture

- Fertilisation :
  - Compost : + à ++
  - Extraits de plantes, de compost, ou engrais d'algues une à deux fois
- Exposition : soleil
- Besoin en eau : ne doit pas manquer d'eau à partir du stade de la floraison.
- Associations : haricot
- Divers :
  - La pomme de terre apprécie un pH acide. Il faut éviter les apports de chaux et de cendre qui favorisent la prolifération de la gale commune.
  - Lorsque les plants atteignent 20 cm, les butter pour éviter que les tubercules ne voient la lumière. Butter à nouveau 2 semaines plus tard de façon que le monticule atteigne 15 à 20 cm de hauteur.

Maturité et récolte

Les pommes de terre nouvelles peuvent être récoltées juste après la floraison pour une consommation immédiate, car elles ne se conservent pas. Les pommes de terre destinées à être conservées sont à maturité 90 à 120 jours après la plantation des tubercules. Lorsque les plants commencent à faner, tailler les tiges et les détruire. Les tubercules pourront être récoltés 10 à 15 jours plus tard. Cette étape qui permet à la peau de s'épaissir assure une meilleure conservation des tubercules.

Lorsque les plants commencent à faner, tailler les tiges et les détruire.

Attention ! Si les tubercules présentent de petites parties vertes, on devrait les enlever et même jeter les pommes de terre dans les cas où la région touchée est importante. Cela indique que le tubercule a été exposé à la lumière et est susceptible de contenir une toxine : la solanine.

Ravageurs et maladies

Ver gris, doryphore, altise, taupin, hanneton, plusieurs maladies

ATOUTS SANTÉ

La pomme de terre est un aliment très nutritif et riche en composés aux multiples effets positifs sur la santé. Surtout lorsque l'on conserve sa pelure. (Béliveau, 2007)

RADIS

Nom latin : *Rhaphanus sativus*
Nom anglais : Radish
Famille : Brassicacées

Description

Les radis français, comme tous les radis communs, gagnent à être semés tôt au printemps.

Le radis est une plante légumière annuelle ou bisannuelle selon la variété. C'est le plus souvent la racine qui est consommée. Elle est petite, dans le cas des radis cultivés au printemps, mais beaucoup plus imposante, pour les variétés cultivées à l'automne.

La germination du radis commune est très rapide. Les jeunes plants lèvent 3 à 5 jours après le semis. C'est grâce à cette rapidité qu'il est possible d'utiliser le radis pour marquer le rang des plantes dont la germination est lente.

Les radis Daïkon, comme les radis d'hiver, pourront être semés 4 à 5 semaines avant le premier gel d'automne.

Le radis préfère des températures fraîches. C'est pourquoi on le cultive au printemps ou à l'automne. Il tolère un gel léger. Quoique certains cultivars soient plus résistants par temps chaud et sec, la plante monte rapidement en graines et la racine devient fibreuse et piquante.

Même s'il est plus fréquemment consommé cru, le radis, principalement le radis d'hiver, peut également être cuit. Les jeunes feuilles peuvent se consommer crues en salade ou cuites à la façon des épinards.

Pour profiter d'un jardin à longueur d'année, à l'intérieur, les semences de radis peuvent être germées facilement tout comme on le fait pour les graines de luzerne. Leur saveur piquante se rapproche de celle du cresson.

Catégories et cultivars

- Petit radis commun (court, rouge) : 'Cherry Belle', 'Comet'
- Radis commun français (blanc à rouge, cylindrique) : 'D'Avignon'
- Radis Daïkon (blanc, long, cylindrique) : 'Japanese Nerima'
- Radis d'hiver (sphérique, grosse dimension) : 'Red Meat' (peau verte, chair rose), 'Nero Tondo' (radis noir)

Multiplication

- Semis extérieur de printemps pour le radis commun et le radis français : aussitôt que le sol peut être travaillé, suivi de semis successifs jusqu'à la mi-juin
- Semis extérieur d'automne pour le radis Daïkon et le radis d'hiver : 4 à 5 semaines avant le premier gel d'automne
- Espacement des semis : 1 cm pour les radis communs et 5 cm pour les radis Daïkon et les radis d'hiver
- Espacement final entre les plants : 2,5 cm pour les radis communs et les radis français et 10 cm pour les radis Daïkon et les radis d'hiver
- Espacement entre les rangs : 20 cm pour les radis communs et français et 30 cm pour les radis Daïkon et les radis d'hiver

Culture

- Fertilisation :
  - Compost : + (l'excès d'azote entraîne la surproduction de feuilles au détriment de la racine)
- Exposition : soleil, tolère la mi-ombre
- Besoin en eau : élevé, le manque d'eau confère au radis un goût piquant.
- Associations : tomate, concombre, laitue. Les radis sont utiles pour marquer le rang des cultures dont la germination est lente, comme la carotte et le panais.

Maturité et récolte

Les radis communs sont parmi les premiers légumes qu'on récolte au printemps. Ils arrivent à maturité 25 à 50 jours après le semis. On les cueille lorsqu'ils sont encore jeunes avant qu'ils deviennent fibreux, fendent et prennent un goût amer.

Les radis Daikon et les radis d'hiver sont à maturité 50 à 70 jours après le semis. On les récolte avant les fortes gelées, mais ils peuvent tolérer des températures aussi basses que –3 °C.

ATOUTS SANTÉ

Le radis commun et le radis français sont en grande partie constitués d'eau et peu caloriques, ce qui en fait, avec les laitues, des légumes intéressants dans une diète amaigrissante. Les radis d'automne sont plus nutritifs que les radis communs. Le radis noir est reconnu comme ayant les vertus de stimulant hépatique.

Ravageurs et maladies

Altise, mouche du chou

RHUBARBE

Nom latin : *Rheum rhabarbarum, rheum rhaponticum, rheum palmatum*
Nom anglais : Rhubarb
Famille : Polygonacées

Description

La rhubarbe est une plante vivace très rustique.

La rhubarbe est une plante vivace. On la cultive pour ses tiges qui sont en fait des pétioles (la partie rétrécie de la feuille) légèrement aplatis en forme de gouttière et qui ont un goût acidulé. Même si la rhubarbe est classée parmi les plantes légumières, en cuisine elle est plutôt considérée comme un fruit puisqu'elle entre dans la confection des confitures et des tartes, telle la délicieuse tarte aux fraises et à la rhubarbe.

Cette plante vivace très rustique est peu affectée par les ravageurs et les maladies. Elle n'entre pas dans le processus de rotation avec les autres plantes légumières. On doit lui allouer une place où elle pourra produire durant au moins 15 ans et même beaucoup plus, surtout si on lui procure des apports de compost régulièrement.

Les très grandes feuilles cordiformes (en forme de cœur) de la rhubarbe ainsi que sa jolie hampe florale blanche confèrent à la plante un attrait ornemental très intéressant.

Il faut absolument éviter de consommer le limbe (la partie plate) des feuilles, car celles-ci sont hautement toxiques à cause, entre autres, des oxalates qu'elles contiennent. Pour la même raison, il est préférable de ne pas composter les feuilles de rhubarbe qui risquent d'affecter les organismes décomposeurs. Mais la bonne nouvelle, c'est que les feuilles peuvent être utilisées comme insecticide comme vous le verrez dans le chapitre 5.

Catégories et cultivars

- Pétioles rouges: 'Canada red', 'Mcdonald'
- Pétioles verts: 'Victoria'

Multiplication

- On cultive la rhubarbe à partir de jeunes plants achetés en pot ou prélevés par division. Ils doivent être plantés au printemps ou à l'automne. On doit voir à ce que les bourgeons soient bien visibles à la surface du sol.
- Espacement entre les plants: 1 m

Culture

- Fertilisation:
  - Compost: ++
- Exposition: soleil
- Besoin en eau: moyen
- Associations: fleurs vivaces et plantes aromatiques vivaces telles que thym, estragon, ciboulette

Maturité et récolte

Les récoltes peuvent débuter deux ans après la plantation. La qualité des pétioles est à son meilleur au printemps.

Ravageurs et maladies

Limaces et perce-oreilles (les dommages sont minimes)

ATOUTS SANTÉ

La rhubarbe contient de grandes quantités de fibres, d'où ses propriétés laxatives.

Faites d'abord tremper les pétioles dans une eau additionnée de sel pendant quelques minutes avant d'inclure la rhubarbe dans vos recettes de confitures et de tartes. Puisque cette technique contribue à atténuer l'acidité de la rhubarbe, vous pourrez diminuer la quantité de sucre.

ROQUETTE

Nom latin : *Eruca sativa* et *Diplotaxis tenuifolia*
Nom anglais : Arugula et Rocket
Famille : Brassicacées

Description

La roquette est une plante légumière annuelle ou vivace selon le cultivar. Ses feuilles qui ont un goût mi-poivré, mi-noisette sont très appréciées seules ou comme composantes de mescluns.

La culture de la roquette s'apparente à celle du radis. Tout comme lui, elle apprécie les conditions fraîches du printemps et de l'automne. Autrement, en été, elle profite de conditions mi-ombragées, car la chaleur et la sécheresse la font monter en graines.

La roquette la plus couramment cultivée est la roquette à fleurs blanches. Mais on retrouve également chez certains semenciers la roquette à fleurs jaunes appelée aussi roquette à feuilles étroites ou roquette sauvage. Elle est généralement considérée comme une plante annuelle, mais elle se comporte comme une vivace lorsqu'elle profite d'une bonne protection, soit une épaisse couche de neige ou de paillis. La roquette à fleurs jaunes est plus piquante et se ressème abondamment…

Roquette 'Arugala'.

Roquette 'Skyrocket'.

Catégories et cultivars

- À fleurs blanches (*Eruca sativa*) : 'Arugala', 'Astro'
- À fleurs jaunes (*Diplotaxis tenufolia*) : 'Sylvetta', 'Discovery', 'Skyrocket'

Multiplication

- Semis extérieur au printemps: dès que le sol peut être travaillé
- Semis extérieur pour récolte d'automne: de 4 à 6 semaines avant le premier gel
- Espacement des semis: 3 cm
- Espacement final entre les plants: 15 cm
- Espacement entre les rangs: 30 cm

Culture

- Fertilisation:
  - Compost: +
- Exposition: soleil, tolère la mi-ombre
- Besoin en eau: constant
- Associations: laitue, épinard, chou chinois, brocoli

Maturité et récolte

La roquette est à maturité 30 à 45 jours après le semis. Le fait de récolter les feuilles progressivement contribue à stimuler la production de nouvelles feuilles. Celles-ci sont coupées en partant de la base vers le haut, mais le plant peut être récolté en entier.

Ravageurs et maladies

Altises

ATOUTS SANTÉ

La roquette est une bonne source de vitamine K et de folate. Comme la plupart des légumes de la famille des Brassicacées, elle contient des composés potentiellement anticancers.

TÉTRAGONE

Nom latin : *Tetragone tetragonoïdes*
Nom anglais : New Zealand spinach
Famille : Aïzoacées

Description

La tétragone forme une jolie plante couvre-sol.

La tétragone ou « épinard de Nouvelle-Zélande » est une plante légumière annuelle dont on consomme les feuilles triangulaires charnues. Elle est, comme son nom l'indique, originaire de la Nouvelle-Zélande, mais sa culture n'a rien à voir avec celle du véritable épinard.

La tétragone est une jolie plante couvre-sol dont les tiges rampantes peuvent s'étaler jusqu'à un mètre de diamètre. Ses feuilles peuvent se consommer crues ou cuites. C'est d'ailleurs une alternative intéressante à l'épinard, car la tétragone n'a pas tendance à monter en graines sous l'effet de la chaleur comme celui-ci. Bien au contraire, la tétragone apprécie les fortes chaleurs de l'été. Si vous voulez découvrir le goût de la tétragone, vous n'aurez d'autre choix que de la cultiver, puisque ce légume est rarement commercialisé.

La tétragone peut être démarrée à l'intérieur pour être transplantée au jardin, ou encore être semée directement au jardin. Pour faciliter la germination, la semence profite d'un trempage dans l'eau tiède durant 24 heures avant le semis.

Cultivar

- 'Tetragonia', 'New Zealand'

Multiplication

Jeune plant de tétragone.

- Semis intérieur : 4 semaines avant le dernier gel
- Transplantation : après le dernier gel
- Semis extérieur : après le dernier gel
- Espacement des semis extérieurs : 15 cm
- Espacement final entre les plants : 45 cm
- Espacement entre les rangs : 1 m

Culture

- Fertilisation :
  - Compost : +
- Exposition : soleil
- Besoin en eau : tolérante à la sécheresse
- Associations : comme plante couvre-sol avec les Brassicacées, la tomate, le poivron et l'aubergine
- Divers : sensible au gel

Maturité et récolte

La tétragone est à maturité 50 à 60 jours après le semis. La récolte des feuilles ou des extrémités de tiges à différents endroits sur le plant tout au long de la croissance favorise la densification du plant. Les plants doivent être récoltés en entier avant les risques de gel.

Ravageurs et maladies

Peu de dommage, sauf pour les limaces occasionnellement

ATOUTS SANTÉ

La tétragone est riche en vitamine C et en fibres. Elle est peu calorique.

TOMATE

Nom latin : *Lycopersicon esculentum*
Nom anglais : Tomato
Famille : Solanacées

Description

La tomate est une plante légumière annuelle. Elle est la plus cultivée au monde et l'incontestable reine des potagers québécois. Son fruit, la pomme d'or, comme l'appelaient les Italiens qui la consommaient déjà au XVIe siècle, n'est consommé en Amérique du Nord que depuis 200 ans.

La diversité des cultivars de tomates est impressionnante.

Sa popularité vient sans doute du fait qu'elle est relativement facile à cultiver, qu'elle s'adapte à tous les modes de culture, du potager à la culture en pot, qu'elle peut être consommée crue ou cuite et qu'elle est très nutritive tout en étant peu calorique.

La tomate requiert un sol riche, beaucoup de lumière et de chaleur, mais toutefois moins que d'autres légumes de la famille des Solanacées tels que le piment et l'aubergine. Parce que la saison de croissance de la tomate est relativement longue, on doit absolument démarrer la tomate par semis intérieur. Si vous n'avez jamais fait de semis intérieur, c'est sans doute avec la tomate que vous obtiendrez les meilleurs résultats. De cette façon, vous aurez accès à de nombreux cultivars qui ne sont pas commercialisés. Autrement, vous devrez acheter des plants.

Que vous démarriez vos plants de tomates par semis intérieur ou que vous achetiez des plants, ne manquez surtout pas de noter le nom du ou des cultivars dans votre journal de bord. Il existe des milliers de cultivars de tomates aux couleurs et aux formes diversifiées. Il y en a pour tous les goûts. Personnellement, je cultive

Les tomates de type déterminé requièrent un cerceau métallique comme support.

Les tomates de type indéterminé requièrent un tuteur unique.

une dizaine de cultivars différents chaque année. Certains sont des classiques, mais j'aime bien essayer quelques cultivars moins communs. De la minuscule 'Petit Moineau', qui est peu affectée par les maladies et que je laisse grimper librement sur une clôture, jusqu'à l'imposante 'Sweet American banana' de catégorie 'à purée' dont une seule tomate vous fera une sauce pour la maisonnée, en passant par la délicieuse 'Brandywine', je ne cesse de m'émerveiller de cette formidable diversité.

Les tomates sont classées en deux grands types de croissance, soit le déterminé et l'indéterminé. C'est le type de croissance qui détermine la période du semis, le type de tuteur et la nécessité de tailler ou non. C'est une information à connaître absolument lorsque vous achetez des semences ou des plants.

- Type déterminé (dét.) : les plants sont compacts et précoces. Ils atteignent plus ou moins un mètre de hauteur, puis ils cessent de croître. Ils portent une branche de feuilles par grappe de fruits (un type intermédiaire moins commun, le type semi-déterminé produit deux branches par grappe de fruits). Les fruits mûrissent tôt, mais sur une courte période, ce qui peut être un avantage dans les régions où la saison de croissance est courte. La plupart des hybrides modernes sont de type déterminé.
- Type indéterminé (ind.) : la croissance des plants est aussi longue que les conditions le permettent. Ils peuvent atteindre plus de deux mètres de hauteur. Ils portent trois branches de feuilles par grappe de fruit. La production des fruits est plus tardive que le type déterminé, mais elle est continue et plus abondante. La saveur des tomates à croissance indéterminée est souvent supérieure à celle des tomates à croissance déterminée. La plupart des cultivars anciens sont de type indéterminé.

Catégories et cultivars

- Rouge : 'Brandywine' (ind.), 'Fantastique' (h, ind.)
- Rose : 'Savignac' (ind.)
- Jaune : 'Abel' (dét.), 'Jubilée jaune' (ind.), 'Yellow Brandywine' (ind.)

- Autres couleurs : 'Green Zebra' (jaune striée de vert, ind.), 'Noir de Crimée' (rouge teintée de noir, ind.)
- Italienne ou à purée (couleurs variées) : 'Maria' (rouge, dét.), 'Roma' (rouge, dét.), 'Orange banana' (jaune, ind.)
- Cerise (couleurs variées) : Sweet million (rouge, ind., h) 'Gold Nugget' (jaune, dét.) Tiny Tim (rouge, dét., h), Golden Cherry (jaune, ind.), 'Sun Drop' (orange, ind.)
- Poire (petites, couleurs variées) : 'Red Pear' (rouge, ind.), 'Yellow Pear' (jaune, ind.)
- Groseille (minuscules) : 'Petit Moineau' (rouge, ind.)

Tomate 'Sweet American banana'.

Tomate italienne 'Maria'.

Tomate 'Petit Moineau' et gloire du matin.

Multiplication

- Semis intérieur : de 10 à 12 semaines avant le dernier gel pour les tomates de type indéterminé, et de 8 à 10 semaines avant le dernier gel pour les tomates de type déterminé
- Transplantation : après le dernier gel
- Espacement final entre les plants : 60 cm en quinconce (à croissance déterminée) et 45 cm (à croissance indéterminée)

Culture

- Fertilisation :
  - Compost : +++
  - Extrait de plante ou de compost, ou engrais d'algues à deux reprises
- Exposition : soleil

- Besoin en eau : élevé, le paillis est un incontournable, l'arrosage doit se faire directement au pied du plant et non sur le feuillage.
- Associations : laitue, basilic, persil, tagète
- Divers :
  - À la transplantation, enlever toutes les fleurs ainsi que les deux premières feuilles du bas. Planter profondément de façon que les premières feuilles soient à quelques centimètres du sol. Si le plant est frêle ou étiolé, planter celui-ci en le couchant dans une tranchée. Dans le trou de plantation, ajouter une tasse de compost et une cuillère à soupe de phosphate minéral ou des mycorhizes. Protéger du vent et du froid durant les deux semaines qui suivent la plantation.
  - Support :
    - Cerceau métallique pour les tomates de type déterminé
    - Tuteur de 1,5 m à 2 m pour les tomates de type indéterminé. La tige centrale unique doit être attachée au tuteur à l'aide d'un lien souple à mesure qu'elle croît. Différents liens peuvent être utilisés pour attacher les plants de tomates. Évitez de réutiliser des liens qui ont déjà servi. Privilégiez les liens biodégradables tels que des bandelettes de coton ou de jute, de la corde de sisal ou du raphia. Une autre façon de supporter les tomates de type indéterminé consiste à les attacher à des cordes suspendues à des supports métalliques communs pour un groupe de plants.

Les plants de tomates de type indéterminé doivent être attachés au tuteur unique.

Les gourmands des plants de tomates de type indéterminé doivent être taillés dès leur apparition.

La tête des plants de tomates de type indéterminé doit être coupée au milieu de l'été.

- Taille :
  - Type déterminé : aucune taille
  - Type indéterminé : après la plantation, inspecter les plants toutes les semaines et tailler les gourmands dès leur apparition, de façon à ne conserver que la tige principale. Au début d'août, étêter les plants au-dessus de deux feuilles qui suivent la dernière grappe de fruits.
  - Tout au long de la croissance, taillez les feuilles malades, mais évitez les tailles draconiennes qui risqueraient d'entraîner des 'coups de soleil' aux tomates et une baisse de la production.

Maturité et récolte

Les tomates sont à maturité 60 à 80 jours après la transplantation au jardin. L'idéal est de les consommer progressivement à mesure qu'elles mûrissent, car une tomate qui mûrit sur le plant est beaucoup plus savoureuse et nutritive. La récolte peut se poursuivre jusqu'aux gels ; cependant, des températures inférieures à 10 °C lui font perdre ses qualités gustatives.

Ravageurs et maladies

Limaces, plusieurs maladies

ATOUTS SANTÉ

Le lycopène, responsable de la couleur rouge de la tomate, est reconnu pour prévenir de nombreux cancers, dont celui de la prostate. Les produits cuisinés à base de tomates (pâte de tomate, sauce tomate, etc.) contiennent généralement plus de lycopène et d'autres nutriments du fait qu'ils sont concentrés et associés à l'huile. (Béliveau, 2004)

La concentration du lycopène dépend de la variété de tomate et de son état de maturité : elle est dix fois plus élevée dans la tomate rouge que dans la jaune. (Adam, 2009)

TOPINAMBOUR

Nom latin: *Helianthus tuberosus*
Nom anglais: Jerusalem artichoke
Famille: Astéracées

Description

Le topinambour est une plante légumière vivace dont on consomme le tubercule. On l'appelle parfois «artichaut de Jérusalem» ou «artichaut d'hiver», à cause de son goût qui rappelle celui de l'artichaut. Il est l'un des rares légumes provenant de l'est de l'Amérique du Nord.

Le topinambour est probablement la plante légumière la plus facile à cultiver, mais c'est aussi la plus envahissante. C'est pourquoi le topinambour doit être cultivé à l'extérieur du potager. Proche parent du tournesol, le topinambour peut atteindre 1,5 m à 2 m de hauteur. Il se pare de jolies fleurs jaunes lorsqu'il profite de conditions ensoleillées et d'une saison longue. Les plants qui forment un écran peuvent être utiles comme brise-vent ou encore pour camoufler une clôture ou le tas de compost.

Le topinambour est une plante légumière imposante.

En France, le topinambour a longtemps été considéré comme un légume de pauvreté et de misère. Consommé abondamment durant la Deuxième Guerre mondiale, le topinambour était alors un des seuls légumes disponibles.

Catégories et cultivars

- Forme bosselée: 'Challenger', 'Commun blanc', 'Commun rouge'
- Forme fuselée: 'Sooke', 'Fuseau blanc', 'Fuseau rouge'

Multiplication

- Plantation des tubercules: au printemps, à partir du moment où le sol peut être travaillé ou à l'automne.

- Les tubercules sont plantés à 10 cm de profondeur.
- Espacement entre les tubercules : 60 cm

Le topinambour a un goût qui se rapproche de l'artichaut.

Culture

- Fertilisation :
  - Compost : +
- Exposition : soleil, tolère la mi-ombre
- Besoin en eau : bas
- Associations : parce qu'il est envahissant, le topinambour n'est pas un très bon compagnon.

Maturité et récolte

Le topinambour est à maturité 120 jours après la plantation des tubercules. La récolte peut se faire à l'automne après quelques gelées ou tôt au printemps. Les quelques petits tubercules laissés en terre suffiront pour redémarrer la culture de la prochaine saison.

Ravageurs et maladies

Oïdium

ATOUTS SANTÉ

Le topinambour contient des fibres qui contribuent à la bonne santé intestinale. Mais le topinambour contient également de l'inuline pouvant provoquer des gaz chez certaines personnes. Si vous n'avez jamais consommé le topinambour, l'idéal est de l'intégrer progressivement à votre menu en le mélangeant avec d'autres légumes tels que la pomme de terre.

Cultiver une grande diversité de plantes est un bon moyen de prévenir les dommages.

CHAPITRE 5

Les dommages

Prévenir d'abord, guérir si nécessaire et... réfléchir

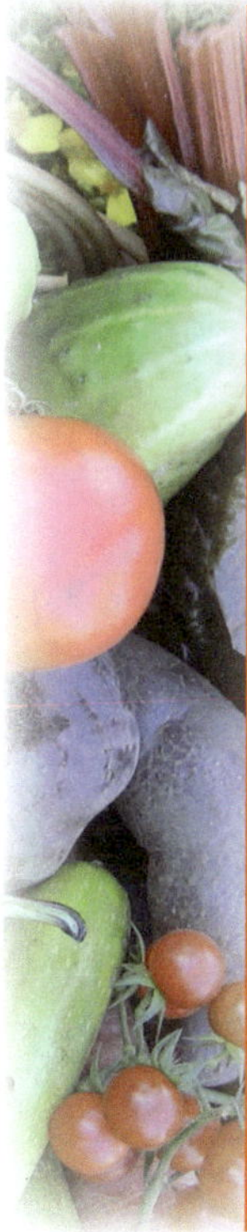

La prévention d'abord !

Le jardinage écologique privilégie d'abord et avant tout les méthodes préventives dont l'objectif est de maintenir des plantes en santé, les rendant par le fait même beaucoup moins vulnérables aux ravageurs (insectes et autres bestioles) et aux maladies. Ces problèmes sont souvent les conséquences d'une mauvaise adaptation lorsque surgit un stress.

On oublie trop souvent que les plantes sont des organismes vivants et que tout comme nous, les humains, elles répondent à des principes de base. De nos jours, personne ne peut prétendre ignorer les grandes recommandations de prévention émises par les experts pour maintenir notre santé. Ainsi, c'est bien connu, si l'on s'alimente bien, fait de l'exercice régulièrement, contrôle son stress et évite de fumer, on risque moins d'être malade et de devoir recourir à des médicaments.

Ces mêmes principes s'appliquent aux plantes. Lorsqu'elles sont cultivées dans un environnement sain et qu'on adopte de saines pratiques pour maintenir leur vitalité, les risques qu'elles soient affectées par des ravageurs et des maladies sont minimisés. C'est pourquoi le recours à des médicaments, dans ce cas-ci les pesticides, peut souvent être écarté.

Mais la vie a aussi de ces surprises qu'on ne s'explique pas toujours. Ainsi, malgré tous nos efforts pour rester en santé, on ne peut écarter la possibilité qu'il y ait parfois des accidents de parcours tels que la maladie. D'ailleurs, il vous est peut-être déjà arrivé d'attraper la grippe, alors que vous vous croyiez aussi fort que le roc de Gibraltar. Ce genre de situation peut aussi se produire dans le cas des plantes. C'est pourquoi il peut parfois être utile d'intervenir de façon curative en optant pour la méthode la plus douce possible. Ainsi, si l'utilisation d'un pesticide est envisagée, on aura exclusivement recours à des pesticides à faibles impacts, c'est-à-dire des produits qui ont le moins d'impacts négatifs sur notre santé et celle de l'environnement.

Les règles de base pour minimiser les dommages aux plantes

Je dois vous l'avouer, je ne suis pas confortable avec les urgences. D'ailleurs, lorsqu'on m'interpelle pour régler un problème avec une plante et qu'on semble pressé, j'ai souvent le goût de répondre: «Je ne peux rien pour vous, appelez plutôt le 911.» À l'instar de la médecine alternative, le jardinage écologique n'est pas une approche curative. Il est basé d'abord et avant tout sur des pratiques qui visent à maintenir la santé des plantes pour ainsi, autant que possible, éviter les urgences. Voici les règles de base qui vous permettront de minimiser les dommages aux plantes:

1. Apprenez à connaître et à dorloter le **sol** de votre jardin. Celui-ci est le centre névralgique de tous les écosystèmes (animaux, plantes, insectes, etc.). Assurez-vous de maintenir le sol de votre jardin en santé en adoptant des pratiques respectueuses telles que des interventions appropriées (travail du sol seulement lorsque nécessaire et au bon moment), l'utilisation d'amendements adéquats et d'engrais naturels si nécessaire. Si vous cultivez en pot, assurez-vous d'utiliser un terreau de qualité ou mieux, fabriquez-le vous-même. Sachez que dans un sol en santé poussent des plantes en santé.

2. Cultivez une grande **diversité** de végétaux. À vos plantes légumières, associez des fleurs et des plantes aromatiques. Si vous bénéficiez d'un terrain, diminuez les surfaces de pelouse et plantez des arbres, des arbustes, des vivaces. Sachez qu'une grande diversité de végétaux apportera une grande diversité d'alliés (insectes et animaux bénéfiques). Attention aux collections d'une même espèce de plantes! Les monocultures sont plus vulnérables aux ravageurs puisque ces derniers sont, la plupart du temps, particuliers à une espèce ou à une famille de plantes. D'ailleurs, la monoculture n'est jamais l'œuvre de la nature.

3. Choisissez les **plantes** les mieux **adaptées** en fonction de l'environnement (ensoleillement, type de sol, aération, etc.) ou inversement, choisissez l'environnement le plus adéquat pour un groupe de plantes. Par exemple, le secteur le plus ensoleillé de votre terrain ou de votre balcon devrait être réservé à la culture des plantes légumières.

Une grande diversité de plantes permet d'attirer les alliés.

4. Optez pour les végétaux et les cultivars les plus **résistants** aux ravageurs et aux maladies. Limitez la culture des plantes plus sensibles.
5. Acceptez et encouragez la présence d'**une faune bénéfique au jardin** (insectes et animaux utiles). Plus d'information suivra à ce sujet.
6. Adoptez de bonnes pratiques de **gestion de l'eau** (paillis, binage, arrosages adéquats).
7. **Taillez** rapidement les parties des plantes qui sont atteintes de maladies. Dans le cas d'une infestation grave, détruisez les parties prélevées (ne pas les composter).
8. Adoptez de **saines pratiques d'entretien** telles que les plantes associées et la rotation comme il a été question précédemment.
9. Évitez l'usage des **pesticides de synthèse**. Plusieurs de ces produits sont nocifs à différents degrés pour les micro-organismes du sol, les insectes,

les animaux non visés et… les humains. De plus, l'utilisation répétée de certains pesticides entraîne des problèmes de résistance chez les organismes visés. C'est une situation relativement fréquente dans le cas des insecticides. Les insectes les plus faibles sont affectés, mais les plus forts survivent et se reproduisent créant ainsi des descendants pour lesquels l'insecticide n'aura peu ou pas d'effets.

10. Réservez l'usage des **pesticides à faibles impacts** comme solutions de dernier recours.

Le monde merveilleux des insectes

Les insectes n'ont souvent pas bonne presse auprès de la population en général, et encore moins auprès de nombreux jardiniers. Pourtant, lorsqu'on prend le temps de les connaître davantage, on réalise toute l'importance écologique de ces derniers. De fait, chacun d'entre eux contribue à maintenir l'équilibre de la chaîne alimentaire. Pour cette raison, tous les insectes sont utiles sur le plan strictement écologique. S'il est vrai que certains insectes peuvent causer d'importants dommages aux cultures, ces derniers, qu'on appelle les insectes ravageurs, ne représentent en fait que 0,05% de toutes les espèces d'insectes. C'est donc dire que la majorité des insectes sont totalement inoffensifs. D'ailleurs, plusieurs sont très utiles et même indispensables aux jardiniers. Ce sont les insectes alliés ou bénéfiques.

Comme bien des gens, je n'affectionnais pas particulièrement les insectes durant mes premières années de vie. Mais ma vision de ces derniers a totalement changé au cours de ma première année d'étude en agronomie alors que je suivais un cours d'initiation à l'entomologie (partie de la zoologie qui traite des insectes). C'est à ce moment, grâce à un professeur enthousiaste, que j'ai découvert le monde merveilleux de ces formidables bestioles. Par la suite, j'ai profité de tous les autres cours d'entomologie qui m'étaient offerts pour parfaire mes connaissances sur ces fascinants petits êtres vivants. Une fois mon bac terminé, j'ai même travaillé durant plusieurs années comme consultante en contrôle biologique des insectes. En clair, je vendais des insectes, dont une petite guêpe parasitoïde *Encarcia formosa* qui est encore très utilisée aujourd'hui dans la culture en serre. Le rôle de cette guêpe consiste à parasiter les œufs de la mouche blanche, un important ravageur dans la culture des tomates de serre.

Aujourd'hui, même si je ne peux prétendre être spécialiste en entomologie, je continue de dévorer tous les articles et les livres et je ne manque pas de voir un film sur le sujet. Bien entendu, vous n'avez pas besoin d'être passionné comme moi pour apprécier et respecter les insectes, mais puisqu'il est reconnu que « ce qu'on connaît mieux nous fait moins peur », voici quelques notions d'entomologie.

Les insectes font partie de l'embranchement des arthropodes (animaux invertébrés). Le corps des arthropodes est formé de segments articulés, recouverts d'une cuticule rigide qui constitue leur squelette externe. Parmi les autres invertébrés, on trouve entre autres les crustacés, les myriapodes et les arachnides (araignées et acariens).

Les insectes sont à leur tour subdivisés en ordres. Les principaux ordres d'insectes qu'on trouve au jardin sont : les Lépidoptères (syn. : papillons), les Coléoptères (ex. : doryphore et coccinelle), les Diptères (syn. : mouches), les Hyménoptères (ex. : guêpes et fourmis) et les Hémiptères (punaises et pucerons).

Le corps des insectes est constitué de trois segments : la tête, le thorax et l'abdomen. La tête porte les yeux, les antennes et les pièces buccales dont leur morphologie est variable selon l'espèce. Celles-ci sont le plus souvent broyeuses ou suceuses. Le thorax qui comporte toujours trois paires de pattes (les insectes ont donc six pattes, pas plus ni moins) et des ailes, une ou deux paires, ou pas du tout. Dans certains cas, les ailes antérieures sont durcies ; c'est ce qu'on appelle les élytres. Ces dernières, qui caractérisent les coléoptères et les perce-oreilles, protègent les ailes postérieures, mais elles servent aussi de moyen de défense en raison de leur couleur. Ainsi, certains coléoptères auront des couleurs vives que redoutent leurs prédateurs alors que d'autres arboreront la couleur de leur habitat afin de s'y camoufler. Enfin, l'abdomen porte, entre autres, les organes reproducteurs. En comparaison, le corps des arachnides, dont font partie les araignées, comporte deux segments, soit le céphalothorax et l'abdomen. Ils ont quatre paires de pattes (un total de huit pattes).

FIGURE 6

SCHÉMA D'UN INSECTE ET D'UN ARACHNIDE

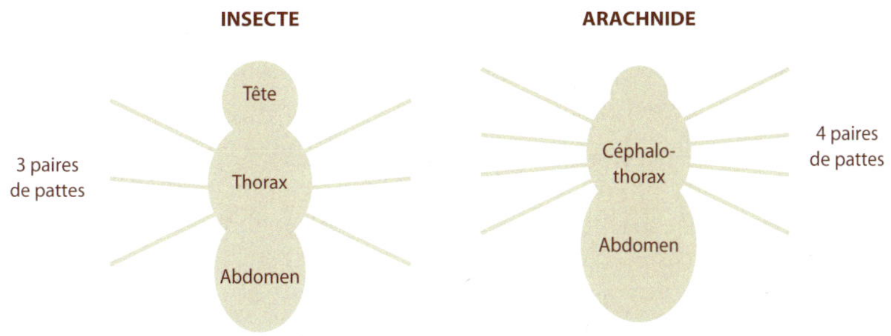

La plupart des insectes se reproduisent de façon sexuée. Font exception quelques coléoptères et, de façon sporadique, les pucerons et les cochenilles qui ont la possibilité de se reproduire sans la participation d'un mâle; c'est ce qu'on appelle la parthénogenèse.

À la suite de la reproduction, un ou plusieurs œufs sont pondus et le développement qui s'ensuit peut être de trois types: sans métamorphose, avec métamorphose incomplète ou avec métamorphose complète. Lorsqu'il n'y a pas de métamorphose, l'insecte qui sort de l'œuf est semblable à l'adulte. C'est le cas des collemboles et des lépismes. Dans le cas de la métamorphose incomplète, la larve qui sort de l'œuf a de fortes ressemblances avec l'adulte. Elle en diffère par la taille, la couleur et les proportions du corps ainsi que le développement des ailes. On observe ce type de métamorphose dans le cas des punaises et des pucerons. Les larves vivent habituellement dans le même habitat que les adultes et mangent les mêmes aliments. Enfin, pour plusieurs insectes, il y a métamorphose complète. C'est le cas des lépidoptères, des coléoptères, des diptères (mouches) et des hyménoptères (guêpes). De l'œuf naît d'abord une larve qui se transformera en nymphe ou pupe de laquelle émergera finalement l'adulte. Dans ce dernier cas, les larves et les adultes ont souvent des habitudes alimentaires et des habitats différents. On observera, par exemple, que certaines larves de papillons font des dommages aux plantes en s'en nourrissant, alors que les adultes seront totalement inoffensifs.

Accepter et encourager la présence de la faune bénéfique au jardin

En plus des insectes, d'autres animaux peuvent être utiles au jardin. Avant de sortir les armes de destruction massive pour exterminer la moindre petite bestiole, vous êtes-vous demandé si celle-ci pouvait être une alliée. Il est tellement plus simple et agréable de profiter de leur apport bénéfique. Pour ce faire, des règles de base s'imposent pour accepter et encourager leur présence. Dans un premier temps, il importe de les reconnaître. Ensuite, pour attirer les alliés dans votre jardin, sachez leur offrir un environnement sain et diversifié. Enfin, l'usage des pesticides, même à faibles impacts, ne devrait être qu'une solution de derniers recours, car ces produits ne sont pas, la plupart du temps, spécifiques à un seul organisme visé (insecte ou autre). Ils peuvent donc être toxiques pour la faune bénéfique.

UN PEU DE TERMINOLOGIE

- Prédateur : se dit d'un animal qui se nourrit de proies.
- Parasitoïde : organisme qui se développe aux dépens d'un hôte, ce qui entraîne le plus souvent la mort de ce dernier.
- Pollinisateur : organisme qui contribue à la pollinisation.
- Pollinisation : transfert du pollen produit par les étamines (partie mâle) jusqu'au pistil (partie femelle) de la fleur. C'est à la suite de la pollinisation que se développe le fruit.

Dans la partie qui suit, vous ferez connaissance avec les principaux alliés au jardin. Vous apprendrez les rôles qu'ils y jouent et les bonnes pratiques pour les protéger et les attirer.

Les Hyménoptères : les abeilles, les guêpes et les bourdons

Ces insectes, ainsi que plusieurs autres, jouent un rôle important en tant que pollinisateurs. Ils sont indispensables à la production de certains fruits tels que les courges, les concombres, les petits fruits et les pommes. Près de 90 % de toutes les formes de pollinisation dépendent des insectes. De plus, certaines petites guêpes sont parasitoïdes d'insectes nuisibles. D'ailleurs, plusieurs Hyménoptères sont couramment utilisés dans la culture en serre. Ainsi, les ruches de bourdons sont utilisées pour favoriser la pollinisation des concombres et une petite guêpe, *Encarsia formosa*, contrôle parfaitement bien le problème de mouche blanche dans la culture des tomates de serre.

Bourdon.

Pour attirer les Hyménoptères, vous avez avantage à aménager une flore abondante, diversifiée et attractive du printemps à l'automne, incluant des fleurs indigènes, dans un secteur ensoleillé (ex. : coréopsis, gaillarde, mélisse citronnelle, sedum d'automne, sarrasin,

Marie Eisenmann

Larve de coccinelle.

trèfle, aconit, monarde, épilobe, eupatoire, chicorée, verge d'or, agastache, vipérine, bourrache, arbre aux papillons, sorbier, sorbaria, sureau, tilleul et plusieurs autres). Pour les protéger, si l'utilisation de pesticides (même à faibles impacts) est inévitable, assurez-vous d'effectuer les traitements tôt le matin ou en soirée, soit en dehors des heures d'activité intense des pollinisateurs.

Les coccinelles

Les coccinelles qu'on surnomme «bêtes à bon Dieu» sont parmi les insectes dont les valeurs bénéfiques sont les plus connues. Malheureusement, la réputation des coccinelles a été légèrement ternie ces dernières années avec la présence de la coccinelle asiatique (encadré). En réalité, la majorité des espèces de coccinelles, incluant la coccinelle asiatique, sont de redoutables prédateurs de pucerons. La larve peut manger à elle seule de 200 à 600 pucerons au cours des 20 jours de son développement. L'adulte mange jusqu'à 250 pucerons en une journée. Pour garder les coccinelles au jardin, il faut parfois résister à la tentation d'utiliser des pesticides (même du savon insecticide) pour le contrôle des pucerons et opter plutôt pour un traitement plus doux tel qu'un jet d'eau puissant pour les déloger. Les coccinelles maculées se rassemblent généralement pour hiberner au pied d'un arbre (saule, tremble, orme ou érable) alors que les autres coccinelles indigènes hibernent au sol, sous les pierres ou à la base des plantes. Si vous observez de tels rassemblements, surtout, protégez-les. Il ne faut pas confondre, comme certains le font, les «bêtes à bon Dieu» et les «bêtes ou bibittes à patates». Ces dernières, en fait des doryphores, sont des ravageurs comme nous le verrons plus loin.

Coccinelle adulte.
O. Lalonde, MAPAQ

LA COCCINELLE ASIATIQUE

La coccinelle asiatique est une espèce introduite qui est devenue dérangeante puisqu'elle déplace les coccinelles indigènes de leur milieu. De plus, elle envahit les habitations, car elle est moins résistante aux rigueurs de l'hiver que les coccinelles indigènes. Pour remédier à cette situation, calfeutrez adéquatement toutes les entrées possibles et utilisez l'aspirateur pour capturer les individus à l'intérieur.

Les araignées

Araignée.

Je suis toujours étonnée de constater le nombre de personnes qui ont les araignées en aversion. Certains vont même jusqu'à tenter de les exterminer, prétextant que les araignées sont venimeuses ! N'ayez crainte, la majorité des araignées de l'Amérique du Nord sont sans danger pour les humains (au Québec, aucune araignée ne présente un danger). D'autres prétendront que les toiles d'araignée « ne font pas propre ». Quelle tristesse lorsqu'on connaît le rôle bénéfique des araignées ! De fait, toutes les espèces d'araignées du Québec sont des espèces prédatrices d'insectes ou d'autres arthropodes dont plusieurs sont des ravageurs. Une seule araignée peut détruire jusqu'à 2 kg d'insectes par année (Mondor et Gingras, 2009). La moitié des araignées capturent les insectes dans des toiles faites d'un filet de soie sécrétée par leurs glandes anales. Les autres araignées chassent à l'affût, puis elles tuent leurs proies en leur administrant un poison injecté par les chélicères. Pour attirer et conserver les araignées au jardin, utilisez un paillis organique léger tel que de la paille ou des feuilles déchiquetées où elles pourront se réfugier. Et si vous n'appréciez pas la présence des araignées dans la maison, transférez-les délicatement à l'extérieur. Quand j'étais enfant, on disait que le fait d'écraser une araignée du pied gauche pouvait porter bonheur. Aujourd'hui, je crois plutôt que ce qui porte bonheur, c'est ne pas les écraser du tout.

Les carabes

Les carabes sont des insectes de l'ordre des Coléoptères dont la couleur sombre et la forme peuvent contribuer à les confondre avec les hannetons qui, comme nous le verrons plus loin, sont des ravageurs. Bien au contraire, les carabes sont des prédateurs redoutables. Ils se nourrissent en quantité de larves, de pupes de différents insectes et… de limaces. La larve du carabe est aussi très vorace. Elle peut manger jusqu'à 50 chenilles par jour.

Carabe.

Les carabes cherchent à se camoufler. C'est souvent en soulevant une pierre ou un objet quelconque qu'on les surprend, car ils s'y abritent le jour, la plupart étant nocturnes. Pour conserver les carabes dans votre jardin, évitez de laisser le sol à nu pendant de longues périodes.

Chrysope.
Wikipedia Commons

Les chrysopes

S'il y a un insecte qui se fait discret au jardin, c'est bien la chrysope. Dotée d'une couleur verte et d'ailes presque transparentes, la chrysope est vraiment championne dans l'art du camouflage. Ce sont les larves des chrysopes qui sont bénéfiques puisqu'elles sont prédatrices de pucerons. Pour conserver et attirer les adultes au jardin, il importe d'aménager une flore abondante et diversifiée.

Cloporte.

Les cloportes

Les cloportes sont parmi les rares crustacés terrestres. Contrairement à ses congénères (homard, crabe, etc.), le cloporte peut survivre à l'extérieur de l'eau, mais il apprécie tout de même un environnement humide. D'ailleurs, on le surnomme parfois « la bibitte d'humidité ». Même s'il n'est pas souhaitable d'abriter cette bestiole dans la maison (si c'est le cas, il faut éliminer la source qui est la plupart du temps du bois en décomposition), au jardin, les cloportes font un excellent travail en décomposant la matière organique. Pas étonnant qu'on le retrouve souvent dans le compost. Pour conserver les cloportes au jardin, maintenez toujours un bon taux de matière organique sur le sol et évitez de conserver ce dernier à nu durant de longues périodes.

Édith Smeesters

Centipède.

Les centipèdes et les millipèdes

Les centipèdes, tout comme les millipèdes, font partie du sous-embranchement des myriapodes. Leur corps est allongé et segmenté. Ils sont utiles au jardin, car ils décomposent la matière organique. De plus, les centipèdes sont prédateurs de plusieurs insectes et de limaces. Les centipèdes de nos jardins appelés aussi « scolopendres » ou « scutigères » n'ont pas comme on pourrait le croire 100 pattes, mais plutôt une trentaine (une paire par segment). Celles-ci sont très efficaces. C'est pourquoi si vous surprenez un centipède en brassant votre compost, celui-ci «prendra les jambes à son cou». Quant aux millipèdes, appelés aussi «mille-pattes», ils ont les pattes plus courtes que celles des centipèdes; ils en possèdent deux par segment et leur nombre peut varier de 30 à plus de 350 selon les espèces. Lorsque les millipèdes se sentent menacés, loin de se sauver, ils «figent» sur place et s'enroulent sur eux-mêmes. Pour attirer et conserver les centipèdes et les millipèdes au jardin, maintenez-y un bon taux de matière organique et évitez de laisser le sol à nu pendant de longues périodes. Les centipèdes peuvent occasionnellement causer des dommages aux plantes lorsque celles-ci comportent déjà une blessure.

Édith Smeesters

Millipède.

Libellules et demoiselles

Les libellules et les demoiselles sont prédatrices de plusieurs insectes indésirables, dont les moustiques. Une bonne façon d'attirer les libellules et les demoiselles au jardin, c'est d'y aménager un plan d'eau puisque les larves sont aquatiques. Celles-ci sont également prédatrices d'insectes.

Libellule.
Wikimedia Commons, Jean-Jacques Milan

Les vers de terre

J'ai une affection particulière pour les vers de terre que je considère parmi mes meilleurs alliés au jardin. D'une part, ils participent activement à la décomposition de la matière organique, tant dans le jardin que dans le compost, d'autre part, ce sont des laboureurs infatigables qui creusent sans répit des galeries dans le sol, facilitant ainsi le drainage, l'aération et la pénétration des racines. Le fait d'utiliser du compost et des paillis organiques contribue grandement à protéger et à encourager leur présence. Par contre, il faut minimiser le travail du sol pour ne pas détruire les vers. Et oubliez le mythe qui dit que le fait de couper un ver en générera deux. C'est absolument faux. En fait, il faudrait être extrêmement habile pour arriver à couper un ver précisément entre les deux bons segments. Dans ce cas, il se peut que la partie antérieure puisse survive, mais la partie postérieure périra. Bref, ne tentez pas l'expérience, car la plupart du temps l'issue sera fatale et il en résultera un ver de moins dans votre jardin.

Ver de terre.

Couleuvre.

Les couleuvres

Les couleuvres sont utiles au jardin du fait qu'elles se nourrissent de plusieurs insectes indésirables et de limaces. Malheureusement, elles sont également tentées de manger nos amis les vers de terre, les grenouilles et les crapauds. Je dois vous l'avouer, je ne suis pas particulièrement attirée par les couleuvres, mais quand j'en rencontre une dans mon jardin, je la respecte. Si les couleuvres ne vous rebutent pas, vous pourrez toujours leur confectionner un abri constitué d'un amas de pierres.

Les crapauds, les rainettes et les grenouilles

Si votre jardin est situé près d'un point d'eau naturel, vous recevez peut-être occasionnellement la visite de ces inconditionnels alliés que sont les grenouilles, les rainettes et les crapauds, des amphibiens. Ces derniers sont très appréciés au jardin parce qu'ils se nourrissent de plusieurs insectes nuisibles et de ces désolantes limaces. Si vous désirez conserver ces formidables alliés en permanence, pensez à aménager un jardin d'eau entouré de vivaces. Ainsi, ils pourront se reproduire dans l'eau et se camoufler dans les végétaux. Vous pourrez aussi confectionner un abri simple pour les crapauds en plaçant un pot de grès renversé et légèrement soulevé d'un côté à l'aide d'une pierre.

Édith Smeesters

Crapaud.

Les chauves-souris

Abris à chauves-souris.

Les chauves-souris sont malheureusement des animaux qui suscitent trop souvent le dégoût. Pourtant, lorsqu'on les connaît mieux, on réalise que ce sont des animaux fascinants qui n'ont rien à voir avec les mythes et légendes qui entourent les vampires et l'Halloween. Dans un premier temps, les chauves-souris sont parmi les rares mammifères qui ont la possibilité de voler. De plus, elles ont la capacité extraordinaire de s'orienter et de trouver leurs proies dans l'obscurité totale grâce à un étonnant système d'ultrason. Enfin, elles sont prédatrices de plusieurs espèces d'insectes nocturnes dont les moustiques et les mouches noires qui apprécient un peu trop notre sang, de même que les noctuelles et les chrysomèles du concombre, deux importants ravageurs au jardin.

En une seule nuit, une chauve-souris peut consommer une quantité d'insectes équivalente à 50 % de son poids. Cette consommation peut même augmenter jusqu'à une ou deux fois leur poids dans le cas de chauves-souris femelles en période de gestation ou de lactation.

Pour attirer les chauves-souris, maintenez des espaces abrités où elles peuvent se reposer le jour ou, mieux, procurez-vous ou confectionnez un nichoir. Celui-ci devrait idéalement être peint en noir et placé face au sud et à l'abri des vents.

Attention ! Il faut tout de même être prudent avec la chauve-souris et éviter de lui toucher à cause du potentiel de transmission de certaines maladies, dont la rage.

Les oiseaux

Merle.

La présence des oiseaux au jardin est sans contredit le symbole d'un jardin écologique. Et pour cause, le rôle écologique des oiseaux est incontestable. Entre autres, plusieurs espèces de plantes sont dépendantes des oiseaux pour assurer la propagation de leurs graines. De plus, bien que l'alimentation des oiseaux soit variée, plusieurs s'intéressent aux insectes. C'est le cas des merles, des mésanges, des étourneaux, des hirondelles, des parulines, des sittelles et d'autres oiseaux. À titre d'exemple, une hirondelle peut manger de 200 à 300 insectes par jour. Pour attirer les oiseaux dans votre jardin, il importe de leur offrir un environnement attrayant, diversifié et sain. Ainsi, plantez des arbres et des arbustes, incluant des conifères, où ils pourront se réfugier. Offrez-leur de la nourriture en choisissant des végétaux qui produiront leurs fruits préférés ou en installant des mangeoires. Pensez aussi à leur offrir une source d'eau où ils pourront s'abreuver ou se baigner à volonté. Enfin, installez des nichoirs. Mais tenez les chats et les écureuils éloignés…

Que faire si malgré tout un dommage survient ?

Malgré toute votre bonne volonté et vos bons soins, il n'est pas impossible qu'un dommage survienne. Les dommages aux végétaux peuvent provenir de trois sources. Ils sont susceptibles d'avoir été causés par un ravageur, soit un insecte ou un animal qui s'attaque aux plantes dans le but de s'en nourrir. Ils peuvent aussi avoir comme origine soit le développement excessif de micro-organismes pathogènes (champignon, bactéries, virus), soit des conditions environnementales déficientes. C'est ce qu'on appelle respectivement des maladies biotiques (liées aux êtres vivants) ou abiotiques (indépendantes des êtres vivants).

Lorsqu'un dommage survient, surtout pas de panique! Il faut à tout prix éviter de sortir les armes de destruction massive. Vous risqueriez de le regretter en affectant vos alliés, votre environnement et votre santé. Le jardinage écologique n'est pas une approche de solutions toutes faites; il implique une certaine étude de la situation. C'est pourquoi je vous suggère une façon de faire en cinq étapes.

Première étape : identifier le coupable

Quels sont les dommages? Les feuilles sont-elles rongées ou percées? Vos jeunes plants ont-ils été coupés à la base ou pire ont-ils complètement disparu? Avez-vous observé des insectes, des taches, etc.? Votre rôle de détective devra peut-être se poursuivre la nuit avec l'aide d'une lampe de poche, car plusieurs ravageurs sont nocturnes. Une fois les informations essentielles recueillies, tentez d'identifier le coupable (maladies, insectes, limaces, autres animaux). Si vos connaissances ne vous permettent pas d'y arriver, consultez des livres, des revues horticoles, Internet, etc.

Deuxième étape : choisir d'intervenir ou non

Dans certains cas, il n'est ni nécessaire ni utile d'intervenir. C'est le cas où l'on observe que les dommages sont limités à des considérations esthétiques. Cela peut également être le cas lorsque l'insecte est rendu à un stade de développement où il ne cause plus de dommage. Les Lépidoptères (papillons) qui s'attaquent aux plantes, par exemple, le font uniquement lorsqu'ils sont au stade larvaire alors que les adultes sont inoffensifs. Enfin, dans les cas où les ravages sont mineurs, il faut faire confiance au travail de la faune bénéfique tout en observant la situation.

Troisième étape : opter pour des interventions physiques

Les interventions physiques se traduisent par l'utilisation de pièges, de barrières ou par le simple fait de déloger les ravageurs à la main. Ces interventions sont la plupart du temps sans danger pour les animaux bénéfiques.

Quatrième étape : utiliser des pesticides à faibles impacts

Les pesticides à faibles impacts sont par définition des produits qui ont des impacts réduits sur l'environnement et sur notre santé. Mais «faible» ne signifie pas «aucun». La majorité de ces pesticides ne sont pas spécifiques à un organisme ou à un insecte dans le cas des insecticides. Ils peuvent être toxiques à différents degrés pour d'autres organismes, dont la faune bénéfique et… nous. C'est pourquoi il faut réserver l'usage de ces produits comme une solution de dernier recours.

Cinquième étape : se questionner sur la cause et repenser les pratiques pour éviter que le problème ne se répète pas

Ça y est, ça n'a pas été facile, mais vous êtes arrivé à minimiser les dégâts et votre récolte est sauvée. Il est maintenant temps de se demander si vous avez ou non le goût de recommencer ce stratagème année après année. Que pouvez-vous faire pour corriger la situation à long terme? Repensez aux bonnes pratiques qui ont été décrites dans les sections précédentes pour prévenir les problèmes. Par exemple, si vous n'aviez pas déjà pris la bonne habitude d'installer des paillis à la base de vos plants de tomates pour minimiser les maladies, il faudrait y voir.

Les principaux ravageurs des plantes légumières

Dans la section qui suit, vous découvrirez les principaux ravageurs (encadré) qui s'attaquent aux plantes légumières. Pour chacun de ces ravageurs, je présenterai une brève description, leurs habitudes, de même qu'une énumération des plantes qu'ils attaquent (les plantes hôtes) et des dommages qu'ils y font. Enfin, je vous suggérerai des pratiques pour prévenir les infestations et des moyens pour les contrôler.

RAVAGEUR

Un ravageur est un animal qui s'attaque à une plante, le plus souvent dans le but de s'en nourrir.

ALTISES

Nom anglais : Flea beetles
Nom latin : *Alticinæ spp.*

Les altises, qu'on appelle parfois « puces de terre », sont des petits Coléoptères de 2 à 5 mm. Ils sont de bons sauteurs et habituellement noirs ou bleuâtres. Les altises prolifèrent par temps sec. Ils hibernent dans le sol sous forme adulte. Il existe plusieurs espèces d'altises. Un printemps hâtif suivi d'un été chaud et sec favorise la présence des altises.

Dommages faits par des altises sur les feuilles de navet.

Plantes hôtes

Les plantes hôtes varient selon l'espèce d'altise. L'altise du chou affecte les plantes de la famille des Brassicacées : chou, brocoli, chou chinois, chou de Bruxelles, chou frisé, chou-rave, navet, radis. L'altise de la pomme de terre affecte les plantes de la famille des Solanacées : pomme de terre, aubergine, concombre, tomate, piment.

Dommages

Les dommages sont causés par l'adulte qui mange les feuilles. Celles-ci deviennent criblées de trous et prennent l'allure d'une dentelle. Le plant s'affaiblit et la productivité est affectée. Les larves de l'altise de la pomme de terre s'attaquent parfois aux tubercules, mais les dégâts sont mineurs.

Prévention

- Favoriser la présence des oiseaux insectivores et la rotation.
- Effectuer un entretien régulier adéquat : sarclage, binage, irrigation.
- Si une infestation sévère est prévue, installer une toile flottante (encadré) sur la plante hôte, tôt au printemps, avant l'arrivée des altises.

TOILE FLOTTANTE

Tel que discuté dans le chapitre 3, une toile flottante est une toile synthétique mince qui laisse passer en grande partie les rayons de soleil et l'eau, mais pas les insectes. Elle est parfois utilisée comme moyen physique pour protéger les plantes contre les ravages de certains insectes.

Contrôle

- Arroser les plants infestés à l'eau froide en plein soleil (une mesure exceptionnelle qui n'est pas souhaitable normalement).
- Secouer les plants au-dessus d'un contenant rempli d'eau savonneuse dans le but d'y faire tomber les adultes.
- En dernier recours, traiter à l'aide de terre diatomée, insecticide à base d'ail, cendre de bois, capsaïcine ou Neem.

CHRYSOMÈLE RAYÉE DU CONCOMBRE

Nom anglais : Striped cucumber beetle
Nom latin : *Acalymma vittatum*

La chrysomèle rayée du concombre dont on abrège souvent le nom par «CRC» est un Coléoptère dont l'adulte mesure 5 mm. Il a une forme allongée, jaune rayé de 3 bandes noires et une tête noire. La larve, dont la dimension varie de 8 à 12 mm, a une tête brune et un corps jaune tournant au blanc en vieillissant. L'insecte hiberne à l'état adulte dans les débris de culture ou dans la terre et émerge vers la fin de mai. Un printemps humide favorise la survie de l'insecte qui a généralement une seule génération par année.

Plantes hôtes

La chrysomèle rayée du concombre s'attaque principalement aux plantes de la famille des cucurbitacées : courge, concombre, citrouille et melon. Elle peut occasionnellement s'attaquer à d'autres plantes lorsque l'hôte est absent.

Chrysomèle rayée du concombre.
MAPAQ

Dommages

Les adultes mangent les feuilles, les tiges, les fleurs (sa nourriture préférée) et les fruits. Les larves attaquent les racines et la tige. Lors d'infestation sévère, les feuilles se transforment en dentelle. La chrysomèle est aussi un agent de transmission de certaines maladies entre les plantes.

Prévention

- Pratiquer la rotation et favoriser la présence de prédateurs naturels: carabes, oiseaux.
- Installer une toile flottante à partir du semis jusqu'à la production des fleurs.
- Associer aux plantes hôtes des plantes compagnes telles que la tagète.

Contrôle

- Effectuer le ramassage manuel des adultes dès les premiers dommages.
- Placer une soucoupe jaune remplie de savon insecticide à proximité des plants.
- En dernier recours, traiter à l'aide de pyréthrine ou du Neem.

CRIOCÈRE DE L'ASPERGE ET CRIOCÈRE À DOUZE POINTS

Noms anglais: Asparagus beetle et spotted asparagus beetle
Noms latins: *Crioceris asparagi* et *C. duodecimpunctata*

Deux espèces de Coléoptères affectent l'asperge. Le criocère de l'asperge est un proche parent du criocère du lis; il est tout aussi redoutable. L'adulte long de 6 à 8 mm comporte des élytres noirs bordés de rouge et ponctués de 6 taches blanches. La larve est grise avec la tête et les pattes noires.

Criocère de l'asperge adulte.
Wikimedia Commons

Le criocère à douze points est entièrement rouge avec 12 taches noires sur les élytres.

Plantes hôtes

Les criocères de l'asperge s'attaquent essentiellement aux asperges.

Dommages

Les dommages sont causés par les larves et les adultes qui rongent et détruisent toutes les parties aériennes de la plante, allant jusqu'à la disparition presque totale de la plante. La larve du criocère à douze points cause moins de dégâts; elle se nourrit des fruits, d'où l'intérêt d'utiliser des plants mâles.

Prévention

- À l'automne, tailler et détruire les tiges.

Contrôle

- Secouer les plants au-dessus d'un plat contenant de l'eau additionnée de savon.
- En dernier recours, traiter à l'aide d'un produit contenant de la pyréthrine ou du Neem.

Larves du criocère de l'asperge.

DORYPHORE DE LA POMME DE TERRE

Nom anglais : Colorado potato beetle
Nom latin : *Leptinotarsa decemlineata*

Le doryphore de la pomme de terre, appelé couramment «bibitte à patates» (à ne pas confondre avec la «bibitte à Bon Dieu» ou coccinelle qui est un insecte allié également de l'ordre des Coléoptères), est bien connu des jardiniers qui cultivent des pommes de terre, puisque c'est le ravageur majeur de ces dernières. L'adulte qui mesure 1 cm est jaune, rayé de bandes longitudinales noires. La larve est bossue, orangée et ornée de deux rangs de taches noires le long du corps.

L'adulte hiberne dans le sol d'où il en sort à la fin de mai. Il se nourrit puis s'accouple. Les œufs qui sont orangés sont ensuite pondus par groupe de 10 à 12 sur la face inférieure des feuilles (entre le mois de juin et la fin de juillet). Apparaissent ensuite une larve bombée, puis l'adulte. Selon les régions, les doryphores auront une ou deux générations par année.

Édith Smeesters

Doryphore de la pomme de terre.

Plantes hôtes

Les doryphores s'attaquent principalement aux pommes de terre, mais ils peuvent affecter également d'autres plantes de la famille des Solanacées telles que la tomate et l'aubergine ainsi que des plantes ornementales, comme l'annuelle qu'on appelle le tabac fleuri (*Nicotiana*).

Larves de doryphore.

Dommages

Les dommages sont causés par les larves et les adultes qui rongent des segments de feuilles. Ils y laissent un dépôt noir. De fortes infestations peuvent défolier complètement les plantes.

Prévention

- Effectuer la rotation.
- Favoriser les alliés naturels : coccinelles, carabes et chrysopes.
- Placer des résidus de taille de thuya (cèdre) à proximité des plants.
- Installer une toile flottante dès la levée des plants jusqu'à la mi-saison.
- En fin de saison (10 à 15 jours avant la récolte), tailler et brûler le feuillage des pommes de terre (ne pas le composter).

Contrôle

- Inspecter le dessous des feuilles dès le début de la saison et détruire les masses d'œufs en les écrasant à l'aide du pouce.
- Ramasser manuellement les larves et les adultes en les faisant tomber dans un seau contenant de l'eau additionnée de savon. Procéder deux fois par semaine.
- En dernier recours, traiter à l'aide de chaux agricole ou de terre diatomée.

FOURMIS

Nom anglais : Ants
Nom latin : plusieurs espèces

Les fourmis sont des insectes de l'ordre des Hyménoptères. Selon l'espèce, la longueur des fourmis adultes peut varier de 1 à 15 mm et leur couleur, du brun au noir. La larve ressemble à un petit ver blanc. La plupart du temps, les fourmis sont aussi considérées comme **bénéfiques** puisqu'elles se nourrissent de nombreux ravageurs et de leurs œufs (ex. : hannetons). La présence de fourmis sur une plante peut être un indice que celle-ci est infestée par les pucerons.

Plantes hôtes

Les plantes ne sont pas attaquées directement par les fourmis.

Dommages

Les fourmis peuvent causer des dommages indirectement, car elles forment des monticules de sol. Les fourmis peuvent s'attaquer aux fruits déjà abîmés.

Certaines fourmis creusent des galeries dans le bois en décomposition ; ce sont les fourmis charpentières.

Fourmis.
Wikimedia Commons

Prévention

Modifier la structure du sol en y ajoutant du compost.

Contrôle

Ébouillanter les fourmilières. En dernier recours, traiter à l'aide de l'acide borique ou de la capsaïcine.

HANNETON COMMUN (VER BLANC)

Nom anglais : May ou June beetle
Nom latin : *Phyllophaga anxia*

Les hannetons, communément appelés « barbeaux », font partie de l'ordre des Coléoptères. L'adulte du hanneton commun est brun foncé. Il mesure 2 cm de longueur et 1 cm de largeur. La larve, qui est blanche et recourbée, mesure jusqu'à 3 cm de long selon son stade de développement. La tête et les pattes de la larve sont rougeâtres et sa queue est bleutée. On la surnomme « le ver blanc ». Le cycle de développement du hanneton commun s'échelonne sur trois années. Le hanneton est souvent présent dans les pelouses et les prairies. Le hanneton européen (*Amphimallon majalis*) et le scarabée japonais (*Popilla japonica*) sont des espèces apparentées au hanneton commun. On les retrouve actuellement dans le sud du Québec, mais leurs aires de répartition sont en expansion vers l'est.

Hanneton adulte.
Wikimedia Commons

Le ver blanc : la larve du hanneton.

Plantes hôtes

Toutes les plantes légumières sont susceptibles d'être affectées par le hanneton commun. Toutefois, il est particulièrement friand des plantes de la famille des Poacées (autrefois les Graminées), c'est pourquoi on retrouve fréquemment le hanneton dans les pelouses.

Dommages

Les larves s'attaquent aux racines et aux autres parties souterraines telles que les tubercules de pommes de terre. Dans les cas sévères, les plants flétrissent et se dessèchent.

Le hanneton asiatique est le plus polyvalent quant à ses hôtes, plus de 200 espèces, et autant les adultes que les larves peuvent s'en nourrir. Le hanneton européen adulte a une préférence pour les arbres feuillus, mais les larves sont aussi très polyphages tout en montrant une préférence pour les Poacées.

Prévention

- Encourager la présence des animaux qui s'en nourrissent, dont plusieurs oiseaux et les fourmis.
- Éteindre l'éclairage durant la nuit durant la période de ponte (juin-juillet). La lumière attire les adultes.
- Conserver la pelouse dense et vigoureuse à proximité du potager et utiliser des paillis au potager, autant sur les planches de culture que dans les allées, pour minimiser les sites possibles de pontes.
- S'assurer que le compost qui est à l'étape de fabrication soit recouvert (fermer les couvercles des composteurs ou mettre un géotextile sur le tas de compost), principalement à partir du début d'août.

Contrôle

Détruire manuellement les larves lors du travail du sol.

Si l'infestation est importante, effectuer un travail du sol en profondeur à l'automne pour exposer les larves aux oiseaux ou… aux poules.

En dernier recours, effectuer la lutte biologique à l'aide de nématodes pour les pelouses à proximité du jardin.

LIMACES ET ESCARGOTS (COLIMAÇON)

Nom anglais : Slugs et snails
Nom latin : *Arion spp., Deroceras spp.* et *Limax spp.* (pour les limaces) ; *Cepæa spp., Heli Troculus spp.* et *Triodolis spp.* (pour les escargots)

Les limaces sont des mollusques terrestres visqueux. Elles sont sans aucun doute les ravageurs les plus fréquents dans les potagers ; elles peuvent vivre plus d'une année. Les limaces sont hermaphrodites, c'est-à-dire qu'un même individu porte les organes mâles et les organes femelles, mais chacun a besoin de l'autre partenaire pour produire des œufs. Les adultes ont un corps mou et allongé mesurant entre 1 et 15 cm (eh oui ! des limaces géantes – la grande limace noire – *Arion ater*) selon les espèces. Les jeunes sont semblables aux adultes, mais plus petits. Elles sont principalement actives la nuit et par temps gris et humide. En d'autres temps, elles se cachent dans des endroits abrités et humides.

Les limaces apprécient la laitue.

Les escargots, plus connus sous le nom de « colimaçons des jardins », sont de proches parents des limaces, à la différence qu'ils possèdent une coquille externe.

Plantes hôtes

Les limaces s'attaquent à un grand nombre de plantes légumières, mais elles ont des préférences pour la laitue, et le chou. Elles s'attaquent également à plusieurs plantes ornementales telles que les hostas et à certains petits fruits, dont les fraises.

Dommages

Les limaces se nourrissent principalement des feuilles. Ces dernières peuvent être rongées sur les bords ou criblées de trous. Mais elles s'attaquent également à certains fruits (tomate, poivron, etc.). Les limaces peuvent manger plusieurs fois leur poids en une journée. Les jeunes semis peuvent être totalement détruits. Les limaces circulent sur les plantes et le sol en y laissant une traînée visqueuse qui devient luisante en séchant. Une infestation importante de limaces peut signifier l'absence de prédateurs naturels ou un milieu particulièrement humide.

Escargot.

Les escargots rayés des jardins, *Cepæa hortensis* et *C. nemoralis* sont sans danger, car ils sont des recycleurs de la matière organique. Les autres escargots causent peu de dommages en soi. Cependant, comme recycleurs, ils dispersent souvent des bactéries et champignons affectant d'autres plantes ou d'autres parties de plantes et propageant ainsi des maladies.

Prévention

- Favoriser la présence des prédateurs naturels : oiseaux, crapauds, carabes, etc.
- Éviter les plantations trop denses.
- Éviter les arrosages excessifs, particulièrement le soir.
- Confectionner des pièges en remplissant de bière des contenants enfouis au ras du sol (renouveler la bière régulièrement). Vous pourrez au choix utiliser une bière alcoolisée ou non puisque ce qui attire les limaces ce n'est pas l'alcool, mais la levure de bière. Attention, des insectes parfois utiles peuvent aussi tomber dans la bière !
- Installer des barrières autour des plants constituées de coquilles d'œufs écrasées, de sable, de chaux, d'aiguilles de pin ou de cendre de bois. À renouveler régulièrement. Les limaces n'apprécient pas se déplacer sur des surfaces rugueuses.
- Mélanger au paillis des feuilles de chêne déchiquetées ou des algues naturelles (ne pas en abuser, car elles peuvent être nocives pour le sol à fortes doses).
- Utiliser un répulsif à base d'ail et de piment ou du marc de café.
- Encercler les plantes à l'aide d'une bande de cuivre (ne pas abuser, car le cuivre fait partie des métaux lourds qui, à des doses excessives, sont potentiellement toxiques).

Les coquilles d'œufs broyées forment une barrière aux limaces.

Contrôle

- Effectuer l'inspection de votre jardin tôt le matin ou en soirée à l'aide d'une lampe de poche et ramassez-les à la main… ou avec des gants si ces bestioles vous rebutent.
- Installer des planchettes de bois ici et là au jardin. Placer sous ces dernières des tranches de pommes de terre. Inspecter vos installations chaque matin pour détruire les limaces qui s'y seront réfugiées. Ne pas laisser les adultes morts sur le champ d'honneur, car leurs œufs pourraient être encore viables.
- En dernier recours, traiter avec de la terre diatomée, des appâts au phosphate de fer ou une infusion de feuilles de rhubarbe.

Des planchettes sous lesquelles sont disposées des tranches de pomme de terre doivent être inspectées quotidiennement.

MOUCHE DE LA CAROTTE

Nom anglais : Carrot rust fly ; carrot fly
Nom latin : *Psila rosæ*

La mouche de la carotte est un insecte de l'ordre des Diptères. L'adulte est une petite mouche noire ayant une longueur de 5 à 6 mm (c'est vraiment une petite mouche et non un bébé-mouche, comme j'entends parfois). Sa tête est rougeâtre et ses pattes sont jaunes. La larve, qu'on appelle « asticot », est blanc crème et ses crochets buccaux sont foncés. La mouche de la carotte hiberne dans le sol sous forme de pupe. Il y a habituellement deux générations par année. La première génération, qui a lieu vers la fin de mai, cause peu de dommage ; la seconde, qu'on peut observer vers la fin d'août et le début de septembre, est plus dommageable.

On peut installer une toile flottante sur les carottes pour contrôler les dommages de la mouche de la carotte.

Plantes hôtes

La mouche de la carotte affectionne tout particulièrement la carotte. Mais elle s'attaque aussi à d'autres membres de la famille des Apiacées, soit le céleri, le panais, le fenouil.

Dommages

Dégâts de la mouche de la carotte.
INRA

Les asticots se développent et creusent des conduits noirâtres dans la carotte. Ils deviennent des portes d'entrée pour les champignons et les bactéries du sol, ce qui aggravera les dommages.

Chez les plants fortement attaqués, les feuilles prennent une teinte rouge foncé.

Prévention

- Effectuer un semis de précision pour éviter l'éclaircissage (les mouches sont attirées par l'odeur qui se dégage des plantes qu'on touche).
- Éviter le compost ou le fumier jeune.
- Mettre de la cendre de bois, du marc de café ou du phosphate minéral sur le rang avant la période de ponte.
- Cultiver des oignons ou des plants de coriandre à proximité.
- Installer une toile flottante avant la ponte de la deuxième génération (mi-août ou installer un piège collant jaune pour identifier la période précise).

Contrôle

- Déposer des feuilles fraîches de tanaisie ou de sauge au pied des plants ou arroser les pieds avec des extraits faits de ces plantes ou avec un lessis (voir la section qui traite des produits artisanaux). À répéter deux ou trois fois durant la période de ponte.

MOUCHE DE L'OIGNON

Nom anglais : Onion maggot
Nom latin : *Delia antiqua*

La mouche de l'oignon est un insecte de l'ordre des Diptères qui ressemble à la mouche domestique, à la différence qu'elle est beaucoup plus petite. L'adulte est une petite mouche grisâtre de 6 mm de longueur. Les asticots sont blancs.

La mouche de l'oignon hiberne dans le sol sous forme de pupe. L'adulte émerge entre la mi-mai et la fin de juin. Une vingtaine de jours plus tard, les œufs éclosent. On peut observer jusqu'à trois générations par année.

Plantes hôtes

La mouche de l'oignon s'attaque principalement à l'oignon, tel que son nom l'indique. Mais elle peut également affecter d'autres plantes légumières de la famille des Liliacées telles que l'ail, le poireau et l'échalote.

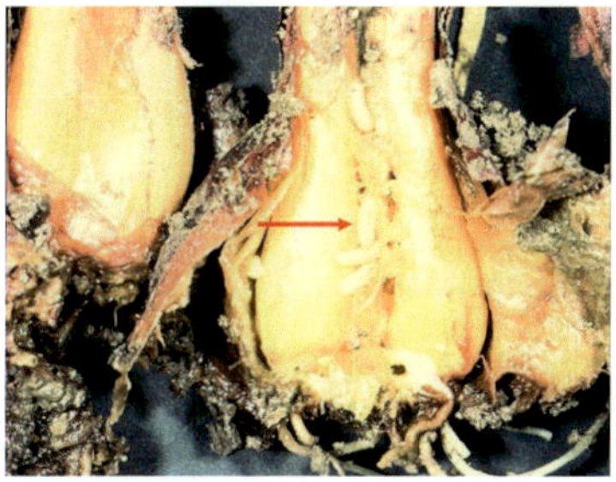

Asticots de la mouche de l'oignon.
INRA

Dommages

Ce sont les asticots qui causent des dommages en se nourrissant du bulbe. Les jeunes plants flétrissent, jaunissent et meurent. Les plants plus âgés survivent.

Prévention

- Planter le plus tôt possible ; de cette façon, la plante sera assez vigoureuse lorsque la première génération arrivera.
- Favoriser les alliés naturels tels que les carabes et les staphylins.
- Mettre de la cendre de bois ou du phosphate de roche dans le sillon à la transplantation.
- Installer une toile flottante au printemps.
- Éliminer rapidement les plants infestés.
- Semer des carottes à proximité.

Contrôle

En dernier recours, traiter avec une infusion de tanaisie, du lessis, de la terre diatomée, ou un insecticide maison à base d'ail et de piment fort.

MOUCHE DU CHOU

Nom anglais : Cabbage maggot
Nom latin : *Delia radicum*

La mouche du chou est un insecte de l'ordre des Diptères. L'adulte est une petite mouche noirâtre qui mesure 6 à 7 mm. La larve est blanche. On observe habituellement deux générations par année. L'insecte hiberne dans le sol sous forme de pupe. La première ponte a lieu entre la mi-mai et le 10 juin. La seconde ponte de la fin de l'été ne compromet pas la culture, mais diminue la qualité des légumes.

Mouche du chou.
Wikimedia Commons

Plantes hôtes

Les choux ainsi que toutes les autres plantes de la famille des Brassicacées sont susceptibles d'être affectés par la mouche du chou.

Dommages

Les dommages sont causés par l'asticot qui creuse ou mange la surface des racines en laissant des sillons brunâtres. Les feuilles inférieures se décolorent, fanent et meurent. Les plants s'affaiblissent et certains succombent.

Prévention

- Pour contourner le problème, transplanter les plants le plus tard possible. Sinon, installer une toile flottante jusqu'à la mi-juin.
- À la transplantation, enrouler la base de la tige avec une petite bande de papier journal.
- Mettre de la cendre de bois dans le trou lors de la plantation.

Contrôle

En dernier recours, traiter avec de la terre diatomée ou du lessis.

NOCTUELLES (VER GRIS)

Nom anglais : Cutworms
Nom latin : plusieurs centaines d'espèces de la famille des *Noctuidæ*

Les noctuelles sont des insectes de l'ordre des Lépidoptères. L'adulte est un papillon de nuit aux ailes gris foncé et aux marques variées selon l'espèce. La larve qu'on appelle « ver gris » est un gros ver dodu dont la couleur varie du gris pâle au noir. Son corps présente parfois des rayures longitudinales ou des rangées de poils. Les noctuelles hibernent à l'état larvaire dans le sol. Il n'y a habituellement qu'une seule génération par année.

Le ver gris : la larve des noctuelles.

Plantes hôtes

Les noctuelles peuvent affecter plusieurs plantes de la famille des Brassicacées ainsi que le maïs, la tomate, le haricot, le poivron, la courge et bien d'autres plantes.

Dommages

Les dommages sont causés par la larve (le ver gris). Les plus jeunes grignotent le feuillage alors que les plus âgées coupent la tige près du sol. Pas étonnant que certains jardiniers surnomment le ver gris « le bûcheron ». Les larves, tout comme leurs parents, sont actives durant la nuit puis retournent dans le sol à proximité du plant le matin venu. Les dommages sont particulièrement importants lors de la levée ou de la transplantation (de la mi-mai à la mi-juin).

Prévention

- Placer autour des très jeunes plants une barrière enfoncée de 3 cm dans le sol et dépassant au moins de 5 cm, comme une boîte de conserve ouverte aux deux bouts ou la moitié d'un rouleau de papier hygiénique vide (idéal, car biodégradable).
- S'assurer que le compost qui est à l'étape de fabrication soit recouvert (fermer les couvercles des composteurs ou mettre un géotextile sur le tas de compost), principalement à partir du début d'août.
- Protéger les prédateurs naturels tels que les carabes.

Un rouleau de papier hygiénique constitue une barrière contre les vers gris.

Contrôle

- Ramassage manuel la nuit à l'aide d'une lampe de poche.
- Après un dommage, chercher un trou dans le sol à proximité du plant tôt le matin. Si le coupable s'y trouve, détruisez-le sans tarder et offrez-le en pâture aux oiseaux.
- En dernier recours, traiter le soir à l'aide du Neem, de terre diatomée et de *Btk* (*Bacillus thuringiensis var. kurstaki*).

PERCE-OREILLE

Nom anglais : Earwigs
Nom latin : *Forficula auricularia*

Le perce-oreille, qu'on appelle aussi «forticule», est un insecte de l'ordre des Dermaptères. L'adulte est brun rougeâtre et mesure environ 2 cm. Les larves ressemblent aux adultes, mais elles sont plus petites et n'ont pas d'ailes. La principale caractéristique des perce-oreilles est la présence de crochets bien développés à l'extrémité de leur abdomen, que l'on appelle «cerques». Ceux-ci sont droits et effilés chez la femelle, alors qu'ils sont robustes et arqués chez le mâle. C'est justement la présence de ces pinces et le fait que les perce-oreilles se tiennent en groupe qui en font un des insectes les moins appréciés des jardiniers. D'ailleurs, ils sont souvent accusés à tort, car ils profitent parfois des cachettes laissées par les ravages d'autres bestioles telles que les limaces. Bien qu'ils puissent causer des dommages aux plantes, les perce-oreilles sont aussi bénéfiques, car ils se nourrissent d'autres insectes nuisibles, tels les pucerons. Les perce-oreilles hibernent dans le sol en couple sous forme adulte. Les œufs sont habituellement pondus à la fin de l'hiver et le mâle, s'il a survécu à l'hiver, est chassé du nid. Il n'y a habituellement qu'une seule génération par année. Ils sont principalement nocturnes et les adultes ont la capacité de voler, même s'ils utilisent ce moyen dans de rares occasions. Les perce-oreilles cherchent à se réfugier dans les endroits sombres et humides.

Perce-oreilles.

Plantes hôtes

Les perce-oreilles peuvent infester occasionnellement de nombreuses plantes légumières dont la laitue, le céleri, les plantes de la famille des Brassicacées, le maïs, la pomme de terre, la betterave, la bette à carde et le haricot, sans compter nombre de fruits (framboises, fraises).

Dommages

Lorsqu'ils sont en grand nombre, ils causent des dommages en se nourrissant de différentes parties de plantes dont les jeunes pousses, les feuilles, les fleurs et les fruits.

Prévention

- Confectionner des pièges :
  - bout de tuyau d'arrosage ou tuteurs de bambou et secouer le piège chaque matin au-dessus d'un seau d'eau contenant du savon ;
  - journaux humides enroulés (avec appât tel que beurre d'arachide ou huile de sardines) ;
  - une partie d'huile de poisson (fond de boîte de sardines) ou d'huile végétale et une partie d'eau versées dans des contenants enfouis dans le sol jusqu'au bord.

Contrôle

En dernier recours, traiter avec le savon insecticide (le traitement devant être effectué directement sur les insectes lorsqu'ils sont visibles, soit le soir) ou la terre diatomée ou encore mettre de l'acide borique dans les cachettes ou sur les plants endommagés.

PIÉRIDE DU CHOU

Nom anglais : Imported cabbage worm
Nom latin : *Pieris rapæ*

La piéride du chou, qu'on appelle aussi la piéride de la rave, est un insecte de l'ordre des Lépidoptères. L'adulte est un papillon blanc de 5 cm d'envergure, ponctué de taches noires. Les masses d'œufs jaunes sont déposées sous la face inférieure des feuilles. La larve est vert pâle. Très petite au début de son cycle, elle peut atteindre 3 cm. La piéride hiberne dans le sol sous forme de pupe (chrysalide). L'adulte émerge au début de juin et demeure actif jusqu'à la fin de septembre.

Piéride du chou adulte.

Larve de piéride du chou.

Plantes hôtes

La piéride du chou affecte toutes les plantes de la famille des Brassicacées (les choux).

Dommages

Les dommages sont causés par la larve qui ronge les feuilles et creuse dans les pommes et les inflorescences, laissant derrière elle des dépôts d'excréments verts.

Prévention

- Pratiquer le compagnonnage avec des plantes aromatiques (marjolaine, sarriette).
- Favoriser la présence des alliés naturels (carabes, staphylins, etc.).
- Déposer des feuilles de menthe hachées à la base des plantes.
- Ramasser manuellement les adultes (filet à papillons).

Contrôle

- Écraser les masses d'œufs et ramasser manuellement les larves.
- En dernier recours, traiter avec de la cendre de bois, une solution salée, de la terre diatomée, du savon insecticide ou du *Btk* (le plus efficace).

PUCERONS

Nom anglais : Aphids
Nom latin : *Aphididæ spp.* (principalement) et *Eriosomatidæ spp.*

Les pucerons sont de minuscules insectes de l'ordre des Hémiptères. Leur corps en forme de poire est mou et doté ou non d'ailes. Ils sont très souvent verts, mais certaines espèces peuvent être noires, roses ou jaunes. Les pucerons ont une capacité de reproduction phénoménale. Leur nombre peut se multiplier en quelques jours. Certaines espèces se reproduisent de façon sexuée, alors que d'autres se multiplient par parthénogenèse (sans fécondation par le mâle). Ils ont plusieurs générations par année. Les pucerons sécrètent un miellat qui attire les fourmis et les guêpes. Les pucerons hibernent à la base de plantes hôtes sous forme d'œufs. Les nymphes émergent au début de mai, deviennent des adultes peu de temps après, mais meurent assez rapidement, tout en étant remplacées par d'autres nymphes vivipares. Ce n'est qu'à la fin de septembre que certains individus mâles apparaissent puis s'accouplent avec des femelles ovipares (porteuses d'œufs) qui pondront avant de mourir.

Édith Smeesters

Pucerons noirs sur une feuille de capucine.

Plantes hôtes

Ils peuvent infester occasionnellement le haricot, le chou et d'autres plantes. Les plantes qui sont surfertilisées en azote sont plus vulnérables aux infestations de pucerons.

Dommages

Les pucerons sucent la sève des plantes en s'attaquant principalement aux feuilles. Les feuilles flétrissent et lors d'infestations sévères, le plant devient rabougri. Les dommages sont moins fréquents en culture écologique, puisque les problèmes d'excès d'azote sont plus rares.

Prévention

- Favoriser la présence des alliés naturels : coccinelles, chrysopes, guêpes parasites.
- Éviter la surfertilisation en azote.

Contrôle

- Vaporiser les plants infestés à l'aide d'un jet d'eau puissant.
- En dernier recours, utiliser un insecticide maison à base d'ail ou du savon insecticide.

PUNAISE TERNE

Nom anglais : Tarnished plant bug
Nom latin : *Lygus lineolaris*

La punaise terne est un insecte de l'ordre des Hémiptères. Le corps de l'adulte a une forme ovale et aplatie et une longueur de 5 à 6 mm. Il est jaune verdâtre à brun noir. Les élytres se croisent sur l'abdomen et forment un triangle. L'insecte hiberne au stade adulte. La larve est verte et peut être confondue avec un puceron, mais elle s'en distingue par la présence d'un point noir central dans le haut de l'abdomen.

Punaise terne.
B. Drouin, MAPAQ

Plantes hôtes

Aubergine, betterave, brocoli, céleri, chou chinois, chou-fleur, concombre, courge, haricot, laitue, navet, poivron, tomate, sans compter les fruits (fraise, framboise).

Dommages

Les dommages sont causés autant par la larve que l'adulte qui sucent la sève des feuilles, des nervures, des tiges et des fleurs. On observe des petits trous entourés d'une zone brune.

Prévention

- Favoriser la présence des alliés naturels : araignées, guêpes parasitoïdes, etc.
- Éliminer les plantes adventices dans un rayon de 5 à 10 mètres autour du potager.

Contrôle

- Installer une toile flottante le plus tôt possible au printemps.
- Aspirer les insectes avec un aspirateur portatif.
- En dernier recours, traiter avec un savon insecticide, de la terre diatomée, du borax ou de la pyréthrine.

PYRALE DU MAÏS

Nom anglais : European corn borer
Nom latin : *Ostrinia nubilalis*

La pyrale du maïs est un insecte de l'ordre des Lépidoptères. L'adulte est un papillon de nuit brun jaunâtre dont l'envergure est de 2,5 à 3 cm. La chenille est de couleur chair avec des taches brunes peu apparentes et une tête noire. La pyrale hiberne à l'état larvaire dans les résidus de culture. Les adultes apparaissent en juin. On observe une ou deux générations par année.

Plantes hôtes

La pyrale affecte principalement le maïs, mais elle peut également causer des dommages aux plantes légumières suivantes : aubergine, betterave, haricot, patate, poivron, tomate.

Dommages

La larve creuse des trous dans les tiges et laisse de fines sciures autour, ce qui cause un affaiblissement des tiges qui risquent de casser. Elle cause des déformations à l'épi et s'attaque également aux feuilles.

Larve de la pyrale du maïs.
Wikimedia Commons

Prévention

- Effectuer la rotation.
- Détruire les plants infestés en fin de saison.

Contrôle

- Détruire manuellement les œufs sous la surface inférieure des feuilles en juin.
- Ramasser à la main en fendant la tige au-dessous du trou fait par la larve.
- En dernier recours, effectuer un traitement à l'aide du Neem ou du *Btk*.
- Exercer un contrôle biologique à l'aide de petites guêpes parasitoïdes, les trichogrammes.

TAUPIN (VER FIL-DE-FER)

Nom anglais : Click beetles
Nom latin : plusieurs espèces

Le taupin est un insecte de l'ordre des Coléoptères. Le corps de l'adulte est allongé brun ou noir. La larve du taupin que l'on surnomme « le ver fil-de-fer » est dure, brillante et articulée. Sa couleur varie de jaunâtre à brune. Le taupin adulte a la capacité de se retourner lorsqu'il est placé sur le dos, de là son nom populaire de « casse-cou ». Ce faisant, il rebondit en produisant un « clic » bruyant. Tout comme les vers blancs, les larves du taupin sont souvent présentes dans les pelouses et les prairies. Le cycle de vie des taupins varie de 2 à 5 ans.

Taupin adulte.
Wikimedia Commons

Plantes hôtes

Le taupin affecte de nombreuses plantes, dont le maïs, la pomme de terre, la betterave, le haricot, la laitue, le chou, la carotte, l'oignon, le pois et le navet.

Larve de taupin : ver fil-de-fer.
Wikimedia Commons

Dommages

Les dommages sont causés par les larves qui mangent les racines des plantes. Les plantes ne germent pas ou sortent clairsemées puis meurent. Les larves peuvent creuser des trous dans les tubercules de pomme de terre.

Prévention

- Recouvrir le tas de compost.
- On peut faire des appâts avec des morceaux de pomme de terre empalés sur des bâtons. Les appâts seront enfouis dans le sol de façon que les morceaux de pomme de terre soient de 5 à 10 cm de profondeur. On surveille les appâts régulièrement et on les secoue au-dessus d'un seau d'eau savonneuse.

Contrôle

- Détruire manuellement les larves lors du travail du sol.
- Si l'infestation est importante, effectuer un travail du sol en profondeur à l'automne pour exposer les larves aux oiseaux ou… aux poules.

TEIGNE DU POIREAU

Nom anglais : Leek moth
Nom latin : *Acrolepiopsis assectella*

La teigne du poireau est un insecte de l'ordre des Lépidoptères. L'adulte est un petit papillon nocturne de 5 à 7 mm de longueur. Il est brun rouge, recouvert d'une poudre blanche et présente une marque triangulaire blanche au milieu des ailes antérieures. La larve est vert jaunâtre et mesure 13 à 14 mm à maturité. La pupe, brun rougeâtre est enfermée dans un cocon blanc à grisâtre, à mailles lâches. Les adultes passent l'hiver dans les débris végétaux. Ils émergent lorsque la température atteint 9 °C et s'accouplent 24 heures plus tard. Cet insecte, qui est présent au Québec seulement depuis 3 à 4 ans, peut avoir deux ou trois générations par année.

Larve et cocon de la teigne du poireau.

Plantes hôtes

La teigne du poireau ne se contente pas de faire des dommages au poireau. Elle affecte également d'autres plantes de la famille des Liliacées telles que l'ail, l'oignon et l'échalote.

Dommages

Les dommages sont causés par les larves qui creusent des tunnels dans les feuilles, les tiges et les bulbes, occasionnant une baisse du rendement.

Prévention

- Installer une toile flottante.
- Effectuer la rotation des cultures.

Contrôle

- Détruire manuellement les larves et les pupes visibles.
- Enlever et détruire les feuilles fortement infestées.
- En dernier recours traiter avec une infusion de feuilles de rhubarbe, un insecticide à base de pyréthrine, le Neem ou le *Btk*.

Prévenir les dommages causés par certains mammifères

En plus des petites bestioles (insectes et autres) citées précédemment, d'autres animaux plus gros peuvent également causer des dommages aux plantes légumières. Ce sont habituellement des mammifères sauvages tels que les écureuils, les marmottes, les tamias, les moufettes, les ratons laveurs et les cerfs de Virginie (communément appelé chevreuils), mais également des animaux domestiques tels que les chats. Que ce soit dans le but de se nourrir de vos plantes ou encore de camoufler leur butin ou leurs excréments, les effets négatifs sur vos plantes peuvent parfois être désastreux. C'est pourquoi, si vous observez ces bêtes dans l'entourage de votre potager, vous avez tout intérêt à intervenir au plus tôt pour minimiser les dommages.

Les répulsifs

Les répulsifs ont une efficacité relativement limitée et très temporaire. Les répulsifs qui sont vendus sur le marché sont des produits dont l'odeur puissante peut parfois être agréable, comme c'est le cas pour les répulsifs à odeur d'agrumes, ou très désagréable tels que les répulsifs qui sentent les œufs pourris (à mon avis la pire des odeurs… que vous aurez vous-même de la difficulté à tolérer) ou qui sont constitués de véritable urine de prédateurs (urine de loup, par exemple). Mais vous pourrez également utiliser ces petits trucs maison :

- Pulvérisez le tour du jardin avec de l'urine humaine… histoire d'établir votre territoire.
- Laissez errer un chien (ou un chat dans le cas des écureuils) dans votre jardin ou à défaut, disposez çà et là des petits sacs contenant des poils de ces derniers.
- Préparez une solution en mélangeant 1 c. à thé de Tabasco dans un litre d'eau. Vaporisez sur les plantes convoitées.
- Saupoudrez de poivre de Cayenne en poudre les plantes convoitées.

Les effaroucheurs

Plusieurs effaroucheurs, tels un épouvantail, des assiettes d'aluminium suspendues, des grosses bouteilles remplies d'eau et couchées sur le sol, peuvent avoir des effets dissuasifs temporaires. Mais pour des résultats vraiment convaincants, les effaroucheurs de type détecteurs de mouvements sont passablement plus efficaces. Dans le cas des animaux qui font des dommages la nuit, un système d'éclairage automatique peut suffire. Mais pour les animaux diurnes, un effaroucheur qui déclenche un système d'arrosage sera plus approprié à la condition que vous ne deveniez pas la cible !

Les clôtures

À long terme, l'installation d'une clôture demeure la meilleure solution, à condition que cette dernière soit conçue en fonction de l'animal visé.

Édith Smeesters

La clôture demeure parfois la solution ultime pour éviter les dommages de certains mammifères.

Chat

Les chats ont la mauvaise habitude de prendre le potager pour leur litière. Les dégâts sont particulièrement importants lorsque les semis viennent d'être faits. Pour éloigner les chats de votre potager, une des meilleures façons consiste à recouvrir le sol de paillis. Mais vous pourrez aussi recouvrir les espaces convoités de votre jardin avec quelques branches de rosier. Et pour protéger vos jeunes semis, recouvrez-les temporairement d'un grillage ou d'une toile flottante. Cette dernière aura l'avantage de conserver l'humidité, facilitant ainsi la germination de vos semences.

Écureuil et tamias (suisse)

Les écureuils et les tamias s'attaquent rarement directement aux plantes légumières. Ils sont beaucoup plus attirés par vos bulbes de tulipes et les semences des arbres, mais ils peuvent déterrer les topinambours et les bulbes d'oignons. C'est justement en voulant faire leurs réserves hivernales qu'ils feront des dommages à votre potager en enterrant leur butin çà et là dans le sol. Bien que les dommages soient limités lorsque les plantes sont bien établies, ils peuvent être plus importants les premières semaines qui suivent les semis et les transplantations. Pour minimiser les dommages causés par les écureuils et les tamias, disposez sur le sol des petites quantités de granules d'engrais naturel de fumier de poulet. Enfin, si vous en avez le courage et la patience, vous pourrez également déménager les écureuils en les piégeant d'abord à l'aide d'une cage de type «Havanart» et d'un appât tel que des arachides. Vous devrez cependant vous assurer de le déménager au moins à 5 km des limites de la ville, loin des autres potagers…

Marmotte

Que vous habitiez à la campagne ou à la ville, une fois que la marmotte du coin aura repéré vos choux et vos belles laitues, il y a fort à parier qu'elle s'installera à demeure à proximité du garde-manger. Pour la décourager, vous pourrez commencer par utiliser

Marmotte.

des répulsifs tels que décrits précédemment. Mais vous pourrez aussi piéger l'animal en utilisant une cage de type «Havahart» et un appât tel un morceau de pomme enduit de beurre d'arachide pour ensuite déménager l'animal à une distance minimale de 5 km à l'extérieur des limites de la ville. Pour que votre piégeage soit facilité, vous avez intérêt à intervenir tôt au printemps, alors que la nourriture est plus rare pour la marmotte. Lorsque votre jardin regorgera de choux et de laitues, la marmotte les préférera à tout autre appât que vous pourrez utiliser. Si le problème semble récurrent chaque année, songez à la solution ultime qui consiste à installer une clôture grillagée autour de votre jardin. Prenez soin cependant que le grillage soit enfoui dans le sol jusqu'à une profondeur de 30 cm et idéalement recourbé vers l'extérieur, ce qui découragera encore plus l'animal de creuser davantage.

Moufette

La moufette n'est pas à proprement parler attirée par les légumes du jardin. Mais omnivore, elle ne dédaignera pas à l'occasion se faire les dents sur un bout de brocoli ou de chou-fleur en cherchant des larves de hannetons et aussi de noctuelles. Pour la décourager, vous pourrez commencer par utiliser des répulsifs tels que décrits précédemment. La clôture (surtout si elle est électrique) est très efficace contre la moufette.

Raton laveur

Le raton laveur ne cède pas sa place au jardin et il récoltera brocoli, chou-fleur et maïs avant vous. Omnivore, il ne dédaignera pas à l'occasion se faire aussi les dents sur une grappe de tomates mûres. Pour le décourager, vous pourrez commencer par utiliser des répulsifs tels que décrits précédemment ou le déclencheur avec un jet d'eau. La clôture (surtout si elle est électrique) est très efficace contre le raton laveur.

Cerfs de Virginie

Le meilleur moyen de protéger le potager des dommages causés par les cerfs de Virginie consiste à installer une clôture. Mais pour que cette dernière puisse être efficace, elle doit mesurer deux mètres de hauteur! Eh oui, vous avez bien lu, vous devrez créer une véritable muraille autour de votre potager. Mais vous pouvez aussi choisir la deuxième option qui consiste à installer deux clôtures de 1,2 mètre de hauteur espacées de 1,5 mètre. Prenez soin dans ce cas d'attacher des rubans de couleur sur la deuxième clôture afin que les cerfs puissent la voir. Il faut s'assurer que la clôture soit au plus à 12 pouces du sol, car autrement le cerf passera en dessous. Enfin, la troisième possibilité consiste à installer une clôture électrique.

Les principales maladies des plantes légumières

Lorsque les dommages ne sont pas causés par des insectes ou d'autres animaux ravageurs, il est plutôt question de maladies. Les maladies sont classées en deux catégories : les maladies abiotiques ou non parasitaires et les maladies biotiques ou parasitaires.

Les maladies abiotiques

Les maladies abiotiques (qui font référence au non-vivant) ou maladies non parasitaires sont causées par des mauvaises conditions climatiques ou des pratiques culturales inadéquates. Ainsi, elles peuvent être les conséquences de températures trop élevées ou trop basses, de carences ou d'excès d'éléments minéraux, de carences ou d'excès d'eau, la présence de produits toxiques tels que métaux lourds ou herbicides, etc. Bien que nous n'ayons pas de pouvoir sur les conditions climatiques, nous pouvons intervenir sur les causes culturales et réviser nos pratiques de façon à éviter que le problème soit récurrent.

La pourriture apicale de la tomate est un exemple de maladie abiotique fréquemment rencontrée. Cette maladie, qui se traduit par un brunissement de l'extrémité du fruit, est due à une absorption insuffisante du calcium qui est elle-même causée par un manque de disponibilité d'eau et non un manque de calcium dans le sol comme on pourrait le croire. En fait, souvent le calcium est présent, mais la plante n'a pas la possibilité de l'absorber. On rencontre fréquemment cette maladie en milieu de saison durant la période de poussée de croissance. Une des meilleures façons d'assurer à vos plants de tomates un apport constant en eau et de prévenir cette maladie consiste à mettre des paillis dès la plantation. À court terme, vous pourrez minimiser les dégâts en appliquant un lessis (vous trouverez la recette dans la section *Les produits artisanaux*).

Les maladies parasitaires

Les maladies parasitaires ou biotiques sont causées par des micro-organismes pathogènes qui peuvent être des bactéries, des virus, des champignons microscopiques. Dans les deux premiers cas, on parlera de maladies bactériennes ou virales et dans le cas des champignons, il sera question de maladies fongiques. Ces dernières sont les plus courantes au potager.

Les maladies bactériennes et les maladies virales

Les maladies bactériennes sont causées par des bactéries qui sont présentes dans le sol ou dans la semence. Un exemple de maladie bactérienne est la gale de la pomme de terre qui se traduit par des taches liégeuses sur les tubercules. Puisque la maladie est favorisée par un sol ayant un pH trop élevé, il faut éviter de mettre de la chaux ou de la cendre sur la section du jardin qui sera allouée aux pommes de terre.

Les maladies virales sont causées par des virus qui sont transmis par la semence, les insectes ou par l'homme. Les mosaïques sur les tomates, les pommes de terre, les pois et les cucurbitacées sont des exemples de maladies virales. Le feuillage des plantes affectées par les mosaïques devient gaufré et se développe peu. À titre préventif, les fumeurs devraient se laver les mains avant de manipuler des plantes sensibles, car ils peuvent transmettre le virus de la mosaïque du tabac.

Si vous soupçonnez que vos plants sont affectés par une maladie virale ou bactérienne (heureusement beaucoup moins fréquentes que les maladies fongiques), vous avez tout intérêt à les arracher et à les détruire rapidement. Ne les compostez pas et prenez garde de ne pas toucher les autres plants avant de vous avoir lavé les mains. Attention aux vêtements! Dans une expérience contrôlée faite à Agriculture Canada, un sarrau volontairement frotté avec une feuille de concombre infectée par la maladie de la mosaïque du concombre a transféré la maladie aux onze plants de concombre suivants dans la rangée.

Les maladies fongiques

Les maladies fongiques (également appelées maladies cryptogamiques) sont causées par des champignons microscopiques qui sont présents dans le sol et dans l'air. Bien que les infestations soient favorisées par des conditions climatiques (humidité, température) spécifiques à chacune des maladies, plusieurs pratiques peuvent contribuer à prévenir, voire à éviter ces dernières.

Voici les principales pratiques préventives:

- Pratiquer la rotation.
- Assurer un ensoleillement maximal.

Plusieurs maladies fongiques affectent les plants de tomates.

- Espacer suffisamment les plants pour que l'air puisse circuler aisément.
- Utiliser des paillis organiques à la base des plants.
- Arroser directement le sol et non les plantes et éviter les arrosages en soirée.
- Opter pour des cultivars résistants.
- Éviter de faire des cueillettes et même de circuler dans le potager lorsque les plants sont humides.
- Installer des supports afin que les fruits ne touchent pas au sol.
- Utiliser des tuteurs en métal ou en plastique de préférence à des tuteurs de bois et désinfecter ces derniers avec de l'alcool à friction avant de les installer.
- Éviter de réutiliser les liens (cordes et autres) qui attachent les plantes aux tuteurs. Privilégier des liens compostables (bandelettes de coton ou de jute, raphia, etc.).
- Maintenir un sol meuble, aéré et bien drainé (surélever les planches de culture dans le cas des sols lourds).
- Traiter les plantes sensibles avec une décoction de prêle ou un thé de compost aux trois semaines.
- Couper les parties de plantes qui sont affectées et les détruire. Désinfecter le sécateur avec de l'alcool à friction entre chaque coupe. Détruire entièrement le plant après la récolte dans les cas d'infestations sévères. Ne composter les plantes que si vous êtes assuré de faire un compost qui chauffe.
- Au printemps, détruire les jeunes plants de tomates ou de pomme de terre qui pousseront spontanément, car ils peuvent être porteurs de maladies.
- Dans les cas de graves dommages récurrents, cultiver sous abris.

Voici les maladies fongiques les plus fréquemment rencontrées dans la culture des légumes.

- **Blanc ou oïdium**
  - Plantes affectées: concombres, courges, citrouilles, melons et pois
  - Conditions favorables:
    - Température optimale: 23 à 26 °C;
    - Humidité: 50 à 90%. Même si un taux d'humidité élevée favorise la maladie, la pluie a un effet bénéfique sur le contrôle de la maladie puisque la présence d'un film d'eau sur les feuilles ralentit le développement du champignon.

    Symptômes: Taches blanches qui se transforment progressivement en un feutrage blanc sur le dessus et le dessous des feuilles. Les feuilles se dessèchent.

Blanc sur des feuilles de citrouille.

  - Contrôle:
    - Arroser le dessus et le dessous des feuilles par beau temps.
    - Traitement avec bicarbonate de soude, lait, décoction de prêle ou thé de compost une fois par semaine.

Note: Le nom anglais du blanc est powdery mildew. *C'est sans doute ce qui fait que cette maladie est souvent confondue avec le mildiou.*

- **Mildiou**
  - Plantes affectées: pomme de terre, tomates, poivron, aubergine
  - Conditions favorables:
    - température optimum: entre 10 et 25 °C;
    - taux d'humidité très élevé (90% et plus);
    - pluies abondantes.
  - Symptômes: Taches brunes en bordure des feuilles auréolées de vert pâle. Il peut apparaître un duvet blanc sous les feuilles par temps très humide. Dans les cas avancés, les plants se dessèchent et meurent en quelques jours.
  - Contrôle:
    - Traitement avec bicarbonate de soude, soufre, ou au cuivre une fois par semaine (le cuivre devrait être le dernier choix, car il s'accumule dans le sol et peut devenir toxique).

Notes: Le mildiou étant une maladie très grave, les plants affectés ne devraient pas être compostés.

Les spores de mildiou peuvent être transportées par le vent jusqu'à une quinzaine de kilomètres.

- **Anthracnose**
  - Plantes affectées: haricots, tomates, poivron, aubergine
  - Conditions favorables:
    - température optimale entre 20 et 24 °C;
    - humidité excessive.
  - Symptômes: Cette maladie entraîne l'apparition de petites taches noires sur les gousses de haricots. Plus tard, les taches sont entourées d'une bordure rougeâtre. Sur les tomates, on voit apparaître des taches sur les fruits mûrs. Elles ont environ 1 cm de diamètre, sont déprimées, plus ou moins circulaires avec un centre noir.
  - Contrôle:
    - Traitement au bicarbonate de soude une fois par semaine

Anthracnose sur les tomates.

- **Rouille**
  - Plantes affectées: haricots grimpants et haricots nains
  - Conditions favorables:
    - température optimale: 16 à 24 °C;
    - humidité élevée;
    - jours longs;
    - plants qui demeurent humides durant plusieurs heures.
  - Symptômes: Apparition de pustules rondes d'abord blanches avec un halo jaunâtre puis plus tard brun rougeâtre. Les pustules dont le diamètre peut aller jusqu'à 2 cm apparaissent sur les feuilles et parfois sur les gousses. Les dommages sont souvent mineurs.

- Contrôle :
  - Traitement à l'aide de bicarbonate de soude ou de soufre une fois par semaine

- **Verticilliose**
  - Plantes affectées : tomates, aubergine, pomme de terre, maïs
  - Conditions favorables :
    - températures optimales : 18 à 20 °C ;
    - faible ensoleillement ;
    - pH alcalin.
  - Symptômes : Sur les tomates, apparition de taches jaunes en forme de V qui s'étendent du bord vers l'intérieur des feuilles. Les dommages apparaissent d'abord sur les feuilles du bas puis se propagent vers le haut du plant. Les feuilles jaunissent puis brunissent et meurent.
  - Contrôle :
    - Traitement avec bicarbonate, décoction de prêle ou de soufre une fois par semaine.

Note : D'autres maladies fongiques peuvent être confondues avec la verticillose. Ce sont la fusariose et l'alternariose. Souvent, seul un test de laboratoire peut confirmer le diagnostic.

Les pesticides à faibles impacts… en dernier recours

Parmi les pesticides qui sont utilisés dans la culture écologique, on trouve principalement les insecticides qui sont utilisés pour éloigner ou tuer les insectes et les fongicides qui sont utiles pour contrôler les maladies fongiques. L'utilisation des pesticides devrait toujours être une solution de dernier recours, car même les pesticides qu'on dit à faibles impacts (c'est-à-dire que leurs impacts négatifs sur l'environnement et sur la santé sont limités) ne sont pas sans danger sur les organismes non visés. En effet, puisque la majorité d'entre eux ne sont pas spécifiques à un insecte, à une famille d'insectes ou à une maladie, ils peuvent également être toxiques à différents degrés pour d'autres organismes vivants, dont nous, les humains. En plus des pesticides à faibles impacts commerciaux, des produits maison peuvent être utiles dans certains cas.

Les pesticides à faibles impacts commerciaux

Vous trouverez ci-après les ingrédients actifs des différents pesticides commerciaux qui sont considérés à faibles impacts. Ils sont commercialisés en différents formats, sous différents noms commerciaux. Privilégiez les compagnies qui sont spécialisées dans les pesticides à faibles impacts telles que Aef Global, Bioprotec, Chemfree, Safer's, Terre verte. Dans le doute, ne vous fiez pas au nom commercial; prenez les temps de lire les étiquettes.

Pesticides à faibles impacts.

Btk

Le *Btk* ou *Bacillus thuringiensis var. kurstaki* est une bactérie. Le produit se présente sous forme de concentré.

Catégorie: insecticide

Organismes visés: chenilles des Lépidoptères (piéride, teigne du poireau, pyrale du maïs, noctuelle). Le *Btk* est un des rares insecticides à faible impact spécifiques pour un groupe d'insectes.

Mode d'action et utilisation: lorsque le produit est ingéré par l'insecte, il produit des cristaux dans son système digestif. L'insecte ne peut plus s'alimenter et meurt.

Note: Les produits à base de Btk *comportent une date de péremption et devraient être idéalement conservés au réfrigérateur.*

Borax et acide borique

Le borax se présente sous forme solide, alors que l'acide borique est un concentré liquide.

Catégorie: insecticide

Organismes visés: fourmis, perce-oreilles

Mode d'action et utilisation: c'est un appât qui, lors de l'ingestion par l'insecte, devient un poison dans son système digestif. De plus, les fourmis l'ingèrent, mais le transportent également dans la fourmilière contaminant ainsi toute la colonie. Lorsque le produit est utilisé en poudre, il doit être appliqué en une très fine couche. Il peut également avoir une action antifongique.

Neem

Le Neem est extrait de la graine du margousier (*Azadirachta indiça*). Il se présente sous forme de concentré liquide très dense. Il est homologué aux États-Unis en tant qu'insecticide, mais pas encore au Canada où il est vendu en tant que lustrant à feuilles. Il aurait également de propriétés antifongiques.

Catégorie: lustrant à feuilles ayant une action insecticide

Organismes visés: altises, pucerons, vers gris, doryphore de la pomme de terre, piéride du chou, pyrale du maïs

Mode d'action et utilisation: il agit comme répulsif et entraîne des bouleversements comportementaux et physiologiques qui sont mortels pour les insectes à différents stades de leur développement. Il faut éviter de traiter en plein soleil, car le produit est photodégradable.

Mise en garde: il n'est pas sélectif et peut être toxique pour plusieurs alliés naturels tels que les coccinelles, les abeilles et les animaux aquatiques.

Phosphate de fer

Le phosphate de fer se présente sous forme de granules.

Catégorie: molluscide

Organismes visés: limaces et escargots

Mode d'action et utilisation: après avoir absorbé le produit, les limaces cessent de se nourrir et meurent. Afin que le produit soit efficace, le sol doit être humide.

Pyréthrine

La pyréthrine est extraite d'une plante, la pyrèthre. La pyréthrine est la plupart du temps associée à d'autres produits tels que le butoxyl pypéronil (un produit synthétique qu'il faut éviter), l'huile de canola (si c'est le cas, il est souhaitable que celle-ci ne provienne pas de culture transgénique) ou encore le savon insecticide (ce qui demeure une des meilleures options). Certaines personnes peuvent être allergiques à la pyréthrine.

Catégorie: insecticide

Organismes visés: pucerons, lépidoptères, perce-oreilles

Mode d'action et utilisation: agit sur le système nerveux des insectes.

Savon insecticide (sel de potassium d'acides gras)

Le produit de base à avoir dans sa « pharmacie ». Utile également pour favoriser l'adhérence d'un produit de fabrication maison sur les plantes. Le savon insecticide est commercialisé sous forme de « prêt à l'emploi » ou en concentré, ce qui est nettement plus économique et écologique.

Catégorie : insecticide

Organismes visés : pucerons, cochenilles, tétranyques, thrips, perce-oreilles, mouches blanches, etc.

Mode d'action : le savon brise l'exosquelette des insectes. Ceux-ci se déshydratent et meurent. Efficace pour les insectes à carapace mince. Selon certaines études, le savon insecticide pourrait également avoir une action fongicide.

LA ROTÉNONE… À ÉVITER

Attention, tout ce qui est naturel n'est pas obligatoirement sans danger. La roténone en est un exemple. Cet insecticide naturel qui provient de certaines plantes tropicales du genre *Deris* est très toxique pour les animaux à sang froid, dont les poissons et les batraciens de même que pour les humains. C'est donc un produit à éviter…

Soufre

Le soufre est un minéral extrait du sol. Il est commercialisé sous forme de poudre, de concentré liquide ou de formule liquide prête à l'emploi.

Catégorie : fongicide

Organismes visés : champignons responsables de maladies telles que l'oïdium, le mildiou et la rouille

Mode d'action : le soufre inhibe la reproduction des spores de champignons.

Mise en garde : le soufre est modérément toxique pour les mammifères. Il faut éviter d'appliquer du soufre sur les concombres, les courges et les melons.

Note : Le soufre n'a pas de pouvoir éradiquant, c'est-à-dire qu'il ne peut éliminer ou arrêter une maladie installée.

Terre diatomée (dioxyde de silice)

La terre diatomée est une poudre constituée d'une multitude de cristaux irréguliers à angles vifs qui sont en fait des squelettes d'algues microscopiques (les diatomées).

Catégorie : insecticide

Organismes visés : altises, doryphores, mouches du chou, vers gris, perce-oreilles, fourmis, limaces

Mode d'action : lorsque les insectes circulent sur le produit, les cristaux perforent leur cuticule. Ils se déshydratent et meurent. Le produit n'est efficace que lorsqu'il est sec.

Mise en garde : ce produit peut être toxique pour les vers de terre. Attention, il faut éviter d'inhaler la poudre !

Les produits artisanaux (pesticides à faibles impacts et autres)

Insecticides maison

* Insecticide à base d'ail

  Hacher 20 g d'ail (ou un bulbe) et laisser macérer dans 20 ml d'huile végétale durant une journée. Ajouter 1 l (un litre) d'eau et 5 ml (1 c. à thé) de savon insecticide. Filtrer. Diluer ce concentré dans 4 fois son volume d'eau et vaporiser sur les feuilles. Ce produit aurait également un effet répulsif. Attention, comme ce produit n'est pas sélectif, il peut affecter les insectes bénéfiques !

  Contre les pucerons et les mouches blanches.

* Insecticide à base d'ail et de piments forts

  Faire bouillir 5 piments forts dans 2 l d'eau jusqu'à ce que le liquide ait réduit de moitié. Utiliser le liquide ainsi obtenu à la place de l'eau pour préparer le concentré de la recette de l'insecticide à l'ail. Éviter le contact avec la peau et les yeux.

  Contre la piéride du chou et le doryphore.

* Insecticide à base de moutarde

  Mettre 20 ml (2 c. à thé) de moutarde sèche dans 4 l d'eau. Mélanger. Arroser la base des plants à raison d'une tasse par plant.

  Contre la mouche de l'oignon.

* Solution salée

  Diluer 10 ml (1 c. à thé) de sel dans 1 l d'eau et pulvériser sur les plants. Ne pas abuser de cette solution, car le sel peut endommager les plantes et les organismes du sol.

  Contre la piéride du chou.

* Lessis

  Placer 1 kg de cendre dans un seau, couvrir d'eau, mélanger et laisser reposer une nuit. Recueillir le liquide et en arroser les plants.

  En prévention contre les larves de la mouche du chou, de la carotte et de l'oignon. Utile également pour apporter rapidement du calcium dans les cas de pourriture apicale des tomates.

* Épices «capsaïcine»

  Plusieurs épices contenant de la capsaïcine ont des propriétés répulsives sur certains insectes. C'est le cas du poivre noir, de la poudre de Chili, du gingembre en poudre, du paprika et du poivre de Cayenne. On saupoudre le sol de chaque côté du rang à protéger. Éviter le contact avec les yeux et l'inhalation.

  Pour éloigner les fourmis et les mouches qui s'attaquent aux racines: mouche de l'oignon, de la carotte et du chou. Aussi pour décourager les marmottes.

* Infusion de rhubarbe

  Infuser durant 24 heures 5 à 6 feuilles de rhubarbe dans 4 l d'eau bouillante. Filtrer et utiliser en vaporisation foliaire non diluée.

  Contre plusieurs insectes et contre les limaces.

* Infusion de tanaisie

  Mettre 3 kg de plantes fraîches de tanaisie dans 10 l d'eau bouillante. Infuser 12 heures. Filtrer et utiliser en vaporisation foliaire non diluée.

  Contre les pucerons, les Diptères, les Coléoptères et les Lépidoptères.

Plant de tanaisie.

Fongicides maison

* Fongicide à base de bicarbonate

  Diluer 10 ml (1 c. à thé) de bicarbonate (soda) dans 1 l d'eau. Ajouter 10 ml (1 c. à thé) de savon insecticide.

  Vaporiser sur les plants en prévention ou en traitement contre les maladies telles que le mildiou.

* Fongicide à base de lait

  Diluer une partie de lait dans 9 parties d'eau. Appliquer en vaporisation foliaire pour prévenir ou contrôler les maladies fongiques telles que l'oïdium.

* Décoction de prêle

  Remplir une casserole de prêle et ouvrir d'eau. Amener à ébullition et laisser mijoter de 45 à 60 minutes. Refroidir. Filtrer. Utiliser en vaporisation foliaire 1/10 en prévention ou en traitement contre les maladies fongiques.

* Thé de compost oxygéné

  Le thé de compost oxygéné est une solution extraite de compost dans l'eau en condition aérobie (exige de l'air). Il a de nombreuses propriétés. En plus d'améliorer la croissance des plantes par son action fertilisante, il contribue à prévenir et même à contrôler certaines maladies de plantes. Cela s'explique par les effets positifs de la compétition des micro-organismes bénéfiques sur les micro-organismes pathogènes (qui sont responsables des maladies). Pour la fabrication du thé de compost oxygéné, consultez *Tout sur le compost* (Michaud, 2007).

CHAPITRE 6

La suite

Pour que cette belle aventure se poursuive

Pour moi, un projet de jardin n'a pas vraiment de début ni de fin. C'est une aventure qui se poursuit douze mois par année. En fait, c'est une suite ininterrompue de rêves, de travaux, d'observations et de plaisirs. Bien sûr, il y a des moments où je jardine davantage dans ma tête et sur papier, et il y en a d'autres (principalement le printemps) où j'ai de la terre jusqu'au bout des cheveux. Même si le milieu de l'été est une période où les activités sont passablement ralenties, c'est une période que j'apprécie tout particulièrement. C'est le moment où je prends le temps de contempler et de profiter de mon jardin. Je récolte ce que j'ai semé, quoi! Je profite de cette pause pour sortir mon journal de bord et y inscrire quelques observations que je n'ai pas eu le temps de noter précédemment.

Même si je consomme déjà plusieurs légumes (laitue, radis, échalote, rhubarbe, etc.) depuis quelques semaines, c'est vraiment à compter de la mi-juillet que mon jardin explose de légumes. C'est à ce moment que je passe réellement en mode récolte avec les haricots, les pois, l'ail, le brocoli et un peu plus tard avec les légumes-fruits tels que les tomates que je peux cueillir quotidiennement.

Parallèlement aux récoltes, à partir du milieu de l'été jusqu'au gel définitif du sol je m'adonne à quelques travaux incluant la récolte de quelques semences et l'hivernation des pots. Et en fin de journée ou lors des journées plus fraîches, c'est dans la cuisine que je m'affaire à conserver le fruit de mes récoltes.

La récolte des légumes

En plus des recommandations propres à chaque légume, qui ont été présentées dans le chapitre 4, voici quelques consignes générales concernant la récolte des légumes.

La récolte peut débuter tôt au printemps après la fonte des neiges pour certains légumes et se poursuivre tard à l'automne jusqu'aux premières neiges pour d'autres. En fait, des récoltes très hâtives seront possibles si vous cultivez par exemple l'échalote de Sainte-Anne ou encore si vous avez laissé en terre quelques plants de poireaux ou de carottes la saison dernière. Quant aux récoltes de fin d'été, elles pourront se prolonger plusieurs jours après un premier gel (souvent jusqu'au gel définitif du sol) pour certains légumes tels que les carottes de conservation, de même que les verdures que vous aurez semées au milieu de l'été (nous y reviendrons) ou encore les choux de Bruxelles. D'ailleurs, j'ai déjà dû pelleter dans la neige pour récolter ces derniers qui étaient tout à fait savoureux. Si vous êtes audacieux, vous pourriez même couvrir un petit rang de carottes d'une trentaine de centimètres de paille afin de les récolter durant l'hiver… à condition qu'il ne tombe pas cinq mètres de neige dessus. En fait, avec un minimum de planification et d'espace, il est possible de récolter et de consommer ses propres légumes sur une période de plus de six mois par année. Mais la période de pointe se situe habituellement en juillet, août et septembre.

Afin de profiter pleinement des valeurs nutritives et de la saveur des légumes frais, la récolte de plusieurs légumes se fera selon les besoins, c'est-à-dire juste avant la préparation des repas. Mais pour d'autres légumes qui sont destinés à être conservés, le meilleur moment pour effectuer les récoltes demeure en milieu de matinée lors d'une journée sèche. Évitez de faire des récoltes et même de circuler au jardin lors des journées pluvieuses, et ce, pour prévenir le risque de transmission de maladies des plantes et la compaction du sol.

Pour effectuer les récoltes au quotidien, j'utilise ce que j'appelle « mon petit kit de récolte » qui est continuellement en service tout près de la porte arrière de la maison. Celui-ci est constitué d'un petit sécateur, d'un panier et d'une paire de chaussures de jardin que je peux enfiler promptement. Cela me permet de récolter facilement et rapidement les verdures, les plantes aromatiques et la plupart des autres légumes. D'ailleurs, pour tous les légumes-fruits tels que les tomates, les poivrons, les concombres et les courges, il est préférable de couper nettement le pédoncule avec un sécateur plutôt que d'arracher le fruit du plant.

Pour ce qui est de la récolte des légumes-racines tels que les carottes, profitez d'une journée sèche et utilisez la fourche à bêcher de façon à retourner latéralement le rang de carottes. Travaillez délicatement pour éviter d'occasionner des blessures aux racines. Coupez sans tarder les feuilles afin de minimiser le risque que la racine se déshydrate au profit de celles-ci. Laissez sécher les racines, puis enlevez le surplus de terre, mais ne lavez pas ces légumes s'ils sont destinés à être conservés à l'état frais. Finalement, passez sans tarder à l'étape de la conservation.

La conservation des légumes

Au moment où j'écris ces lignes, le sol commence à se couvrir de la première neige. Mes courges disposées sur une tablette décorent la cuisine, le congélateur est rempli de sacs aux couleurs variées, des petits pots de conserves de toutes sortes s'alignent sur une étagère au sous-sol et mes carottes patientent dans le tiroir du réfrigérateur (la chambre froide est encore un projet). Ainsi, entourée de tous ces trésors, l'hiver peut arriver, je suis prête.

Même si rien n'égale la saveur et la valeur nutritive des légumes consommés frais, dans une région nordique comme le Québec, il est illusoire de pouvoir se nourrir de ses propres légumes à l'état frais à longueur d'année. Heureusement, il existe plusieurs procédés de conservation qui permettent de profiter de nos légumes santé quelques semaines… ou toute l'année. Ainsi, tel que présenté dans le texte et le tableau suivant, selon le légume concerné, vous aurez le choix entre la conservation à la température ambiante, la réfrigération, la congélation, la mise en conserve, la conservation en chambre froide, la lactofermentation et la déshydratation.

La conservation à la température ambiante

Seuls quelques légumes peuvent être conservés à la température ambiante. Dans la plupart des cas, une température et une humidité relativement basses et stables seront avantageuses pour prolonger la durée de conservation.

La réfrigération

La plupart des légumes peuvent être conservés au réfrigérateur de quelques jours à quelques mois selon le légume concerné. Après avoir lavé grossièrement vos légumes pour en enlever les résidus, la terre et les petites bestioles, la majorité des légumes ont avantage à être placés dans un sac de plastique perforé puis dans un tiroir au bas du réfrigérateur.

La congélation

Sauf quelques exceptions, la plupart des légumes doivent être blanchis avant d'être congelés, c'est-à-dire qu'ils doivent être plongés dans un bain d'eau bouillante durant 2 à 4 minutes. Cette étape, qui a pour objectif d'inactiver certains enzymes, permet de prolonger la durée de conservation des légumes. Une fois, le blanchiment effectué, on doit refroidir rapidement les légumes sous l'eau froide, puis les assécher et les placer sans tarder dans un sac de plastique hermétique duquel on prendra soin d'extirper le maximum d'air à l'aide d'une paille. La plupart des légumes se conservent de 6 à 12 mois au congélateur.

La mise en conserve

La mise en conserve est un procédé traditionnel qui demande un minimum d'équipement, de connaissances et de temps. Ce n'est donc pas étonnant que cette méthode ait été délaissée ces dernières années au profit de la congélation. Bien que cette dernière permette de conserver davantage les propriétés nutritives des légumes, la mise en conserve est loin d'être dénuée d'intérêt. Personnellement, je redécouvre cette méthode que je maîtrisais très bien il y a une trentaine d'années, mais que j'avais abandonnée pour toutes sortes de raisons. Bien sûr, il ne me viendrait pas à l'idée de mettre des haricots ou des carottes en conserve. Par contre, les conserves de tomates sont pour moi un incontournable, car je peux ainsi profiter de mes «pommes d'or» bios pour concocter plusieurs plats durant l'hiver. La mise en conserve est aussi très intéressante pour les légumes marinés, les confitures, les soupes ou les nombreux plats cuisinés tels que la ratatouille, la sauce tomate, les plats mijotés, etc.

LE BOTULISME ALIMENTAIRE

Le botulisme est une intoxication alimentaire grave causée par une toxine sécrétée par les spores d'une bactérie nommée *Clostridium botulinum*. Cette dernière prolifère en présence d'aliments à faible acidité en condition anaérobie (absence d'air) dans un milieu humide. Ce sont justement les conditions que l'on retrouve à l'intérieur d'une conserve.

Les symptômes de la maladie se traduisent par des nausées, des vomissements, une vision trouble et, dans les cas graves, la paralysie et l'arrêt respiratoire.

Si vous en êtes à votre première mise en conserve, prenez d'abord conseil auprès de personnes expérimentées ou consultez des livres ou des sites Internet sérieux sur le sujet (voir *Bibliographie* et *Ressources*). Assurez-vous de bien connaître les règles de base pour éviter que cette belle aventure ne se transforme en cauchemar. Sans vouloir être alarmiste, je préfère vous mettre en garde, car des conserves qui ne sont pas effectuées selon les règles de l'art peuvent résulter en intoxications alimentaires graves comme le botulisme alimentaire (encadré de la page précédente). Heureusement, grâce à un traitement thermique adéquat, les bactéries responsables de cette intoxication sont détruites.

Les méthodes

Il existe deux méthodes de mise en conserve. La première est effectuée à l'aide d'une marmite ordinaire, alors que la seconde requiert une marmite à pression.

La conservation à l'aide d'une marmite ordinaire.

La première méthode permet de conserver des aliments ou des recettes dont le pH est acide (pH de 4,6 ou moins). Ceux-ci peuvent subir un simple traitement à l'eau bouillante. Pour ce, on utilise une marmite ordinaire dans laquelle sont chauffés les aliments dans un bain d'eau bouillante à 100 °C (212 °F). Cette température est suffisante pour détruire les moisissures, les levures et certaines bactéries contenues dans les aliments acides. Parmi tous les légumes, seules les tomates (il faut tout de même y ajouter du citron), certains légumes marinés ou des confitures qui contiennent des fruits acides peuvent être mis en conserve selon la méthode à l'eau bouillante.

La conservation à l'aide d'une marmite à pression.

La deuxième méthode concerne les aliments à faible acidité tels que la plupart des légumes et les plats cuisinés non acides. Elle implique l'utilisation d'une marmite à pression qu'on appelle aussi une marmite autoclave. Cette méthode permet de chauffer les aliments à 116 °C (240 °F). C'est la température à laquelle les spores bactériennes des aliments à faible acidité sont détruites. Les légumes mis en conserve peuvent être entreposés dans une armoire fraîche ou mieux, dans une chambre froide.

Le matériel

Plusieurs ustensiles d'utilisation courante dans la cuisine peuvent servir pour la mise en conserve. Mais parmi le matériel incontournable, on retrouve des bocaux de mise en conserve en verre, appelés souvent bocaux «Mason» qui comportent un couvercle en deux portions. Et selon la méthode utilisée, une marmite à l'eau bouillante (il s'agit tout simplement d'une grande marmite munie d'un couvercle) ou une marmite à pression seront indispensables. Enfin, quelques ustensiles tels que la pince à bocaux et l'entonnoir de mise en conserve pourront faciliter le travail.

Les «contre», mais surtout les «pour»

Ça prend trop de temps!

Si vous êtes de ceux qui hésitent à vous adonner à la mise en conserve parce que cela demande trop de temps, je vous répondrai que vous n'avez pas tout à fait tort. Bien sûr, si vous débutez, vous devrez consacrer un bon moment pour comprendre et intégrer tous les principes de la mise en conserve. Mais après quelques reprises, l'opération sera plus rapide puisque vous adopterez des trucs pour faciliter le travail. Enfin, pensez au temps que vous gagnerez puisque l'élaboration des repas vous sera simplifiée par vos bocaux prêts à l'emploi.

C'est laborieux!

C'est vrai, si vous voyez cette activité comme une obligation. Mais ça ne sera pas le cas si vous envisagez la mise en conserve comme une activité ludique et zen. Cela peut même se transformer en fête si vous invitez quelques amis ou membres de votre famille à participer à une séance de mise en conserve où chacun repartira avec son précieux butin. Personnellement, cela me fait du bien de délaisser l'ordinateur pour m'adonner à cette activité plus «zen» à un moment où les travaux dans mon jardin sont presque terminés. Pour moi, comme pour certains de mes amis, la mise en conserve de l'automne est même devenue un rituel qui me permet de prendre conscience que l'été est bel et bien terminé et que… le ski est pour bientôt.

Ce n'est pas idéal pour l'environnement!

Évidemment, si vous faites vos conserves par une belle journée ensoleillée (où vous devriez plutôt vous retrouver dehors) ou carrément à l'extérieur comme certains le font, une bonne partie de la chaleur dégagée par votre cuisinière sera perdue. Mais si vous profitez d'une journée automnale fraîche pour faire vos conserves, la chaleur dégagée par l'utilisation de la cuisinière ne sera pas gaspillée. Au contraire, elle sera récupérée pour chauffer la maison… et le cœur de ses habitants. La mise en conserve maison comporte également un net avantage pour l'environnement puisqu'elle ne produit aucun déchet. Même si les disques plats des couvercles doivent absolument être remplacés, vous pourrez vous en défaire dans le bac de récupération (dans la plupart des municipalités).

Les légumes perdent leur valeur nutritive !

C'est un fait, si on la compare à la congélation, la mise en conserve des légumes leur fait perdre davantage leur valeur nutritive. Cela est particulièrement vrai pour les vitamines et les composés phytochimiques. Par contre, les minéraux ne sont pas détruits par la chaleur; ils sont transférés dans l'eau de cuisson. Vous pouvez donc en profiter dans vos soupes et vos plats cuisinés en conserve. Pour compenser la perte de vitamines et de composés phytochimiques, ne manquez pas d'associer des légumes frais à vos repas de conserves.

La conservation en chambre froide

L'utilisation d'une chambre froide pour la conservation permet de garder certains légumes à l'état frais et ainsi de profiter de leur valeur nutritive jusqu'à la fin de l'hiver. Si vous disposez d'un espace au sous-sol et si ce n'est déjà fait, peut-être pourrez-vous songer à y aménager une chambre froide. L'installation est relativement simple. Il suffit d'aménager une petite pièce ou simplement une armoire dont le mur extérieur et le plancher ne doivent pas être isolés. Ils doivent être directement sur le ciment ou la terre battue. L'idéal est un coin du sous-sol de la maison qui est peu exposé aux rayons du soleil, telle une orientation nord-est. Les autres murs de la pièce ou de l'armoire devront être isolés du reste du sous-sol. Un système de ventilation passive doit être installé. Il s'agit de deux bouches d'aération, la première située près du sol permet de faire entrer l'air froid dans la chambre et la seconde située en haut évacuera l'air chaud vers l'extérieur. L'ensemble sera complété par des étagères aérées, des boîtes de bois ou des sacs de jute.

Ma chambre froide en construction.

Plusieurs légumes peuvent être conservés en chambre froide, mais ceux qui en profitent le plus sont les légumes-racines tels les carottes, les panais, etc. Si le taux d'humidité est plus bas que 85-90%, le fait de les placer dans du sable ou de la vermiculite humide prolongera la conservation des légumes en évitant qu'ils se déshydratent. En plus des légumes, vous pourrez également y entreposer vos conserves et vos bulbes à floraison estivale (dahlia, bégonia, etc.) de même que vos semences, à condition que ces dernières soient placées dans un contenant hermétique. Attention cependant aux pommes! Puisque ces dernières dégagent de l'éthylène qui nuit à la conservation des légumes, il faut voir à ce que les pommes soient entreposées dans un sac de plastique scellé.

FIGURE 7

SCHÉMA D'UNE CHAMBRE FROIDE

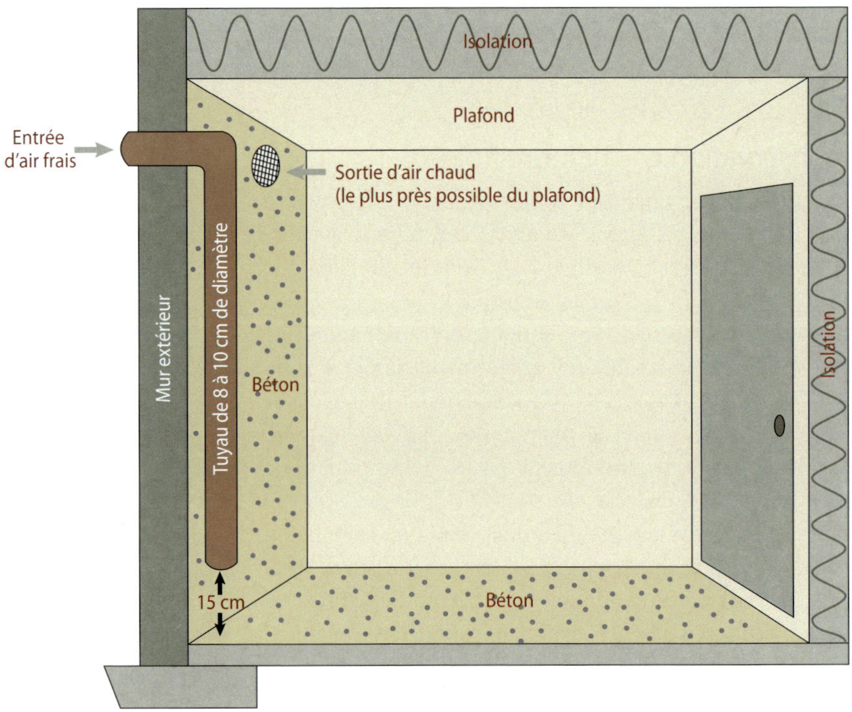

La lactofermentation

La lactofermentation est un procédé de fermentation qui fait intervenir des bactéries de type lactique. En fait, ce n'est pas vraiment une simple méthode de conservation, puisque l'aliment (le ou les légumes en ce qui nous concerne) est radicalement transformé sous l'action des bactéries. À titre d'exemple, le fromage et le yogourt sont des produits de la lactofermentation du lait. Parmi les légumes, le résultat de la lactofermentation le mieux connu est sans aucun doute la choucroute qui utilise le chou pommé. Mais il est possible d'utiliser ce procédé de transformation pour plusieurs légumes. C'est le cas pour la betterave, le céleri, le concombre, la courgette, les haricots, le navet, le poivron, etc.

La déshydratation

Le processus de déshydratation permet d'éliminer l'eau d'une plante, d'un légume ou d'un fruit. De cette façon, on prive les micro-organismes de l'eau dont ils ont besoin pour leur développement, entravant ainsi la dégradation des produits. Cette opération peut se faire de façon passive comme on le fait pour les petits bouquets de plantes aromatiques suspendus ou pour les haricots et les pois secs. Pour la majorité des autres légumes, à moins de demeurer sous les tropiques où il est possible de faire sécher des tomates au soleil, il est préférable d'utiliser une méthode active qui implique l'utilisation du four de la cuisinière ou un déshydrateur commercial. Mais si vous avez des talents de bricoleur, la fabrication d'un séchoir solaire ou électrique sera une option plus éconologique.

Dans le tableau suivant, vous prendrez connaissance des méthodes de conservation les plus courantes pour chacun des légumes. Enfin, des informations spécifiques à la conservation de certains légumes (ail, courge, citrouille, piment, tomate) suivront.

TABLEAU 17

LA CONSERVATION DES LÉGUMES

	Température ambiante	Réfrigération	Congélation	Conserve	Chambre froide	Divers
Ail	idéal	bulbes : non recommandé tête d'ail : idéal	possible	non recommandé	non recommandé	Voir le texte qui suit ce tableau
Artichaut	non recommandé	idéal	idéal – Blanchir 3 minutes dans de l'eau bouillante citronnée	non recommandé	non recommandé	
Asperge	non recommandé	idéal – Dans un linge humide ou debout dans un contenant avec 2 cm d'eau	idéal – Après les avoir coupées en morceaux, les blanchir de 3 à 4 minutes selon la grosseur	possible	non recommandé	
Aubergine	non recommandé	idéal	idéal – Idéalement dans les sauces ou les plats cuisinés tels que la ratatouille	idéal – Marmite à pression Idéalement dans les sauces ou les plats cuisinés tels que la ratatouille	non recommandé	
Bette à carde	non recommandé	idéal	idéal – Couper les feuilles en morceaux de 3 cm et les tiges en longueur de 1 cm, blanchir 2 minutes	possible – Marmite à pression	non recommandé	
Betterave	non recommandé	idéal	idéal – Faire cuire totalement (jusqu'à tendreté)	possible – Marmite à pression si nature ou marmite à l'eau bouillante si marinée	idéal – Placer dans du sable, dans des boîtes de bois ou des sacs de jute	Lacto-fermentation
Brocoli	non recommandé	idéal	idéal – Parer et couper en morceaux, blanchir 3 minutes	non recommandé	non recommandé	

Légende : ● idéal ● possible ● non recommandé

TABLEAU 17 (suite)

LA CONSERVATION DES LÉGUMES

	Température ambiante	Réfrigération	Congélation	Conserve	Chambre froide	Divers
Carotte	🔴	🟢	🟢 Couper en tranches de 1 cm, en dés ou en bâtonnets, blanchir 3 minutes	🟡 Marmite à pression	🟢 Ne pas laver. Entreposer dans des sacs de jute ou des boîtes de bois	Lacto-fermentation
Céleri	🔴	🟢	🔴	🔴	🟢 Les racines plantées dans des seaux contenant du sable humide	Lacto-fermentation Les feuilles peuvent être séchées
Céleri-rave	🔴	🟢	🔴	🔴	🟢 Entreposer dans des sacs de jute ou des boîtes de bois	
Cerise de terre, coqueret du Pérou, tomatillo	🟡	🟢	🟢 Après avoir enlevé l'enveloppe, les placer sur une plaque et les congeler durant 12 h, puis les ensacher et les remettre au congélateur	🟡 Marmite à l'eau bouillante pour confitures seulement	🔴	Déshydratation
Chou chinois	🔴	🟢	🔴	🔴 Marmite à pression	🔴	Lacto-fermentation
Chou de Bruxelles	🔴	🟢	🟢 Blanchir les choux de 3 à 5 minutes selon la grosseur	🔴	🟢 Le plant entier suspendu	Lacto-fermentation
Chou-fleur	🔴	🟢	🟢 Parer et couper en morceaux de 3 cm de diamètre, blanchir 3 minutes	🔴	🟢 Le plant entier suspendu	Lacto-fermentation
Chou kale	🔴	🟢	🟢 Blanchir de 2 à 3 minutes	🟡 Marmite à pression		Lacto-fermentation
Chou pommé	🔴	🟢	🟢 Enlever les feuilles extérieures, couper en pointe ou râper. Blanchir 1 (si rapé) ou 2 minutes (si en pointes)	🔴	🟢 Les variétés de choux d'hiver ou chou à entreposer seulement	Lacto-fermentation (choucroute)

Légende : 🟢 idéal 🟡 possible 🔴 non recommandé

TABLEAU 17 (suite)

LA CONSERVATION DES LÉGUMES

	Température ambiante	Réfrigération	Congélation	Conserve	Chambre froide	Divers
Chou-rave	🔴	🟢	🟢 Parer et couper en morceaux et blanchir 2 à 3 minutes	🔴	🟢 Idéalement dans du sable ou de la vermiculite humide	Lacto-fermentation
Concombre	🔴	🟢	🔴	🟡 Marmite à l'eau bouillante pour marinade seulement	🔴	Lacto-fermentation
Courge d'été	🟡 Seules les très grosses courges d'été ont une pelure épaisse nous permettant de les conserver ainsi durant quelques semaines	🟢	🟢 Râpée, en cubes ou en rondelles sans blanchiment	🟡 Marmite à pression	🔴	Lacto-fermentation
Courge d'hiver et citrouille	🟢 Dans un endroit frais et sec et si possible à l'abri de la lumière	🔴	🟢 Ouvrir le fruit, peler et couper la chair en gros morceaux. Cuire jusqu'à tendreté, réduire en purée et congeler	🟡 Marmite à pression	🔴 Trop humide	Les graines peuvent être séchées (voir le texte qui suit)
Échalote	🟢 Au sec et à la noirceur	🟢	🔴	🔴	🔴	
Épinard	🔴	🟢	🟢 Blanchir 2 minutes	🟡 Marmite à pression	🔴	
Gourgane	🟡 Seuls les grains secs peuvent se conserver dans un contenant étanche à l'abri de la lumière et de l'humidité	🟢	🟢 Écosser, blanchir 3 minutes, déposer sur une plaque, congeler 12 heures et ensacher	🔴	🔴	Déshydratation des grains
Haricot	🟡 Seuls les grains secs peuvent se conserver dans un contenant étanche à l'abri de la lumière et de l'humidité	🟢	🟢 Enlever l'extrémité. Couper en morceaux de 3 cm ou garder entier. Blanchir 3 (coupés) à 4 (entier) minutes	🟡 Marmite à pression	🔴	Lacto-fermentation Déshydratation des haricots secs
Laitue	🔴	🟢	🔴	🔴	🔴	

Légende : 🟢 idéal 🟡 possible 🔴 non recommandé

TABLEAU 17 (suite)

LA CONSERVATION DES LÉGUMES

	Température ambiante	Réfrigération	Congélation	Conserve	Chambre froide	Divers
Maïs	🔴	🟢	🟢 En entier (cuire 10 minutes) ou en grains (blanchir 4 minutes)	🟡 Marmite à pression	🔴	Le maïs est à son meilleur dans les quelques heures qui suivent la récolte
Melon et cantaloup	🔴	🟢	🟡 Peler, épépiner et couper en dés ou en tranches, étendre sur une plaque et congeler durant 12 heures. Ensacher et remettre au congélateur	🟡	🔴	
Navet et rutabaga	🔴	🟢	🟡 Parer et couper en dés et blanchir 2 minutes. Ou cuire jusqu'à tendreté, et réduire en purée	🟡 Marmite à pression	🟢 Dans des sacs de jute ou des boîtes de bois dans du sable	Lacto-fermentation
Oignon	🟢 Dans des sacs de nylon perforés, des sacs de jute ou des boîtes de bois à la noirceur, dans un endroit frais et sec	🔴 Perd de la saveur, car température est trop fraîche	🟡 Trancher ou hacher et congeler sur une plaque avant d'emballer	🔴	🔴 Trop humide	Lacto-fermentation
Panais	🔴	🟢	🟢 Parer et couper en tranches de 1cm ou en bâtonnets de 2 cm. Blanchir 2 minutes	🟡 Marmite à pression	🟢	
Patate douce	🟢 Endroit frais, sombre et aéré	🔴 Le froid affecte la saveur	🟢 Après cuisson	🟡 Marmite à pression	🔴	
Piment et poivron	🟡 Essentiellement pour les piments qui ont été séchés	🟢	🟢 Après avoir émincé les poivrons, les placer sur une plaque et les congeler durant 12 h, puis les ensacher	🟡 Marmite à pression ou si marinade, marmite à l'eau	🔴	Lacto-fermentation Séchage des piments (voir le texte qui suit)

Légende : 🟢 idéal 🟡 possible 🔴 non recommandé

TABLEAU 17 (suite)

LA CONSERVATION DES LÉGUMES

	Température ambiante	Réfrigération	Congélation	Conserve	Chambre froide	Divers
Poireau	🔴	🟢	🟢 Après avoir émincé les poireaux, les placer sur une plaque et les congeler durant 12 h avant de les ensacher	🟡 Marmite à pression	🟢 Couper la moitié du feuillage et replanter le pied dans du sable humide	
Pois	🔴 Seuls les grains secs peuvent se conserver dans un contenant étanche à l'abri de la lumière et de l'humidité	🟢 Les pois perdent rapidement leur qualité gustative	🟢 Blanchir 2 minutes les cosses pour les pois de neiges et pois mange-tout. Écosser les pois à écosser et blanchir 2 minutes	🟡 Marmite à pression	🔴	Déshydratation des pois secs
Pomme de terre	🟢 Au frais, et à la noirceur	🔴	🔴	🔴	🟢 Dans des poches de jute ou des sacs de papier	Les pommes de terre nouvelles ne se conservent que quelques jours
Radis	🔴	🟢	🔴	🔴	🟡 Les radis daïkon et les radis d'hiver dans des boîtes de bois ou des sacs de jute	L'idéal est de consommer le radis dans les heures qui suivent la récolte, c'est à ce moment qu'il est le plus digestible
Rhubarbe	🔴	🟢	🟢 Trancher les tiges, placer sur une plaque de cuisson, congeler 12 heures. Ensacher et recongeler	🟡 Marmite à l'eau bouillante pour confiture seulement	🔴	
Roquette	🔴	🟢	🔴	🔴	🔴	
Tétragone	🔴	🟢	🟢 Blanchir 2 minutes	🟡 Marmite à pression	🔴	

Légende : 🟢 idéal 🟡 possible 🔴 non recommandé

TABLEAU 17 (suite)

LA CONSERVATION DES LÉGUMES

	Température ambiante	Réfrigération	Congélation	Conserve	Chambre froide	Divers
Tomates	idéal	non recommandé	idéal	idéal – Marmite à l'eau	non recommandé	Voir le texte suivant
Topinambour	non recommandé	idéal	non recommandé	non recommandé	idéal	Lacto-fermentation

Légende : idéal · possible · non recommandé

L'ail

Après la récolte de l'ail, les plants doivent être séchés dans un endroit sec et bien ventilé. Pour ce, vous pouvez les déposer simplement sur des feuilles de papier journal. Mais la méthode que je préfère consiste à suspendre les plants sur une corde tendue en les attachant à cette dernière à l'aide d'un petit bout de corde ou d'un élastique, à quelques centimètres du bulbe. Le poids des feuilles entraînera inévitablement ces dernières vers le bas, mais une fois le processus de séchage terminé (après une à deux semaines) ce seront les bulbes qui, plus lourds que les feuilles, feront basculer le plant en entraînant le bulbe vers le bas. Cette étape terminée, coupez les tiges à un centimètre du bulbe. Conservez les bulbes d'ail à l'abri de la lumière, dans des sacs de papier ou de jute dans une pièce fraîche, sèche (18 °C) et bien ventilée ou dans une armoire. Personnellement, j'entrepose mes bulbes dans un sac de jute (je récupère les sacs de jute dans lesquels on vend du riz) et je suspends ce dernier dans une pièce sèche au sous-sol. Je les transfère progressivement à la cuisine dans un contenant en terre cuite perforé.

Tresse d'ail.

L'ail peut se conserver aussi sous forme de tresse, bien qu'il soit plus difficile de faire une tresse avec l'ail d'automne. Une tresse d'ail suspendue apporte une touche champêtre à la cuisine, mais il faut savoir qu'ainsi soumise à des conditions instables de température et d'humidité l'ail se conservera moins longtemps.

Les tiges florales apellées «têtes d'ail», qui sont récoltées au milieu de l'été, peuvent se conserver fraîches quelques jours au réfrigérateur. Elles pourront être consommées légèrement cuites. On peut aussi les préparer de la façon suivante pour les conserver:

- Placez les têtes d'ail coupées en tronçons dans le robot. Ajoutez suffisamment d'huile d'olive et en faire une purée. Déposez la purée dans des petits contenants de verre. Réfrigérez un maximum de deux semaines ou congelez quelques mois. Cette sauce mettra en valeur de nombreux mets.

Les courges d'hiver

Les courges, qui font partie de l'espèce *pepo*, se conservent de 2 à 4 mois alors que celles qui proviennent des espèces *maxima* et *moschata* peuvent se conserver jusqu'à 6 mois. Après la récolte, il est souhaitable de laisser les courges durant quelques jours dans un endroit abrité, sec et bien ventilé. Par la suite, les conditions idéales pour la conservation sont un endroit frais et sec et si possible à l'abri de la lumière. Personnellement, je conserve quelques courges d'hiver sur une tablette dans la cuisine. De cette façon, je profite de leur valeur esthétique une grande partie de l'hiver et je suis aux premières loges pour observer les signes de dépérissement.

Ma tablette de courges.

Les graines de citrouille

Ne jetez surtout pas les graines de votre citrouille d'Halloween. Celles-ci sont riches en minéraux tels que le fer, le magnésium, le manganèse, le phosphore et le zinc.

Voici comment préparer les graines de citrouille. Déposez les graines dans une passoire et nettoyez-les sous l'eau courante. Asséchez-les à l'aide d'un linge propre, placez-les dans un bol et enrobez-les avec un soupçon d'huile d'olive et un peu de sel (facultatif). Étalez les graines sur une plaque à biscuit et placez le tout au four à 250 °F (120 °C) durant 15 à 20 minutes en remuant les graines à deux reprises.

Piments à sécher.

Les piments

Les petits piments forts tels que les piments Jalapeno, Habanéro et les piments d'Espelette peuvent être séchés facilement. Muni d'une aiguille et d'un fil mince et solide, enfilez l'un après l'autre les piments en insérant le fil dans le milieu du pédoncule (la queue du fruit). Suspendez ensuite l'ensemble dans un endroit sec et bien ventilé. Assurez-vous que les piments ne touchent pas au mur.

Les tomates

La température optimale pour conserver les tomates à l'état frais est entre 13° et 15 °C. Il faut absolument éviter de conserver les tomates au réfrigérateur, ce qui leur ferait perdre de la saveur et de la texture.

Le mûrissement des tomates vertes

À l'automne, dès que la température nocturne descend sous 10 °C, il est temps de commencer à entrer les tomates, car les températures basses nuisent à la qualité des fruits. Il faut absolument éviter le gel. Pour faire mûrir progressivement les tomates qui sont encore vertes, placez-les entre des couches de papier journal. Vérifiez-les régulièrement et utilisez sans tarder les tomates qui montrent des signes de dépérissement.

Placez les tomates entre des couches de papier journal pour les faire mûrir progressivement.

La congélation des tomates

Les tomates se congèlent très bien entières. Pour ce, disposez-les sur une plaque à biscuits et placez le tout au congélateur durant 24 heures. Ensachez-les rapidement et congelez-les à nouveau. Elles se conserveront ainsi durant un an. Lorsque viendra le temps de les utiliser pour les intégrer à vos plats, vous n'aurez qu'à les passer individuellement sous l'eau et la pelure s'enlèvera facilement.

La mise en conserve des tomates

Du fait qu'elle est acide, la tomate est un des rares légumes qu'on peut mettre en conserve en utilisant la méthode à l'eau bouillante. Si, comme moi, vous avez l'habitude d'utiliser régulièrement des tomates en conserve dans vos plats cuisinés, vous apprécierez de profiter de vos propres tomates bios tout en minimisant l'impact écologique qu'entraînent la fabrication, l'utilisation et le transport des boîtes de conserve.

Les tomates italiennes séchées

Le séchage des tomates italiennes est une excellente façon d'en accentuer la saveur pour ensuite les utiliser dans différents plats. Même si les tomates italiennes sont séchées traditionnellement au soleil… en Italie, j'ai renoncé à l'idée, car j'habite dans une région nordique où les chauds rayons de soleil se font rares. Et c'est encore plus vrai au moment où les tomates sont en abondance, soit vers la fin de l'été.

Heureusement, il existe d'autres façons de faire sécher les tomates. Si vous avez des talents de bricoleur, vous pourrez peut-être utiliser un séchoir solaire ou un séchoir électrique artisanal. Mais il existe également sur le marché des déshydrateurs commerciaux qui permettent de sécher non seulement les tomates, mais également les fruits, les herbes, etc. Malheureusement, il vous faudra débourser souvent quelques centaines de dollars pour acquérir un déshydrateur de qualité. De plus, si ce dernier n'est destiné qu'à faire sécher les tomates une fois par année, son achat n'est peut-être pas la solution la plus éconologique.

Mais en attendant que vous optiez pour l'une ou l'autre des alternatives que je viens de vous présenter, sachez que vous pouvez utiliser le four de la cuisinière pour faire sécher vos tomates. Bien sûr, ce n'est peut-être pas le meilleur choix pour l'environnement, car ainsi vous utilisez l'énergie de la cuisinière durant plusieurs heures. Du moins, vous pourrez profiter d'une journée automnale fraîche afin de récupérer la chaleur dégagée par une telle entreprise. De plus, je fais deux plaques à la fois. Voici donc la façon de faire que j'ai mise au point à la suite de plusieurs essais. Après une première expérience, vous devrez sans doute ajuster la température du four et le temps de séchage en fonction de la grosseur des tomates que vous utiliserez et de la capacité de votre four.

Les tomates séchées au four.

Placez la ou les grilles (si vous faites deux plaques à la fois) au centre du four préchauffé à 200 °F (90 °C).

- Coupez les tomates en deux dans le sens de la longueur et épépinez-les (conservez le jus extrait afin de l'utiliser dans une prochaine soupe).
- Recouvrez une plaque à pâtisserie de papier sulfurisé ou d'un tapis en silicone.
- Déposez les tomates, le côté coupé sur le dessus. Saupoudrez au goût d'un peu d'huile d'olive, d'un soupçon de sel et d'herbes séchées ou fraîches (basilic, thym, origan).
- Placez les tomates au four durant une heure. À partir d'ici, une minuterie est presque indispensable. Retirez les plaques du four durant une ou deux minutes de façon que l'humidité du four puisse s'échapper.
- Placez les tomates au four pour une deuxième heure. Retirez les plaques et retournez les tomates face contre les plaques.
- Placez les tomates au four pour une troisième heure. Retirez les plaques et retournez les tomates côté face sur le dessus.
- Placez les tomates au four pour une quatrième heure. Retirez les plaques et inspectez les tomates une à une. À partir de ce moment, il est possible que les plus petites tomates soient prêtes. Elles doivent demeurer souples un peu comme du cuir et ne doivent pas s'écraser sous la pression du doigt. Retirez les tomates qui sont prêtes.

Placez les tomates au four pour des périodes de 30 minutes jusqu'à ce qu'elles soient toutes prêtes.

- Le séchage peut durer en tout de 4 à 6 heures.
- Laissez reposer les tomates sur le comptoir durant une heure ou deux.
- À ce stade, les tomates séchées peuvent être ensachées et congelées.
- Autrement, déposez les tomates dans un bocal et couvrez-les d'huile de canola ou de tournesol idéalement bio. Conserver au réfrigérateur au maximum deux à trois semaines ou mieux, au congélateur durant plusieurs mois. Après utilisation des tomates, l'huile restante dans les pots pourra être utilisée dans les pâtes, les vinaigrettes, etc.

Les travaux de fin d'été au jardin

La période des travaux de fin d'été au jardin débute plus ou moins à partir du moment où les températures les plus chaudes sont chose du passé alors que vous avez amplement profité du hamac. Elle se termine avec le gel définitif du sol.

Si vous cultivez l'ail, une des premières tâches à faire au jardin une fois que cette dernière aura été récoltée (vers la fin de juillet) sera de semer une nouvelle culture dans cette section du jardin maintenant dénudée. J'ai l'habitude de semer différentes laitues ou encore un mesclun, mais d'autres plantes légumières peuvent également être semées en pleine terre en milieu d'été. C'est le cas de l'épinard, de la roquette, du chou chinois et des radis d'hiver. Ces légumes toléreront un premier gel et certains pourront être récoltés jusqu'au gel définitif du sol, c'est-à-dire parfois jusqu'en décembre.

Le mesclun et le radis Daïkon sont des cultures d'intérêt à l'automne.

Comme je l'ai expliqué dans le chapitre 2, une des bonnes façons de maintenir la fertilité d'un sol est d'éviter de laisser celui-ci à nu. Cette consigne est particulièrement importante à l'automne, alors que plusieurs jardiniers sont tentés de faire table rase en arrachant radicalement toutes les plantes dont la production est terminée...

pour s'adonner à un travail du sol qui est rarement justifié. Malheureusement, un sol ainsi mis à nu à l'automne est soumis au lessivage. Cela veut dire que les éléments minéraux qui continueront à être libérés à la suite de l'activité biologique du sol ne trouveront pas preneur. Ainsi, ils seront lessivés dans les couches profondes du sol par l'action des pluies automnales.

Voici plutôt ce que je suggère :

- Couvrez sans tarder les sections de jardin qui sont dénudées après la récolte, ce qui sera le cas pour l'ail et les légumes racines. Pour ce faire, semez un autre légume ou un engrais vert tel que l'avoine, l'orge, le trèfle, le sarrasin ou le seigle (ce dernier est cependant plus difficile à enfouir).
- Arrachez les plantes légumières qui sont vulnérables aux maladies. Les plants de pommes de terre devraient être détruits alors que les autres (tomates, chou) pourront être compostés selon la méthode en une opération.
- Laissez au jardin toutes les autres plantes telles que les haricots, les pois, les poivrons, les fleurs, etc.
- Laissez le paillis sur les sections du jardin qui en sont recouvertes.
- N'effectuez aucun travail du sol (encadré).

L'automne est aussi le bon moment pour effectuer une analyse de sol et faire les correctifs nécessaires. Au besoin, corriger le pH trop acide en ajoutant de la chaux dolomitique. Même si le meilleur moment pour faire les applications de compost demeure le printemps, il est également possible de le faire à l'automne.

À l'automne, il vaut mieux éviter le travail du sol.

Il est, dans la plupart des cas, inutile et même dommageable d'effectuer le travail du sol à l'automne. Il y a cependant trois exceptions :

- pour préparer le lit de plantation de l'ail à tige dure ;
- si vous cultivez une première année sur un sol qui est fortement constitué d'argile, vous pourrez effectuer un travail du sol grossier de façon que l'action du gel hivernal améliore la structure de votre sol ;
- si vous avez remarqué une importante infestation de vers blancs ou de vers fil-de-fer. Dans ce cas, le fait de retourner le sol à l'automne permettra d'offrir ces désagréables bestioles à certains prédateurs, tels les oiseaux insectivores… ou les poules.

Mais il faudra prendre soin de l'appliquer le plus tard possible, soit idéalement une fois que la terre aura gelé et au moins trois semaines après une application de chaux.

Enfin, n'oubliez pas de semer l'ail en octobre et de diviser, si nécessaire, les plantes vivaces telles que la rhubarbe, les échalotes vivaces et les plantes aromatiques avant les premiers risques de gel. Et si quelques carottes ou quelques poireaux sont encore petits, laissez-les en terre. Si l'hiver n'est pas trop rigoureux, vous pourrez les récolter au début du printemps.

Tout comme vous, les outils de jardin prendront une pause durant quelques mois. Pour vous assurer qu'ils pourront reprendre du service dans les meilleures conditions le printemps prochain, prenez quelques minutes pour les nettoyer avant de les ranger. Pour ce faire :

- Enlevez le surplus de terre.
- Frottez à l'aide d'une laine d'acier les parties métalliques qui montrent des signes de rouille.
- Affûtez, au besoin, les parties tranchantes de certains outils.
- Nettoyez toutes les parties de vos outils à l'eau et au savon ou encore vaporisez-les avec de l'alcool à friction (encadré), laissez sécher.
- Enduisez vos outils d'huile végétale. Pour cet usage, je récupère l'huile rance ou une huile qui a servi à la friture.
- Suspendez vos outils de façon sécuritaire.

Pour éviter que vos outils et accessoires servent de refuge hivernal aux maladies et aux ravageurs, nettoyez-les et vaporisez-les avec de l'alcool à friction.

Quant à tous les accessoires, tels que les tuteurs ou les treillis, vous avez également avantage à les nettoyer et à les ranger à l'abri.

La récolte et la conservation des semences

La récolte et la conservation de vos semences de plantes légumières sont des activités qui peuvent vous apporter beaucoup de satisfaction. Mais c'est aussi un art qu'il est souhaitable d'apprivoiser afin d'éviter les déceptions. Avant toute chose, il convient de respecter certaines conditions afin de conserver la pureté des cultivars :

- Ne récoltez que des semences qui proviennent de plantes qui ont été produites à partir de semences à pollinisation libre.
- Évitez de récolter des semences de plantes issues de semences hybrides.
- Respectez les distances minimales requises entre les différents cultivars, pour éviter qu'il y ait des croisements non souhaitables (encadré).
- Respectez les particularités de récolte et d'extraction de chacune des plantes.
- Privilégiez la récolte des semences de plantes pour lesquelles la distance entre les cultivars est réduite (tomate, laitue) si la dimension de votre jardin est petite ou si les voisins cultivent également des légumes.
- Commencez par récolter les semences des plantes annuelles si vous en êtes à vos premières expériences.

Voici la façon de faire pour récolter, extraire et conserver les semences de la tomate, une des plantes légumières les plus populaires et les plus faciles à préserver :

- Laissez mûrir les fruits sur le plant plus longtemps que pour la consommation.
- Choisissez quelques fruits qui ne comportent pas de signe de maladie et coupez-les en deux.
- Extrayez les semences et la pulpe et placez le tout dans un contenant de verre sans couvercle.

Récolte des semences.

Si vous cultivez plus d'un cultivar d'une même espèce de plante, il y a possibilité de croisement entre les différents cultivars si ceux-ci sont en fleur au même moment, en raison de la pollinisation par les insectes et le vent. De prime abord, le fruit que vous récolterez sera semblable à celui de son parent. Ce n'est que lorsque vous sèmerez les graines de ce fruit que vous saurez s'il y a eu croisement entre différents cultivars. Si c'est le cas, la nouvelle plante produite présentera un mélange de caractéristiques des deux cultivars croisés. C'est pourquoi il faut respecter une certaine distance entre les différents cultivars. Cette distance qui est propre à chacune des plantes légumières peut varier de cinq mètres, comme c'est le cas pour certains plants de tomate, jusqu'à un kilomètre, tel que suggéré, pour les courges.

- Laissez le contenant à la température ambiante (ou plus chaud sans excéder 32 °C) durant deux à quatre jours.
- Videz le contenu dans un tamis et passez le tout sous l'eau courante.
- Disposez les semences sur un papier ciré ou sur un couvercle de plastique et laissez-les sécher à l'air ambiant.
- Lorsque les semences sont sèches, entreposez-les dans un contenant hermétique, soit dans un pot de verre ou dans des sachets de papier placés dans un contenant en plastique. Déposez le tout dans un endroit frais et sec.

Pour des informations complètes sur la récolte des semences, consultez le document *La conservation des semences du patrimoine – Guide de production domestique de semences* édité par Le programme semencier du patrimoine Canada.

L'hivernage des pots (contenants)

Avec la fin de la production des plantes légumières cultivées en pot, arrive aussi le moment de penser à hiverner tous ces contenants afin que ceux-ci puissent reprendre du service dans les meilleures conditions l'an prochain. Après avoir arraché et composté les plantes si vous le pouvez, voici les méthodes d'hivernage que vous pourrez utiliser selon le type de contenant.

Les contenants conventionnels

Si vous utilisez des contenants de grès et si ces derniers doivent passer l'hiver dehors ou dans tout autre endroit exposé au gel tel que le balcon ou le cabanon, il est important d'en vider le contenu. Autrement, l'action du gel et du dégel risquera de fendre votre contenant. Vous avez le choix entre vider le terreau dans un composteur ou encore dans un sac de plastique dans le but de le réutiliser l'an prochain. Par la suite, entreposez vos contenants en les plaçant à l'envers.

Si vous avez la possibilité d'entreposer vos pots de grès dans un endroit où ils ne seront pas exposés au gel, tel un sous-sol par exemple, vous pourrez simplement les emballer dans de grands sacs de plastique sans en vider le contenu. Quant aux contenants de plastique, ils peuvent être entreposés selon l'une ou l'autre des méthodes précédentes.

Les contenants à réserve d'eau

Si vous utilisez des contenants à réserve d'eau commerciaux, référez-vous aux recommandations du fabricant quant à l'hivernation de ceux-ci. Mais si vous ne trouvez pas d'indications spécifiques ou si vous utilisez des contenants à réserve d'eau de fabrication artisanale, je vous suggère de procéder de cette façon :

- Enlevez le surplus d'eau en penchant le contenant de façon que l'eau s'écoule par le trop-plein.
- Placez vos contenants dans un endroit où ils seront peu exposés aux risques de bris occasionnés par la circulation ou par le poids de la neige. Si vous avez conservé les couvercles de vos contenants, utilisez-les. Autrement, recouvrez vos contenants d'une bâche de platique.

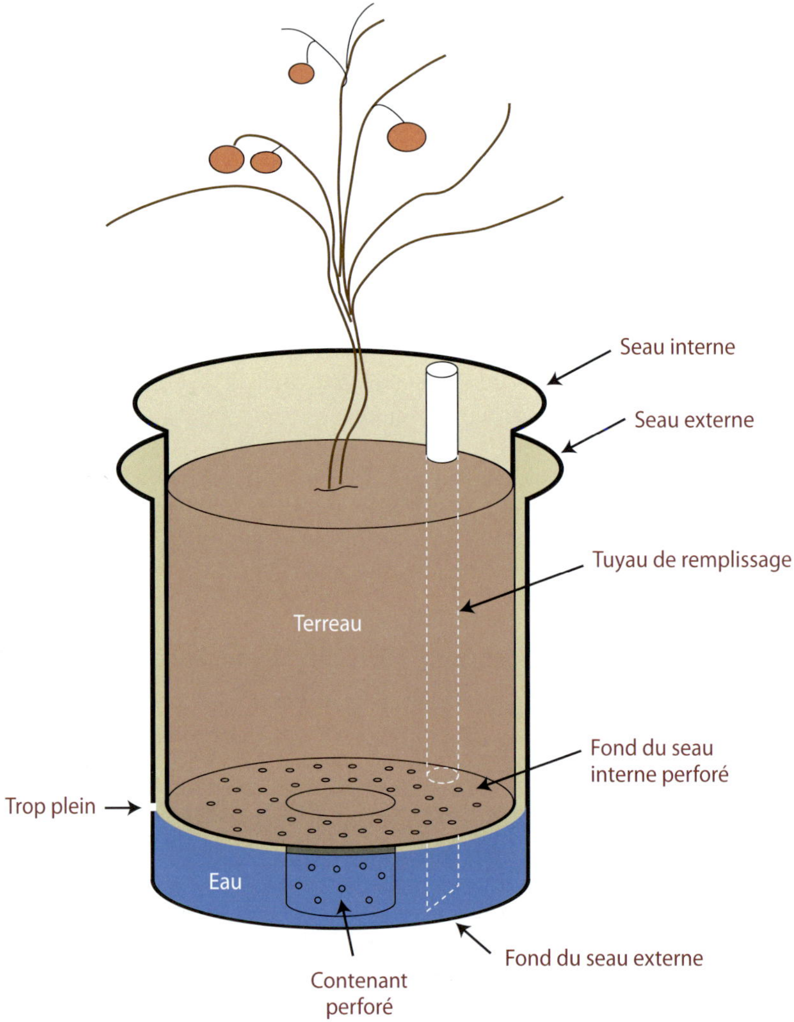

FIGURE 8

CONTENANT À RÉSERVE D'EAU (VUE EN COUPE)

ANNEXE

La fabrication artisanale d'un contenant à réserve d'eau

Ce projet d'un contenant à réserve d'eau destiné à la culture des plantes légumières a été élaboré initialement par l'organisme Alternative dont le chargé de projet, Ismael Hautecœur, en a aimablement autorisé l'utilisation. Il a été légèrement modifié grâce à la participation de Robert Bélanger de l'Éco-quartier du Centre Jacques-Cartier et de mon conjoint Paul Gamache. Pour d'autres projets similaires ou pour participer à des ateliers de fabrication de tels contenants, consultez les sites Internet des organismes précédemment cités dans la section *Ressources*

Différents contenants peuvent être utilisés pour construire un contenant à réserve d'eau. Dans ce cas-ci, nous avons utilisé deux seaux de plastique de grade alimentaire récupérés. Pour vous procurer ces seaux, arpentez les rues commerciales tôt le matin lors des journées de collecte des matières recyclables. Vous pourrez aussi vous adresser directement à certains restaurants, usines alimentaires ou institutions de votre quartier.

Le principe d'un tel système repose sur le fait que l'eau de la réserve est transportée par capillarité vers le terreau. Pour ce faire, un petit contenant perforé et rempli d'un matériau poreux fait le lien entre le seau qui contient l'eau et le seau qui contient le terreau. Il agit en quelque sorte comme une mèche.

Voici les outils et le matériel nécessaire :

- une perceuse ;
- trois mèches : 1/8, 1/4 et 1/2 po (3, 6 et 12 mm) ;
- une scie sauteuse ou une petite scie à découper manuelle ;
- une scie égoïne ;
- un couteau utilitaire ;
- un crayon marqueur ;
- un gallon à mesurer ;
- des ciseaux ;
- deux seaux en plastique, de format identique, d'une capacité de plus ou moins 20 litres. Nous les appellerons le « seau interne » et le « seau externe » ;
- un petit contenant en plastique récupéré, tel un contenant de yogourt de 500 g ou 650 g. L'important est que ce dernier soit légèrement évasé ;
- une section de tuyau (PVC ou ABS) de 2,5 cm (1 po) de diamètre ayant plus ou moins 60 cm (sera mesuré plus tard). Ce tuyau que nous appellerons le « tuyau de remplissage » servira à ajouter l'eau dans la réserve ;
- trois attaches autobloquantes (Tie Wraps) de 10 cm de long.

Voici comment procéder :

1. Enlevez les anses et les couvercles des deux seaux. Conserver les couvercles. Ils seront utiles pour l'hivernation des contenants.

2. Placez le « seau interne » dans le « seau externe » et mesurez la hauteur totale. Notez cette mesure (ex. : 47 cm).

3. Reportez cette première mesure sur le tuyau de remplissage et coupez ce dernier avec une des extrémités en biseau.

4. Placez le petit contenant dans le fond du « seau externe », puis le « seau interne » dessus. Mesurez la hauteur totale du système (ex. : 49 cm). Calculez la différence entre la deuxième et la première mesure (ex. : 49 cm – 47 cm = 2 cm). Cette mesure correspond à l'excédent de hauteur du petit contenant.

5. Reportez le résultat obtenu sur le haut du petit contenant et coupez l'excédent (ex. : 2 cm).

6. Renversez le « seau interne » et placez le petit contenant à l'envers au centre du fond de ce seau. Marquez le périmètre extérieur du petit contenant. Retournez ce dernier et placez-le au centre du cercle déjà marqué. Marquez le contour de la base du petit contenant. Vous aurez ainsi deux cercles concentriques.

7. Toujours sur le fond du « seau interne », marquez le périmètre extérieur du tuyau de remplissage à 1 cm du bord.

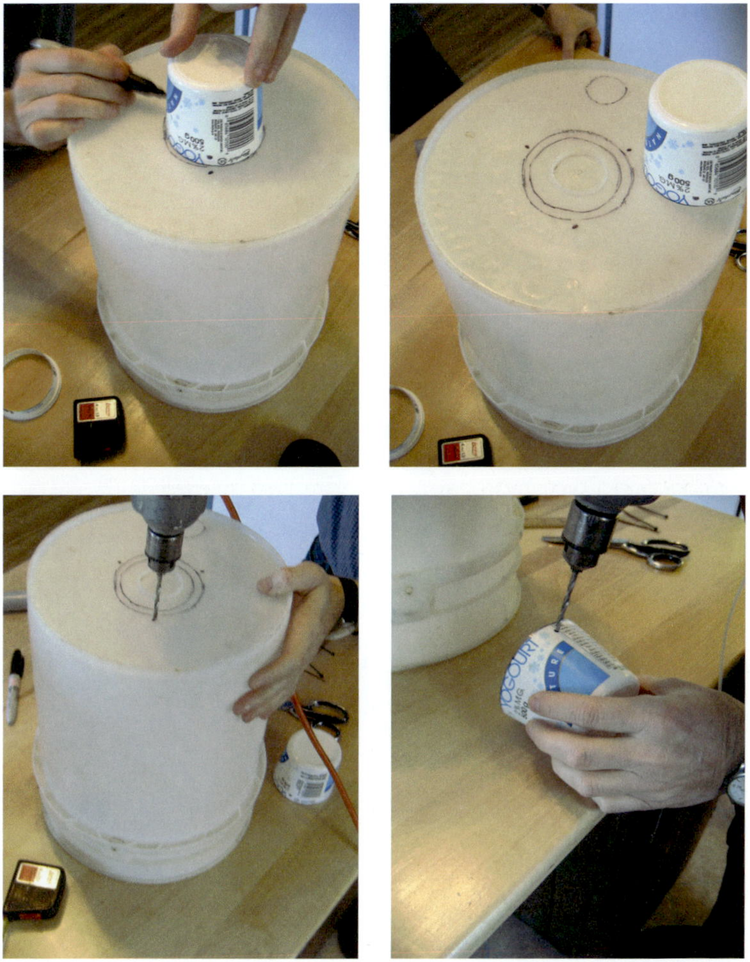

8. Retournez de nouveau le petit contenant à l'envers au centre du fond du « seau interne » toujours retourné. Marquez et percez les trois points d'attache sur le rebord supérieur du petit contenant et au fond du seau à l'aide d'une mèche de 1/8 po (3 mm).

9. Pratiquez 8 à 10 trous sur les parois et 5 à 6 trous au fond du petit contenant à l'aide d'une mèche de 1/8 po (3 mm).

10. Pratiquez au moins 20 trous de drainage au fond du « seau interne » à l'aide d'une mèche de 1/8 po (3 mm).

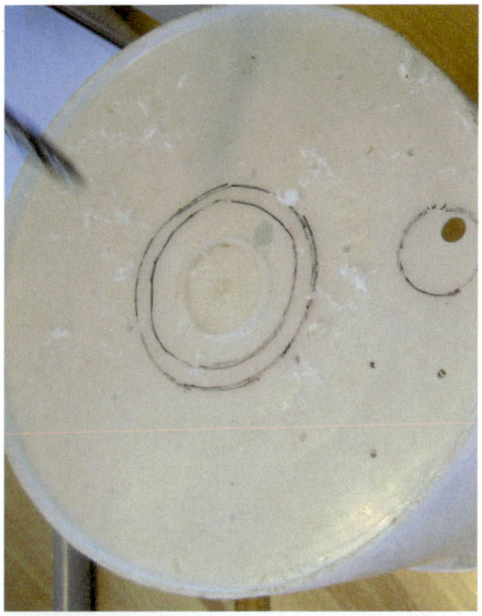

11. Percez le plus petit des deux cercles concentriques et le cercle qui correspond au pourtour du tube de remplissage. Pour ce faire, percez d'abord un trou à l'aide de la mèche de ½ po (12 mm) sur le bord de chacun de ces deux cercles, puis découpez ceux-ci à l'aide d'une scie sauteuse ou d'une scie à découper manuelle. Coupez les rognures à l'aide d'un couteau utilitaire.

12. Attachez le petit contenant au fond du « seau interne » en passant les attaches autobloquantes dans les trois points d'attache qui sont vis-à-vis.

13. Insérez le « seau interne » dans le « seau externe » et le tuyau de remplissage dans le trou prévu à cet effet jusqu'à ce que l'extrémité coupée en biseau atteigne le fond.

14. À l'aide de la mèche de 1/4 po (6 mm), percez un trou sur la paroi du « seau extérieur » à 1 cm au-dessous du fond du seau intérieur. C'est ce qu'on appelle le trop-plein. Il permettra d'évacuer l'eau en surplus. Marquez l'emplacement du trou afin de le repérer rapidement.

15. Votre contenant est maintenant prêt à être utilisé. Remplissez le petit contenant de vermiculite ou de sable bien tassé, puis le seau intérieur avec le terreau choisi.

Bibliographie

Adam, Albert, *Mon potager, ma seule médecine*, Ulmer, 2009, 160 pages.

Apple, Heather, *La conservation des semences du patrimoine – Guide de production domestique de semences. 3e édition française* par Diane Joubert Programme semencier du patrimoine Canada, 2003, 48 pages.

Béliveau, Richard et Denis Gingras, *Les aliments contre le cancer*, Montréal, Trécarré, 2005, 213 pages.

Béliveau, Richard et Denis Gingras, *Cuisiner avec les aliments contre le cancer*, Montréal, Trécarré, 2006, 272 pages.

Bertrand, Bernard, *Purin d'ortie et compagnie*, Éditions de Terran, 112 pages.

Boivin, Guy, *Lexique des légumes*, Québec, Les publications du Québec, 1992, 59 pages.

Boucher, Stéphanie, *Les insectes de nos jardins*, Montréal, Broquet, 2006, 208 pages.

Fortin, J. André *et al.*, *Les mycorhizes. La nouvelle révolution verte*, Québec, Éditions MultiMondes, 2008, 131 pages.

Gagnon, Yves, *La culture écologique pour petites et grandes surfaces, 3e édition*, Saint-Didace (Québec), Les Éditions Colloïdales, 2003, 224 pages.

Gagnon, Yves, *La culture écologique des plantes légumières, 2e édition*, Saint-Didace (Québec), Les Éditions Colloïdales, 1998, 296 pages.

Gagnon, Yves, *Un seul jardin Chroniques autour d'un jardin écologique*, Saint-Didace (Québec), Les Éditions Colloïdales, 2006, 232 pages.

Goust, Jérôme, *Le plaisir de faire ses graines*, Éditions de Terran, 2005, 174 pages.

Grotto, David, *101 aliments qui peuvent vous sauver la vie*, traduction de 101 foods that could save your life, 2009, 562 pages.

Haase, Magda, *Cultures associées*, Ulmer, 1991, 121 pages.

Hodgson, Larry, *Les 1 500 trucs du jardinier paresseux*, Montréal, Broquet, 2006, 704 pages.

Hodgson, Larry, *Les idées du jardinier paresseux Potager*, Montréal, Broquet, 2007, 160 pages.

Joseph, James A., Dr Daniel A. Nadeau et Anne Underwood, *Mangez santé : Variez les couleurs dans votre assiette*, Montréal, Les éditions de l'Homme, 2004, 332 pages.

Kingry, Judi et Lauren Devine, *Le grand livre des conserves*, Montréal, Les éditions de l'Homme, 2006, 447 pages.

La France, Denis, *La culture biologique des légumes*, Austin (Québec), Berger, 2007, 525 pages.

Lévesque, Micheline, *Le guide complet des pesticides et autres solutions naturelles*, Guides IQ, 2005, 214 pages.

Michaud, Lili, *Le jardinage éconologique. Quand économie rime avec écologie*, Québec, Éditions MultiMondes, 2004, 178 pages.

Michaud, Lili, *Tout sur le compost*, Québec, Éditions MultiMondes, 2007, 212 pages.

Mondor, Albert et Daniel Gingras, *Attirer la faune au jardin*, Montréal, Les éditions de l'Homme, 2008, 317 pages.

Moricourt, Guillaume, *Agriculture et santé, L'impact des pratiques agricoles sur la qualité de vos aliments*, Dangles Éditions, 2005, 318 pages.

Nicolino, Fabrice et François Veillerette, *Pesticides révélations sur un scandale français*, Paris, Fayard, 2007, 390 pages.

Raymond, Hélène, *Goût du monde ou saveurs locales?*, Québec, Éditions MultiMondes, 2008, 173 pages.

Renaud, Michel, *L'art d'aménager les écosystèmes*, Montréal, Bertrand Dumont éditeur, 2005, 352 pages.

Renaud, Victor, *Un petit potager bio*, Planète jardin, 2009, 126 pages.

Renaud, Victor, *Tous les légumes*, Ulmer, 2003, 224 pages.

Reymond, William, *Toxic Obésité, malbouffe, maladies: enquête sur les vrais coupables*, Paris, Flammarion Enquête, 2007, 355 pages.

Servan-Schreiber, David, *Anticancer Prévenir et lutter grâce à nos défenses naturelles*, Paris, Robert Laffont, 2007, 361 pages.

Richard, Claude et Guy Boivin, *Maladies et ravageurs des cultures légumières au Canada*, La Société Canadienne de Phytophatologie et la Société d'entomologie du Canada, 1994, 590 pages.

Rush, Hans Peter, *La fécondité du sol*, traduit de l'allemand par Claude Aubert, Le courrier du livre, 1972, 311 pages.

SCHL, *Un jardin pluvial pour mieux gérer les eaux de ruissellement dans votre cour*, Série Votre maison, 2005, 8 pages.

Smeesters, Édith *et al.*, *Solutions écologiques en horticulture*, Montréal, Broquet, 2005, 198 pages.

Suzuki, David et David R. Boyd, *Suzuki le guide vert*, Montréal, Boréal, 2008, 218 pages.

Thorez, Jean-Paul, *Pucerons, mildiou, limaces... Prévenir, identifier, soigner bio*, Terre vivante, 2008, 318 pages.

Tardif, Johanne, *Une visite au Jardin Roger-Van den Hende*, Québec, Éditions MultiMondes, 2003, 161 pages.

Tulasne, Patricia et Anne-Marie Roy, *Végétariens... mais pas légumes*, Les éditions Publistar, 2003, 247 pages.

Veillerette, François, *Pesticides le piège se referme*, Terre vivante, 2002, 159 pages.

Villeneuve, Claude et François Richard, *Vivre les changements climatiques. Réagir pour l'avenir*, Québec, Éditions MultiMondes, 2007, 449 pages.

Waridel, Laure *et al.*, *L'enVert de l'assiette Un enjeu alimen…Terre*, Montréal, Les Intouchables, 1998, 108 pages.

W. Ellis, Barbara et Fern Marshall Bradley, *Natural insect and disease control*, Rodale Garden Books, 1992, 534 pages.

L'encyclopédie visuelle des aliments, Montréal, Québec-Amérique, 2006, 688 pages.

Mieux manger pour le plaisir et la santé, Collection Protégez-vous, Montréal, Éditions Protégez-vous, 2007, 128 pages.

Articles ou rapports

Béliveau, Richard, «Pomme de terre: vive la pelure», article tiré du *Journal de Montréal*, 22 octobre 2007.

Benbrook Charles, *Simplifier l'équation des risques dus aux pesticides: L'option biologique*, The Organic Center, 2008, 46 pages. Ce rapport publié à l'origine en anglais a été traduit par Le Centre d'agriculture biologique du Canada (CABC).

Benbrook Charles, Xin Zhao, Jaime Yanez, Neal Davies, Preston Andrewz, *De nouvelles données confirment la supériorité nutritionnelle des aliments biologiques d'origine végétale*, The Organic Center, 2008, 53 pages. Ce rapport, publié à l'origine en anglais, a été traduit par Le Centre d'agriculture biologique du Canada (CABC).

Brethour, Cher *et al.*, *Revue de littérature sur les bienfaits des produits de l'horticulture ornementale sur la santé et l'environnement*, préparé par George Morris Centre pour Agriculture et agroalimentaire Canada, 2007, 71 pages.

Dangour *et al.*, Nutritional quality of organic food: A systematic review, *Am J Clin Nitr.*, 2009.

Lairon, Denis, *Nutrional quality and safety of organic food*. INRA, 2009.

Documentaires

Le monde selon Monsanto. Écrit et réalisé par Marie-Monique Robin, Québec-France 2008, 109 min.

Nos enfants nous accuseront. Écrit et réalisé par Jean-Paul Jaud, France 2008, 112 min.

Ressources

Cours, conférences, etc.

Lili Michaud Agronome
www.lili.michaud.com

Alimentation et santé

Association des chiropraticiens du Québec
www.chiropratique.com

Slow Food Québec
www.slowfoodquebec.com

Passeport santé
www.passeportsante.net

Défi santé 5/30
www.defisanté530.com

Aprifel : Agence de fruits et légumes frais
www.aprifel.com

Conserves

Le blog de Vincent Le Canneux
www.conserves.blogspot.com

Contenants à réserve d'eau

Les Urbainculteurs (bacs Biotop)
www.urbainculteurs.org

Alternatives (projet Des jardins sur les toits)
www.lesjardins.ca

Éco-quartier du Centre Jacques-Cartier
(ateliers de fabrication de bacs artisanaux)
www.eco-quartier.org

Contenants récupérés pour fabriquer un baril de récupération de l'eau de pluie

Mercier, autoroute 40, sortie 220
www.mercier40.ca

Informations climatiques

Centre de ressources en impacts et Adaptation au Climat et à ses Changements
www.criacc.qc.ca

Insectes (matériel)

Natural insects control
www.natural-insect-control.com/

Jardins et jardiniers

Regroupement des jardiniers écologiques (RJE)
www.rje.qc.ca

Le jardin botanique de Montréal, section *Les plantes économiques*
www2.ville.montreal.qc.ca/jardin/jardin.htm

Les jardins du Grand Portage
www.intermonde.net/colloidales/

Via Agro-Ecologie
www.viaagro.fsaa.ulaval.ca

Jardins communautaires et collectifs

Répertoire des jardins communautaire des régions de Québec et Chaudière-Appalaches publié par le CRIDÉS (Centre de recherche, d'information et de développement de l'économie solidaire).
www.crides.org

Regroupement des jardins collectifs du Québec
www.rjcq.ca

Ville de Montréal
www.ville.montreal.qc.ca

Jardins pluviaux

Société canadienne d'hypothèques et de logement
www.cmhc-schl.gc.ca/fr/co/enlo/ampa/ampa_005.cfm

Marchés de solidarité

Marché de solidarité régional de Québec
www.atmsrq.org

Marché de solidarité régional de l'estrie
www.atestrie.com

Matériel de jardinage

Lee Valley (grelinette, Pot Maker, contenant à réserve d'eau, et autre matériel de jardinage)
www.leevalley.com

Organismes génétiquement modifiés (OGM)

Gouvernement du Québec
www.ogm.gouv.qc.ca

Paniers bios (Agriculture soutenue par la communauté)

Équiterre
www.equiterre.org/

Potager à partager

www.sharingbackyards.com

Semences

Les jardins du Grand Portage
www.intermonde.net/colloidales/

La Société des plantes
www.lasocietedesplantes.com

La Ferme de Bullion
www.ferme-biologique-debullion.com

Mycoflor
www.mycoflor.ca

Semences du patrimoine
www.semences.ca

Toitures végétales

Sopréma
www.soprema.ca

Les toits Vertige
www.toitsvertige.com

Les Urbainculteurs (bacs Biotop)
www.urbainculteurs.org

Index

I

J

L

M

N

O

P